KB195866

180만 원 월급쟁이 이주임은 어떻게 경매 부자가 됐을까

이주임
지음

초보도 할 수 있는
4주 실전 플랜

180만 원
월급쟁이
이주임은 어떻게
경매 부자
가 됐을까

한국경제신문

누군가에게는 위기, 누군가에게는 기회

이 책의 부제는 '초보도 할 수 있는 4주 실전 플랜'입니다. 경매로 한 달 만에 집을 살 수 있도록 도움을 주고자 글을 썼습니다. 하지만 누군가는 이 책을 이른바 '어그로'라고 여겨서 무심히 지나쳤을 테고, 누군가는 '나도 할 수 있을까?'라는 희망을 품어봤겠지요. 이 책을 펼친 당신은 희망을 품은 사람 중 한 명일 것입니다. 저는 당신의 희망이 현실이 될 수 있다고 확신합니다. 다만, 그 일이 쉽게 이뤄진다고 말하진 않겠습니다. 적어도 내 명의의 집을 갖게 될 때까지는 최대한 노력하고 집중해야 합니다. 남들이 몇 년이나 걸려서 해내는 일을, 아니 심지어 평생 애써야 겨우 해내는 일을 그처럼 단기간에 이루려면 온 힘을 쥐어짜야 합니다. 특히 내가 가진 돈이 적다면 더더욱 그렇습니다.

하지만 각오는 하되, 걱정은 하지 마세요. 제가 겪은 온갖 시행착오와 사건·사고, 그 과정에서 쌓아온 노하우로 충실히 안내할 테니까요. 쉽지는 않겠지만, 독자 여러분은 저보다 훨씬 더 앞선 지점에서 출발할 수 있을 겁니다. 이 책은 실전 투자에 꼭 필요한 사항으로 구성했습니다. 여기 나오는 이론과 예시에 부합하는 경매물건을 찾아서 낙찰받으세요. 그러면 누구보다 안전하게 집을 살 수 있습니다.

대부분 사람은 경매가 부동산 투자 중에서도 고수의 영역이라고 여기지만, 제 생각은 다릅니다. 저는 부동산 공부를 처음 시작할 때부터 경매에 집중했는데요. 아파트, 상가, 지식산업센터, 토지 등에 초점을 맞춘다면 부동산 투자의 기초지식을 쌓는 데 한계가 있습니다. 그에 비해 경매는 내가 집을 사서 임대를 하려고 할 때 세입자를 어떻게 들일 수 있는지, 세입자를 들이려면 원래 기존 대출을 상환해야 하지만 대출을 유지하면서도 세입자를 맞춰 보증금은 얼마까지 받을 수 있는지 등 투자에 꼭 필요한 실전 지식을 얻을 수 있습니다. 그래서 경매를 알면 나중에 일반매매로 방향을 전환해도 앞을 내다보며 계획적으로 투자를 할 수 있습니다.

경매는 투자를 하려는 사람만이 아니라 전세나 월세로 살고 있는 사람들도 필수적으로 배워야 합니다. 집이 경매로 나오는 건 집주인의 채무 같은 문제 때문인데, 엉뚱하게 임차인이 날벼락을 맞기도 합니다. 주택임대차보호법을 알지 못해서 몇 억에 달하는 보증금을 한 푼도 돌려받지 못하는 사람들도 있어요. 경매를 배우면 주택임대차보호법을 필수적으로 다루게 되므로 임차인으로서 자기 권리를 어떻게 지킬 수 있는지 알게 됩니다.

5~6년 전 부동산 열풍이 시작됐습니다. 부동산에 관심이 없던 사람들도 전국적으로 집값이 오르자 지금 사지 않으면 평생 임차인 신세를 벗어나지 못할 것 같다는 위기의식을 느꼈습니다. 그래서 대출을 최대한 받아 내 집

을 장만한 사람들이 많았어요. 이때 '영끌족'이라는 말이 유행하기도 했는데, 영혼까지 끌어모은다는 얘기니 얼마나 절박했겠습니까. 당시는 저금리가 지속되던 시기라 대출을 받는 데 크게 부담이 없었지만, 얼마 후 금리가 상승세로 돌아서서 다시 내려가질 않았습니다. 그러자 대출이자를 감당할 수 없게 된 영끌족의 집들이 경매로 쏟아져 나왔습니다. 지난 3년간 1월의 경매 신청 건수(채권자가 대출금 회수를 위해 경매를 신청한 건수)를 보면 2022년 5,973건, 2023년 6,786건, 2024년 10,619건이었습니다. 2023년 1월 대비 2024년 1월 경매 신청 건수가 56%나 폭증한 것으로, 10년 6개월 만의 최대 기록이기도 합니다.

2024년 경매로 나온 물건 중 40%가 아파트 등 집합건물에 대한 임의경매였어요. 주택담보대출을 받아 아파트를 샀는데 이자를 감당하지 못한 영끌족의 집들이 많았다는 뜻입니다. 너무나 안타까운 일이지만, 누군가의 위기는 누군가에게 기회가 됩니다. 이런 아파트를 경매로 사면 급매가보다 싸게 내 집을 마련할 수 있어요. 너무 야박하다고 생각되나요? 하지만 경매라는 절차가 없다면 채무자는 민·형사상의 소송에 오래도록 시달려야 하고 임차인 역시 대항력이 있어도 보증금을 제때 돌려받지 못해 고통받게 됩니다. 주요 채권자인 은행이 그리 호락호락하지 않거든요. 그러니 경매 낙찰자는 채권자와 채무자를 중심으로 다양한 이해관계인 간에 얽힌 문제의 실마리를 풀어주는 사람인 것입니다.

경매는 한번 배우면 평생 써먹을 수 있는 기술입니다. 관련 법이 바뀌는 일이 비교적 없기 때문입니다. 그래서 30~40년 전에 경매를 배운 사람들이 정년퇴직을 하고 나서 경매 투자를 시작하기도 합니다. 몇십 년 동안 투자를 계속해오신 분들도 많고요. 그들에 비하면 저의 경매 투자 이력은 그리 오래되지 않았습니다. 하지만 오히려 이 점이 막 경매에 입문한 사람들을 더 잘 이해할 수 있는 무기라고 생각합니다.

첫 월급이 180만 원이었던 시절부터 시작해 낙찰받은 이야기, 유튜브를 통해 많은 분들과 소통한 경험을 녹였어요. 그리고 다양한 연령대의 수강생들을 비롯한 주변의 실전 투자 이야기도 적용해 경매를 시작하는 분이라면 공감할 수 있도록 구성했습니다. 권리분석을 제대로 했는지 확인받고 싶은 마음, 처음 법원에 갔을 때 경매에 관심 있는 사람이 이토록 많다는 것을 보고 느끼는 놀라움, 처음 입찰표를 작성할 때 손까지 떨리던 긴장감, 처음 명도(낙찰받은 물건의 점유자를 내보냄)하려고 전화를 걸 때 주저하게 되는 심정 등 실전으로 들어가면 누구나 겪는 일들과 그때의 마음을 아직도 생생하게 기억하고 있거든요. 그래서 저희 수강생들이 깜빡 놓쳤거나 아쉬웠던 일들을 이야기하면 "저도 처음엔 그랬어요"라고 진심으로 공감해주고, 뒤돌아 생각해보니 당시에 내가 알았으면 좋았을 것들, '이걸 알았다면 걱정하지 않았을 텐데'라고 생각했던 것들을 알려줍니다. 이 책도 마찬가지예요. 경매 공부를 처음 시작하는 사람들이 어떤 부분에서 어려워하는지, 무엇을 궁금해하는지 누구보다 잘 알기에 그 부분을 중점으로 작성했습니다. 그럼 이제 시작해보겠습니다.

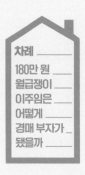

1부 [개념편]　　　　　월급 180만 원으로 시작한 경매

 1장　부동산 초보일수록 경매를 해야 하는 이유

3부 [실전편]   **성공률을 높이는 2주 전략**

4장 (3주 차) **임장 가서는 이것만 기억하자**

5장 (4주 차) **입찰과 명도 똑 부러지게 하는 법**

4부 [활용편]   부의 크기를 바꾸는 경매 공식

6장 최대한 빠르게 수익 내는 법

1부

개념편

월급 180만 원으로 시작한 경매

부동산 초보일수록 경매를 해야 하는 이유

01

20대에 경매를
시작하다

나의 첫 번째 경매 경험

불과 6년 전만 해도 저는 부동산에 관심이 없었습니다. 그런데 지금은 13채의 부동산을 가지고 있고 그중 다섯 곳에서 매달 480만 원의 월세를 받고 있습니다. 자랑하기 위해서가 아니라 경매 초보자도 공부를 한다면 저처럼 할 수 있다는 걸 알리기 위해 드리는 말씀입니다.

2019년만 해도 누구를 만나도 부동산 이야기가 빠지지 않았습니다. 이때까지만 해도 제 월급으로 부동산 투자를 시작할 수 있으리라고는 상상도 하지 못했어요. 그런데 부동산에 무척 관심이 많은 한 친구가 저를 만날 때마다 부동산 투자는 필수라고 강조하는 거예요. 투자를 해서 얼마를 벌었다, 시세가 몇 개월 만에 몇천만 원이나 올랐다 같은 이야길 들려주면서 유명한 유

180만 원 월급쟁이 이주임은 어떻게 경매 부자가 됐을까

튜버의 부동산 기초 강의를 추천해줬어요. 그 강의를 듣고 저도 '이제 부동산 투자는 선택이 아니라 필수구나!' 하는 생각이 들었습니다. 열심히 일해 월급 차곡차곡 모으고 아껴 쓰면 언젠가 나에게도 집 한 채는 생기겠지 했던 막연한 생각이 완전히 틀렸음을 알게 됐거든요. 인플레이션 때문에 돈의 가치가 시시각각 떨어지는데 저축만으로는 도저히 그 속도를 따라잡지 못하잖아요.

그때부터 본격적으로 부동산 공부에 뛰어들었습니다. 내 집 마련, 아파트 갭 투자, 재개발, 경매 등 부동산과 관련된 다양한 분야의 강의를 듣기 시작했어요. 부동산 투자를 하기도 전에 수강료로만 2,000만 원 넘게 썼습니다.

강의는 여러 가지 종목을 들었는데 가장 먼저 투자를 시작한 분야는 경매였어요. 경매가 저의 첫 투자 방식이 된 건 제가 부동산 투자를 본격적으로 준비할 때 금리가 오르고 부동산 시장이 얼어붙기 시작한 것이 주된 이유입니다. 당시 제가 부동산 공부를 하고 있다고 말하면 지인들은 걱정부터 했습니다. 자고 나면 집값이 떨어진다는 뉴스뿐인데 지금 부동산에 투자하면 어떻게 하냐면서요. 그렇지만 저는 이런 상황도 어쨌든 지나갈 테니 지금 이렇게 집값이 떨어졌을 때 빨리 투자를 해야겠다는 생각밖에 안 들었어요. 다만, 집값이 더 떨어질 수도 있으니 급매보다 싸게 살 수 있으면 좋겠다 싶었습니다. 급매보다 싸게 사면 집값이 떨어지더라도 저는 시세에 맞게 산 셈이니까요.

그리고 경매는 처음부터 내가 얻을 수 있는 수익이 얼마인지를 계산할 수 있다는 점이 좋았습니다. 내가 얼마에 낙찰받고 얼마에 팔면 중간에 들어가는 부대비용, 세금을 빼고 온전히 남는 순수익을 계산할 수 있으니까요. 안정적인 투자를 추구하는 저의 성향과 딱 맞는 부동산 투자가 경매라고 생각했습니다. 그러던 중 제 마음에 쏙 드는 물건이 경매로 나왔고, 경험 삼아 입찰해보기로 했습니다.

난생처음 입찰을 하던 날, 입찰표를 작성할 때 손이 덜덜 떨렸습니다. 혹시나 잘못 적은 건 없는지 열 번도 넘게 확인했어요. 정말 힘들게 모은 돈을 순간의 실수로 잃게 될까 봐 무서웠습니다. 그렇게 저는 첫 입찰에서 20여 명의 경쟁자를 뚫고 감정가 2억 2,600만 원인 물건을 1억 9,100만 원에 낙찰받았습니다.

그날 기억이 아직도 생생합니다. 법원에 가서 입찰을 하면 경매물건별로 개찰을 합니다. 개찰은 입찰봉투를 하나하나 열어서 확인하는 걸 말합니다. 개찰이 시작되면 그 물건에 입찰한 사람들을 다 법정 앞으로 나오라고 해요. 저도 앞으로 나가 서 있었습니다.

입찰표가 정리돼 있었는데 제일 앞 장이 제가 적은 입찰표인 듯했어요. 제 도장이 네모 모양이라 좀 특이하거든요. '설마 내가 1등인가?'라는 기대감과 공포감이 동시에 몰려왔습니다. 경매 집행관이 3위부터 이름을 부르면서 입찰가를 이야기해주었는데 마지막으로 최고가매수인이라며 제 이름을 부르는 거예요. 모든 사람의 이목이 저에게 집중됐지만 저는 그저 어리둥절하기만 했어요. 첫 입찰에 낙찰이라니 상상도 못 했거든요. 아마도 영원히 잊지 못할, 첫 입찰이자 첫 낙찰의 기억이에요.

4개월 만에 3,700만 원의 수익을 안겨준 빌라 경매

2023년 3월 전국적으로 부동산 거래가 없을 때 제가 낙찰받았던 빌라 사례도 소개합니다 서울 양천구에 있는 빌라인데, 한 번 유찰돼 최저가가 1억 2,880만 원이었습니다. 이 빌라에 입찰한 이유는 공시가격[정부 행정 업무의 기준이 되는 가격으로, 부동산 공시가격 알리미(realtyprice.kr)에서 검색할 수 있음] 1억 이하이기도 했고 세금, 각종 비용, 인테리어비를 제하고도 순수익 1,000만 원은 충분히 남겠다는 생각이 들어서였습니다. 공시가격 1억 이하인 물건을 찾은 이유는 다주택자나 법인으로 주택을 취득하면 취득세 12%를 내야 하기 때문이었습니다. 10억짜리 아파트를 사면 1억 2,000만 원을 취득세로 내야 하는 거죠. 주택을 낙찰받고 팔기까지 들어가는 비용에 취득세만 있는 게 아니기에 세금을 12%까지 내면서 순수익을 남기기엔 무리가 있습니다. 그래서 공시가격 1억 이하인 물건들만 입찰했어요.

입찰하기 전 유료 경매정보 사이트에서 찍힌 조회수를 보는데 저 말고도 한두 명은 더 입찰할 것 같다는 느낌이 들었어요. 그래서 마음속으로 입찰가를 1억 4,000만 원 정도로 정하고 법원으로 향했습니다.

경매법정에 갔는데, 웬걸 그날따라 무척 한산한 거예요. 대부분 법원 경매 입찰 시간은 10시 10분부터 11시 10분까지입니다. 10시 10분 딱 맞춰서 법정에 도착하는 사람은 별로 없고, 마감 시간이 가까울수록 사람들이 점점 몰려듭니다. 저는 일찍 도착해서 입찰표를 받아 작성했는데 입찰가 적는 칸은 비워둔 채 마감 시간이 다 될 때까지 기다리고 있었어요. 마감 시간이 다가오는데도 사람들이 평소보다 현저히 적으면 생각했던 입찰가보다 낮추려고 말이죠. 그렇게 시간이 흘러 마감 시간이 다 되어가도 법정이 조용한 거예요. 그래서 최저가에 맞춰서 적으려고 하다가 저 말고 한 사람이라도 입찰했을지 모른다는 생각에 최저가에서 400만 원 올린 1억 3,280만 원을 적어 제출했습니다.

드디어 낙찰자가 누구인지 발표하는 개찰 시간이 됐습니다. 집행관이 사건번호를 부르고 여기에 입찰한 사람은 앞으로 나오라고 했습니다. 뚜벅뚜벅 걸어 나갔어요. 주위를 둘러보는데 아무도 나오지 않는 겁니다. 네, 단독 입찰이었습니다.

'아, 최저가에 맞춰서 쓸 걸….'

제일 먼저 든 생각이 '입찰가를 더 낮춰서 적을 걸' 하는 아쉬움이었어요. 그리고 '이렇게 시세보다 저렴하게 낙찰받을 수 있는 물건에 왜 아무도 입찰을 안 했지?'라는 궁금증이 들었습니다.

이 빌라는 임차인이 있는 집이었어요. 다행히 임차인은 저의 낙찰금에서 보증금을 전액 돌려받을 수 있는 상황이었습니다. 그래서 낙찰을 받고 임차인에게 연락을 했어요. 경매를 신청한 당사자가 임차인이었기 때문에 저는 당연히 이사 준비를 하고 있으리라고 생각했어요. 그런데 이사 준비가 전혀 안 돼 있는 겁니다. 그래서 한 달 정도 시간을 드렸고 약속한 날짜에 임차인은 법원에서 배당을 받아 이사를 나갔습니다. 경매에서 겁내는 것 중 하나가 살고 있는 사람을 내보내는 것인데, 이처럼 수월하게 이사 날짜 협의하고 진행되는 게 대부분입니다. 특이한 사례들도 있지만 점유자는 결국 나갈 수밖에 없습니다(이 내용은 뒤에서 자세히 설명합니다). 그러니 점유자와 옥신각신할 걱정은 할 필요가 없습니다.

180만 원 월급쟁이 이주임은 어떻게 경매 부자가 됐을까

이 빌라는 입찰하기 전 임장을 가서 시세를 확인할 때 중개사무소 소장님이 1억 6,000만 원이면 팔 수 있겠다고 하셨어요. 그래서 입찰했던 거고요. 명도를 끝내고 임장 때 친절히 답변해준 중개사무소를 다시 찾아갔습니다. 지난번에 소장님께 "저 낙찰받아 올게요!"라고 말씀드리고 나왔는데, 이번엔 "저 낙찰받았어요!"라며 들어갔습니다. 진심으로 축하해주셨어요. 소장님은 시세가 1억 6,000만 원이라고 이야기했지만, 제가 인터넷으로 조사를 해보니 1억 7,000만 원도 충분히 받을 수 있을 것 같았어요. 그래서 소장님께 1억 7,000만 원에 매물을 올려달라고 부탁했습니다. 그런데 한 달이 지나도 소식이 없는 거예요. 손님은 몇 번 왔다 갔다고 하는데 계약서를 작성하자는 사람이 없는 겁니다. 그래서 소장님께 미리 양해를 구하고 다른 중개사무소에도 매물을 뿌리겠다고 말씀드렸어요. 최종적으로 계약이 된 곳은 처음 단독으로 드렸던 곳이었고, 4개월 만에 매도계약서를 작성했습니다.

이 집은 수리할 것도 거의 없었어요. 바닥은 마룻바닥이었고 도배만 40만 원 주고 새로 했습니다. 그리고 매도도 제가 생각했던 금액 1억 7,000만 원에 했습니다. 입찰하기 전 입찰가를 산정할 땐 혹시나 하는 마음에 예상 매도가를 1억 6,000만 원으로 보수적으로 잡았지만, 실제 매물을 올릴 땐 제가 생각했던 금액으로 올렸고, 그 덕에 저의 수익도 1,000만 원이 더 늘어났습니다. 1억 3,280만 원에 낙찰받은 빌라로 3,700만 원 정도의 수익을 얻은 것입니다.

180만 원 받는 월급쟁이가 어떻게 투자를 했을까?

저는 초등학교 때부터 줄곧 부산에서 살았습니다. 대학 졸업과 동시에 취직한 곳도 부산에 있는 직장이었습니다. 공대 출신이어서 전공과 관련된 일반 회사에 들어갔고, 저의 첫 월급은 180만 원이었어요. 지금 생각해보면 '어떻게 그 월급으로 그만큼 돈을 모았지?'라는 생각이 듭니다. 그래도 부모님과 같이 살았기 때문에 돈을 모으는 데 유리했어요.

한동안은 회사 다니면서 주말에 따로 아르바이트까지 했습니다. 기업과 지자체가 지원해서 내가 저금한 돈보다 훨씬 많이 돌려주는 내일채움공제 (sbcplan.or.kr/main.do?introGbn=01#none)라는 제도를 적극 활용했고, 그 덕에 저축 금액이 크게 늘었습니다. 그리고 그 돈이 제가 부동산 투자에 첫발을 내딛게 한 밑거름이 됐습니다. 내일채움공제는 지금도 운영되고 있으니 중소기업에 처음 취직한 청년이라면 적극적으로 활용하길 권합니다. 예를 들어 재직 2년 동안 400만 원을 부으면 1,200만 원으로 돌려줘요.

2년 동안 1,200만 원을 만들었다고 하더라도 내 집을 장만하기엔 어려움이 있겠죠? 당연히 그와는 별도로 돈을 모아야 합니다.

고정지출 최대한 줄이기

제가 180만 원의 월급을 받으면서 어떻게 악착같이 돈을 모았는지 이야기해보겠습니다. 우선 고정지출을 최대한 줄였습니다. 무조건 나가는 돈이라 줄일 수 없다고 생각하는 사람이 많지만, 저는 고정지출을 줄여야 다른 지출도 줄일 수 있다고 봤어요. 고정지출에는 식비, 교통비, 통신비, 보험비 등이 있습니다.

🏠 식비: 상한선 정하기

회사에 다니면 구내식당이 있지 않은 이상 매일매일 점심값이 나갑니다. 다행히 제가 다니던 회사에는 구내식당이 있었어요. 그래서 한 달에 한두 번 정도만 동료들과 나가서 점심을 사 먹고 대부분 구내식당을 이용해 식비를 아꼈습니다. 밖에서 사 먹을 때도 8,000원 이하인 메뉴만 먹었어요.

만약 구내식당이 없다면 도시락을 싸서 다니거나 외식할 때 상품권을 이용하세요. 지자체에서 발행하는 다양한 상품권이 있고, 프랜차이즈 식당에 갈 때도 기프티콘이나 상품권을 미리 구매해두면 훨씬 저렴하게 이용할 수 있어요. 주말에는 블로그 체험단 이벤트를 통해 식비를 아낄 수도 있습니다.

실제로 신한은행에서 발표한 '2024 보통사람 금융생활 보고서'에 따르면 이렇게 노력한 결과 평균 6,000원으로 점심값을 해결할 수 있었다고 해요.

하루에 쓸 수 있는 점심값을 정하는 것도 좋은 방법입니다. 일테면 '8,000원 이하로 점심을 해결할 거야!'라는 식으로요. 한 달 근무일이 20일 정도니까 '20일 × 8,000원', 즉 16만 원만 점심값으로 사용합니다. 어떤 날은 기분이 안 좋다고 더 비싼 메뉴를 시키거나, 금요일이니 좀 쓰자면서 원칙을 깨는 일은 없어야 합니다.

🏠 교통비: 다양한 할인제도 활용하기

걸어서 출퇴근할 수 있는 거리라면 몰라도 대부분은 버스나 지하철을 한 번이라도 타야 하죠. 부산에서는 출퇴근할 때 대부분 버스나 지하철을 한 번 타면 됐는데, 서울에 와서 보니 한 번 환승은 기본이고 두 번, 세 번까지도 환승하는 사람들이 있어서 많이 놀랐습니다. 게다가 신분당선같이 새로 생긴 노선을 이용하거나 거리가 멀다면 교통비가 더 많이 나가죠. 그걸 보고 서울 사람들은 지방에서 사는 사람들보다 교통비가 많이 들겠구나 생각했어요. 그 대신 대중교통이 잘돼 있어서 회사가 멀어도 차편 걱정은 할 일이 없지만요.

회사에 다니면 필수적으로 나갈 수밖에 없는 교통비도 할인을 받을 수 있습니다. 우선 신용카드에 교통카드 기능을 추가하면 어느 정도 할인을 받죠. 그리고 서울에서 대중교통을 이용한다면 할인을 많이 받을 수 있는 기후동행카드(news.seoul.go.kr/traffic/archives/510651)를 권합니다. 기후동행카드는 한 번 충전으로 30일간 서울 지하철, 버스, 따릉이를 무제한 이용할 수 있는

180만 원 월급쟁이 이주임은 어떻게 경매 부자가 됐을까

대중교통 정기권입니다. 서울 지하철과 버스만 이용하는 건 6만 2,000원이고, 따릉이까지 포함하면 6만 5,000원입니다. 만 19~34세인 청년층은 5만 5,000원과 5만 8,000원으로 할인을 더 받을 수 있어요. 전 국민을 대상으로 하는 K패스(korea-pass.kr), 경기도민에게 혜택을 주는 The경기패스(gg.go.kr/contents/contents.do?ciIdx=987115&menuId=266077) 등 지역별로 교통비를 아낄 수 있는 카드가 있으니 잘 알아보면 교통비를 많이 줄일 수 있습니다.

⌂ 통신비: 데이터를 기본만 사용하기

제 친구들과 가족만 보더라도 한 달에 통신비가 10만 원씩 나오던데, 저는 4만 5,000원 정도 나옵니다. 지금 스마트폰은 5년째 사용 중인데, 살 때 현금으로 한 번에 결제했어요. 스마트폰을 할부로 사면 할부금만이 아니라 이자까지 내야 해서 매달 나가는 통신비가 확 늘어나니까요.

그리고 한 달에 4기가만 쓸 수 있는 데이터요금제를 사용하는데, 친구들이 어떻게 4기가만 사용할 수 있냐고 물어보기도 합니다. 회사와 집에 와이파이가 있기 때문에 데이터를 추가로 사용할 일이 거의 없어요. 외부 일정이 많은 달은 데이터가 부족해지기도 하는데, 이때는 통신사에서 무료로 제공하는 리필쿠폰을 씁니다. 한 달에 4기가를 더 쓸 수 있는 쿠폰이고 1년에 10개 정도 주는 것 같아요.

요즘 지하철을 타면 대부분 사람이 스마트폰으로 유튜브 영상이나 인스타그램을 보던데, 매일 출퇴근하면서 영상을 계속 보려면 당연히 비싼 요금제인 무제한을 사용할 수밖에 없을 겁니다. 저는 돈을 아끼기 위해서는 습관부터 바꿔야 한다고 생각합니다. 물론 출퇴근할 때 제 유튜브 영상을 봐주면 정말 좋겠죠. 그렇지만 저는 당신이 제 영상을 많이 봐주는 것보다 하루빨리 종잣돈을 모아 경제적 자유를 누리는 것이 더 중요하다고 생각해요. 출퇴근 시간에 스마트폰을 들여다보지 말고 책을 읽거나 부족한 잠을 보충하길 바랍니다.

⌂ 보험료: 되도록 실비보험으로 한정하기

마지막으로 보험료입니다. 저는 지금까지 보험을 그렇게 많이 들지 않았어요. 필수적으로 가지고 있어야 하는 실비보험 정도만 들었습니다. 아무래도 월급이 얼마 되지 않았기 때문에 여러 보험에 가입하는 게 부담스러웠어요. 매달 보험료를 내는 것보다 차라리 몇만 원이라도 더 저축하는 데 초점을 맞췄죠. 그 덕분에 단기간에 종잣돈을 만들 수 있었고 그 돈으로 투자를 시작할 수 있었습니다.

보험료 문제는 연령대나 건강 수준 등에 따라서 기준이 다를 수도 있다고 생각합니다. 그렇지만 제가 이 책에서 당신을 이끌고 가려는 목표 지점이 한 달 만에 내 집을 마련하는 것이므로, 최대한 그 관점에서 이야기한 것입니다.

철저히 아끼되 전략적으로

돈을 모으는 건 힘든 일입니다. 앞서 이야기했듯이, 돈을 모으려면 습관을 고쳐야 하기 때문입니다. 많은 사람이 새해가 되면 매번 똑같은 결심을 합니다. '올해는 꼭 다이어트에 성공하겠어', '이번 연도에는 꼭 술을 끊을 거야'라고요. 하지만 짧게는 며칠 정도 가고 길게는 한두 달 정도 가다가 어느 순간 '이게 다 무슨 소용이냐' 하며 포기해버립니다. 이렇게 감정적으로 흔들리면서 버리고자 했던 옛날 습관으로 돌아가기가 쉽습니다. 특히 돈을 모을 때는 습관을 바꾸는 것이 정말 중요합니다.

돈을 모으기로 마음먹으면 친구들을 잘 만나지 못합니다. 지출을 할 수밖에 없기 때문입니다. 저는 스트레스가 쌓이면 친구들을 만나 이야기하면서 풀곤 했는데, 돈을 모으기 시작하면서 만나는 횟수가 현저히 줄었어요. 스트레스를 풀 수단이 사라지니 어느 날 갑자기 감정적으로 돈을 마구 쓰고 싶을 때가 생기더라고요. 그런 고비를 잘 넘겨야 합니다. 고비를 이겨내는 것도 일종의 성공 경험이어서, 몇 번 반복하면 습관으로 자리 잡게 됩니다.

감정적으로 흔들리지 않고 돈 모으기를 습관화하는 방법 세 가지를 소개합니다.

⌂ 적금을 들 때는 액수를 적절히 쪼개서

월급에서 100만 원씩 저축하겠다고 결심했다면, 한 번에 100만 원짜리 적금을 들지 말고 3개 정도로 나눠서 부으세요. 예를 들어 30만 원, 30만 원, 40만 원씩 나눠서 저축을 하는 겁니다.

100만 원짜리 적금 하나를 1년 동안 부었다면 1,200만 원이 모이죠? 그런데 갑자기 목돈이 들어가야 하는 일이 생기면 그 적금을 깨야 합니다. 어쩔 수 없이 적금을 깨서 급한 데 쓰는 것까지는 괜찮습니다. 그런데 1년 동안 사고 싶은 것, 먹고 싶은 것에 눈 딱 감고 아끼다가 갑자기 1,200만 원이라는 돈이 손에 들어온 거예요. 이럴 때 보통 어떻게 할까요? 급하게 써야 하는 돈이 200만 원이었다면 나머지 1,000만 원은 다시 저축해야 하는데 1년 동안 억눌렀던 욕구가 분출하면서 그간 사고 싶었던 걸 사게 되기가 쉽습니다.

그래서 3개 정도로 나눠서 저축하라고 강조한 거예요. 30만 원, 30만 원, 40만 원씩 각각 1년 동안 저축했다면 360만 원, 360만 원, 480만 원씩이 모였겠죠? 200만 원이 급하다면 360만 원이 모인 하나의 적금만 깨면 됩니다. 그리고 남은 금액 160만 원을 다시 저축하면 가장 좋지만, 그러지 못하더라도 160만 원만 더 소비하게 되죠.

⌂ 힘들 땐 모델하우스 둘러보기

돈을 모으다 보면 '내가 무엇을 위해서 이렇게까지 힘들게 돈을 모아야 하지?'라는 생각이 들 겁니다. 저 또한 마찬가지였고요. 그런 생각이 들 때 저는 모델하우스로 향했어요. 당시 제 꿈은 전망이 좋고 넓은 신축 아파트에서 사는 것이었거든요. 그래서 저의 최종 목표였던 신축 아파트를 눈에 담기 위해 모델하우스에 간 거예요.

모델하우스는 입장료를 받는 것도 아니고 누구나 구경하러 들어갈 수 있잖아요. 돈 모으는 게 힘들고 너무 구질구질하다는 생각이 들어 내키는 대로 써버릴까 싶다가도, 잘 꾸며진 모델하우스 이곳저곳을 둘러보면 돈을 모아야 하는 이유를 직접 느끼고 한 번 더 열심히 해보겠다는 의지를 다질 수 있었습니다.

⌂ 돈 모으는 데 도움 되는 취미 개발하기

돈을 모으기 시작하면 일반적인 취미 생활을 하기에 한계가 있습니다. 그렇다고 가만히 집에만 있을 수는 없죠. 그래서 저는 두 가지 취미 생활을 시작했습니다.

첫 번째는 임장을 다니는 것이었어요. 임장은 관심 있는 지역을 돌아다니면서 분위기는 어떤지, 부동산 가격은 어떤지 확인하는 걸 말합니다. 가보지 못한 지역을 새롭게 다니면서 어느 아파트가 대중교통을 이용하기 편리한지, 주변 상권을 이용하기에 가장 편리한 아파트는 어디인지, 실거주자들이 어떤 아파트끼리 비교하며 선택하는지, 한 아파트 안에서 동별로 학교 배정이 나눠지진 않는지, 만약 나눠진다면 어느 학교로 배정받는 걸 더 선호하는지 등을 확인해보는 겁니다.

두 번째는 돈 모으는 것 자체를 취미로 만들었어요. 별다른 목표가 없던 시절에는 주말마다 놀러 다니면서 돈을 쓰는 데 재미를 붙였지만, 이젠 매달 통장에 찍히는 금액이 늘어나는 걸 보는 데 재미를 붙인 겁니다. 임장을 다니면서 내가 사고 싶었던 아파트의 실투자금이 얼마인지를 파악한 다음 1차로 모아야 하는 목표 저축 금액을 정했어요. 예를 들어 3,000만 원을 모으면 살 수 있는 아파트를 발견했다면 1차 저축 금액을 3,000만 원으로 맞추는 겁니다. 저축을 할 때 목표가 정해져 있지 않다면 끝이 보이지 않지만, 목표 금액을 설정하면 일단 거기까지만 가면 된다는 생각에 힘이 납니다.

'이것'에는 아낌없이 투자하자

저는 소비에 대한 욕구를 최대한 억제했어요. 하지만 힘들게 모은 돈으로 아낌없이 투자한 게 있는데, 바로 수강료입니다. 부산에서 살면서도 서울에서 오프라인 강의가 열리면 기차를 타고 올라와 강의를 듣곤 했습니다. 현재 제 수강생분들도 마찬가지인데, 지방에서 새벽 첫 기차를 타고 올라와서 제 수 업을 듣습니다. 지방에서 오는 분들은 다른 분들보다 수업료가 2배는 더 들 고, 시간은 3~4배 더 들죠. 저는 이분들의 마음을 누구보다 잘 알고 있어요. 그래서 그런 노력이 헛되지 않도록 그분들이 꼭 돈을 벌어갈 수 있도록 최선 을 다해 도와드리고 있습니다.

앞서 이야기한 것처럼 저는 부산에서 오래 살았는데, 우연히 서울의 회사 에 취직을 하게 됐어요. 그러면서 본격적으로 부동산 공부와 투자를 시작했 습니다. 처음엔 회사 다니면서 부동산 투자를 한다는 게 그렇게나 어려운 일 이라는 걸 몰랐어요. 주말마다 임장을 다녀야 했거든요. 처음에는 주말에만 임장을 갔는데, 점점 가보고 싶은 곳이 많아져서 퇴근 후 야간임장도 다녔습 니다. 그러다가 경매를 시작하면서 평일에 입찰을 하러 가야 했는데, 당시에 는 1년에 쓸 수 있는 10여 개의 연차를 모두 입찰하러 가는 데 사용했어요. 한동안은 출퇴근과 임장, 입찰로 제 시간이 꽉 채워지기도 했으니 일과 부동 산 투자만 하면서 산 거예요.

정말로 이루고 싶은 게 있다면 일정 기간은 '그것'에만 집중해서 미친 듯 이 해야 해요. 한 달 만에 내 집을 장만하기 위해서는 누구보다 열심히 해야 합니다. 내 집을 장만하고 나서 돌이켜봤을 때, '와, 한 달 동안 미친 듯이 열 심히 살았구나!'라는 생각이 들어야 하고 성취감이 들어야 해요.

수강생들이 종종 이런 질문을 합니다.

"선생님은 어떻게 평일·주말 다 강의를 하고, 수강생 관리도 하고, 개인 투자까지 합니까?"

사실을 말하자면, 그분들이 보는 것보다 훨씬 더 많은 일을 합니다. 직장생활에서도 마찬가지잖아요. 프로젝트의 결과를 '짠!' 하고 한순간에 보여주지만, 그 결과를 내기 위해서는 사소한 것 하나하나에 신경을 써야 하고 아무도 알아주지 않는 행동들을 해야 하죠. '꼴랑' 한 달 동안 미친 듯이 해서 내 집을 장만할 수 있다면 하지 않을 이유가 없지 않은가요? 그러니 한 달 동안은 '경매만 미친 듯이 할 거야!'라고 마음먹고, 책에 나오는 내용을 모두 숙지한 후 꼭 실천으로 이어가길 바랍니다.

03

급매보다 싼
경매의 힘

경매는 누구나 쉽게 시작할 수 있습니다. '경매'라는 단어만 들으면 겁부터
내는 사람이 많은데, 저도 그중 한 명이었습니다. 지금 와서 보니 쓸데없는
걱정이었다는 생각이 들지만 당시는 크게 두 가지가 두려웠습니다. 첫 번째
는 '안에 살고 있는 사람을 어떻게 내보내지?'였고, 두 번째는 '망해서 나가
는 집인데 그런 집을 내가 사도 될까?'였습니다. '살고 있는 사람을 내보내는
것'을 명도라고 하는데 이에 대해서는 5장에서 자세히 다룰 예정이니, 여기
서는 두 번째 걱정을 살펴볼게요.

망해서 나가는 집을 사도 될까?

제가 몇 개의 집을 낙찰받고 나서 확실히 깨달은 게 있어요. 경매로 나온 집들이 다 그런 건 아니지만, 내부를 들여다보면 깜짝 놀랄 정도로 엉망이라는 겁니다. 특히 소유자 겸 채무자가 오랫동안 살아온 집은 대부분 그렇습니다. 낙찰을 받은 후 소유자 겸 채무자와 협의해 이사를 내보내고 나면 집에 들어가 볼 수 있는데, 벽지는 누렇게 변해 있고 벽에는 못이 많이 박혀 있습니다. 아무래도 채무에 시달리다 보니 인테리어에 신경 쓸 겨를이 없었던 거겠죠.

처음 그런 집들을 봤을 땐 많이 당황했어요. '역시 경매로 집을 사는 건 좋은 방법이 아닌 건가?' 하고 후회가 되기도 했습니다. 하지만 이미 낙찰은 받은 만큼 어떻게든 이 집을 살려서 수익을 창출해야 했습니다. 곧바로 인테리어 공사를 시작했어요. 2주 정도 지나 공사가 마무리돼 다시 찾아갔을 땐 내가 낙찰받았던 그 집이 맞나 싶을 정도로 새집이 돼 있었어요. 그 순간 '아, 이 집한테는 내가 구세주였겠다!'라는 생각이 들었습니다. 어두침침하고 안 좋은 기운이 가득했던 집을 내가 환하고 좋은 기운이 가득 찬 곳으로 바꿔놓았으니까요. 인테리어로 집을 탈바꿈한 사례와 구체적인 방법에 대해서는 6장에서도 다룰 거예요.

이런 경험으로 '망한 집은 사는 게 아니다'라는 인식을 단번에 지웠습니다. 망한 집을 샀는데 저는 그 집을 통해 월세를 받기도 하고 단기간에 매도해 수익도 보고 있어요. 망한 집을 되살리면서 돈을 벌고 있는 거죠.

경매는 급매보다 싸게 내 집을 장만하는 방법

집을 사려는 사람들은 보통 최저점을 잡으려고 애씁니다. 그런데 요즘 부동산 매물들을 살펴보면서 매수자와 매도자가 원하는 금액에 차이가 크다는 걸 느꼈습니다. 아무래도 매수자는 저렴한 가격에 사고 싶을 테고, 매도자는 조금이라도 더 비싸게 팔고 싶겠죠.

예전 부동산 상승장일 때는 매수자와 매도자가 똑같이 오늘이 가장 저렴한 가격이라고 생각했기 때문에 매물 중에서 가장 저렴한 가격으로 내놓으면 바로바로 거래가 됐습니다. 그런데 최근 1~2년 동안 부동산 거래가 거의 없었기 때문에 매수자 입장에서는 급급매 가격이 아니면 살 이유가 없다고 생각해요. 그런데 매도자 입장에서는 이제 아파트 가격이 조금씩 회복되어가고 있다니 최근에 거래된 가격보다는 비싸게 팔고 싶은 겁니다. 그렇게 가격을 올리더라도 기다리면 매수자가 나타날 거라고 생각하는 거죠. 그 와중에 대출이자를 감당하기 힘들어져 하루라도 빨리 팔고 싶어 하는 매도자도 있습니다. 이들은 최소 몇천만 원에서 최대 몇 억 원까지 싸게 내놓기도 합니다. 내 집 장만을 생각하는 사람들은 바로 이 급매를 잡고 싶어 하죠.

하지만 급매를 잡기는 정말 힘듭니다. 누군가가 급급매로 내놓더라도 발빠른 매수자가 금세 낚아채기 마련이니까요. 저렴한 가격으로 올라온 매물은 중개사무소 소장님들도 매물을 공개적으로 올리기 전에 이미 문의를 많이 했던 사람에게 연락해서 바로 거래를 성사시킵니다. 그런데 직장에 다니는 사람은 여러 동네의 중개사무소 소장님들을 일일이 만나면서 급매가 나오면 1순위로 자신에게 연락을 주게 하기가 현실적으로 어렵습니다. 중개사무소를 한두 번 방문했다고 해서 급매가 나왔다며 소장님이 전화를 주는 일도 드물고요. 급매를 놓쳐 아깝다고 생각하는 사람은 경매 투자를 해야 합니다. 경매라는 방식을 활용하면 얼마 전 놓친 급매보다 저렴한 가격으로 매수할 수도 있습니다.

그리고 한 가지 더 눈여겨봐야 할 게 있습니다. 매일 경매물건을 들여다보는 제가 느끼기에도 확실히 경매로 나오는 물건이 많아지면서 예전에는 나오지 않았던 좋은 물건들이 많아졌어요. 2023년 11월에 서울 강남구 청담동에 있는 청담자이도 경매로 나왔습니다. 2020~2022년까지만 해도 아파트가 경매로 나올 때는 감정평가된 금액보다 훨씬 높은 금액으로 낙찰이 됐어요. 예컨대 8억에 감정평가를 받은 아파트가 8억 8,000만 원, 즉 110%에 낙찰되는 일이 많았습니다. 아파트 가격이 계속 올랐기 때문에 그 가격에 사도 더 오를 거라고 본 겁니다. 그런데 지금은 감정평가 금액의 80~90% 정도에 낙찰되고 있습니다. 8억짜리 아파트가 6~7억에 낙찰된다는 거죠. 급매를 놓친 상황이라면 경매로 낙찰받는 것이 안정적이고 급매보다 싸게 사는 방법이에요.

급매보다 낮은 사례들

서울 성북구 석관동에 있는 아파트 경매 사례를 보겠습니다. 전용면적이 25평이고 공급면적은 32평이에요. 이 물건은 8층인데, 직전 거래 상황을 보면 2023년 10월 2층이 8억 500만 원에 거래됐습니다(〈그림 1-1〉 참조). 그리고

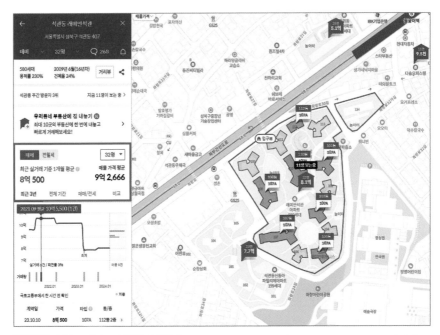

그림 1-1 성북구 아파트의 직전 실거래가

ⓒ 호갱노노

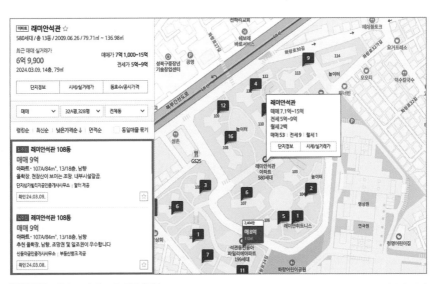

그림 1-2 성북구 아파트의 매물 현황

ⓒ 네이버부동산

180만 원 월급쟁이 이주임은 어떻게 경매 부자가 됐을까

네이버부동산(land.naver.com)에 나와 있는 매물을 보면 가장 낮은 가격이 9억입니다(〈그림 1-2〉 참조). 실거래가는 8억 500만 원인데 매물은 9억이 가장 싼 거죠. 매수자와 매도자 간 가격 괴리가 크다는 걸 알 수 있습니다. 내가 이 아파트를 일반매매로 사려고 하면 가장 싸게 살 수 있는 게 9억인 거예요. 하지만 최근 거래된 가격이 8억 500만 원이니 9억을 주고 살 순 없을 겁니다. 이럴 때 8억 500만 원보다 더 싸게 사는 방법이 있죠. 바로 경매로 낙찰을 받는 거예요.

이제 경매지를 보겠습니다(〈그림 1-3〉 참조). 이 아파트는 감정평가 금액이 8억 4,000만 원이었는데, 이 금액에 아무도 입찰하지 않았습니다.

그렇게 1회 유찰돼서 6억 7,200만 원이 됐어요. 유찰은 해당 건에서 낙찰자가 나오지 않은 걸 말하며, 이럴 때는 20% 또는 30% 낮은 금액으로 다시

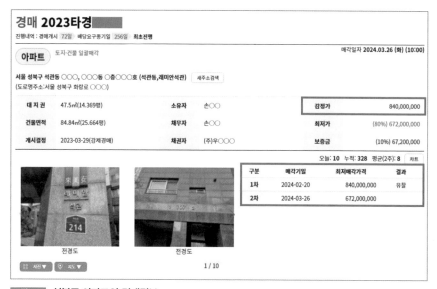

그림 1-3 성북구 아파트의 경매정보 ⓒ 탱크옥션

경매를 진행합니다. 서울은 1회 유찰될 때마다 20%씩 떨어지고 서울을 제외한 지역은 30%씩 떨어집니다. 이 아파트도 감정가에서 20% 떨어진 6억 7,200만 원이 최저가가 된 거예요. 입찰할 땐 최저가 금액보다 높은 금액을 적어야 하며, 그러지 않으면 무효처리가 됩니다. 만약 경매로 나온 이 아파트를 6억 7,200만 원보다는 높고 8억 500만 원보다는 낮은 금액으로 낙찰받는다면 급급매 가격보다 훨씬 저렴하게 내 집을 장만할 수 있는 거예요. 감정평가 금액인 8억 4,000만 원에 낙찰받는다고 해도 매물로 나와 있는 9억 원보다 6,000만 원이나 더 싸게 살 수 있습니다.

서울 서대문구 역세권 아파트의 사례를 보겠습니다(〈그림 1-4〉 참조). 2023년 6월부터 경매가 진행된 건으로, 감정평가 금액은 13억 8,000만 원인데 두 번이나 유찰되면서 최저가가 8억 8,320만 원까지 떨어졌습니다. 서울 역세

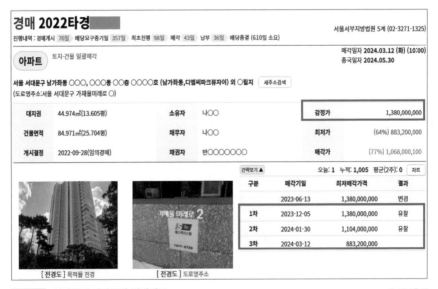

그림 1-4 서대문구 아파트의 경매정보 ⓒ 탱크옥션

180만 원 월급쟁이 이주임은 어떻게 경매 부자가 됐을까

권 아파트를 5억 가까이 싸게 살 수 있다는 얘기입니다.

경매는 이렇게 급매가보다 싸게 내 집을 장만하는 방법입니다. 경매에 대해서 부정적인 사람들은 '경매로 나온 좋은 물건은 남들 눈에도 좋아서 경쟁자가 많아져 낙찰가가 너무 높게 형성된다'라고 말하기도 합니다. 물론 내 눈에 좋아 보이는 물건은 남들에게도 좋아 보일 겁니다. 사람들은 1회 이상 유찰된 물건을 선호하는 경향이 있고, 그런 물건들만 보는 이들도 많습니다. 유찰이 한 번이라도 되면 사람들 눈에 더 많이 띄게 되는 겁니다. 그런데 남들 눈에 띄기 전에 누가 봐도 좋은 물건을 싸게 낙찰받는 방법이 있습니다. 유찰된 적이 없고(즉, 신건이고) 감정평가 금액이 시세보다 현저히 낮은 물건인데, 경쟁자 없이 단독낙찰을 받을 수 있습니다.

경기도 안산시에 있는 아파트를 예로 들어보겠습니다(〈그림 1-5〉 참조). 감

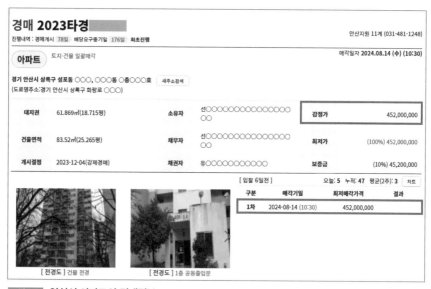

그림 1-5 안산시 아파트의 경매정보　　　　　　　　　　　ⓒ 탱크옥션

정평가 금액이 4억 5,200만 원입니다. 한 번도 유찰되지 않았기 때문에 입찰일이 일주일도 남지 않았는데 조회수가 47회밖에 찍히지 않았어요. 대부분 사람이 1회 이상 유찰된 물건들을 검색하기 때문에 신건은 조회수가 적습니다. 조회수가 적다는 건 경쟁자가 그만큼 적다는 뜻이죠.

이 아파트의 최근 거래된 가격은 5억 2,000만 원에서 5억 3,000만 원까지였습니다. 감정평가 금액이 실거래가보다 7,800만 원이나 더 낮은 거예요. 이 아파트는 여의도까지 한 번에 갈 수 있는 신안산선이 개통될 예정이라는 호재를 가지고 있고, 심지어 재건축도 추진 중입니다. 이렇게 호재가 많은 아파트를 경쟁자 없이 단독낙찰을 받을 수도 있는 거예요.

04

경매에 대해
바로 알기

단점: 누수 문제를 사전에 확실히 알 수 없다는 것

중개사무소를 통해 집을 사려고 할 때는 소장님과 함께 집 안까지 들어가서 꼼꼼히 확인할 수 있습니다. 예를 들어 누수가 있다면 현재 집주인에게 수리를 요청할 수도 있죠. 그런데 경매는 집 안을 보는 게 거의 불가능합니다. 그래서 임장을 갔을 때 최대한 많은 힌트를 얻어야 해요. 내부를 볼 수 없기 때문에 인테리어는 다 고쳐야 한다고 생각하고 입찰 금액을 잡아야 합니다.

공사 중에서 가장 골치 아픈 것이 누수이기 때문에 이 문제는 최대한 살펴봐야 합니다. 경매로 나온 물건이 꼭대기 층이라면 꼭 옥상에 올라가서 확인해야 해요. 요즘 아파트는 옥상 출입을 못하게 막아놓은 곳이 많은데 이럴 때는 관리사무소에 가서 해당 집에 누수 문제가 있는지 꼭 물어보세요. 누수 문제가 있었다면 얘기해줄 겁니다. 그리고 대부분 아파트는 공용 관리비를 내기 때문에 옥상에 대한 누수 문제가 있다면 관리비로 수리를 해줍니다. 크게 걱정하지 않아도 됩니다.

임장을 갔을 때 아파트 이곳저곳을 돌아다니며 세심히 살펴보는 것이 좋습니다. 복도 청소는 깔끔하게 되어 있는지, 아파트 외관 페인트가 들뜨진 않았는지, 지하주차장은 잘 관리되는지 확인하는 겁니다. 아파트 전체가 깔끔하게 관리되고 있다면 옥상 누수가 있다고 하더라도 관리사무소에서 잘 처리해줄 겁니다. 그 집이 꼭대기 층이 아니어도 괜찮아요. 누수가 발생하면 윗집에서 수리를 해줘야 하기 때문입니다.

윗집에서 공사를 못 해주겠다고 하면 어떻게 하냐고요? 누수는 위치와 원인에 따라서 책임 소재를 밝히기 때문에 만약 윗집에서 문제가 발생한 거라면 의무적으로 해줘야 합니다. 다만 지출이 발생하는 일이기 때문에 매끄럽게 해결되지 않을 소지가 있는데, 누수공사를 해주는 사장님을 잘 만나는 것이 중요합니다.

얼마 전 임차를 주고 있는 집에 누수가 생겼다면서 임차인에게 연락이 왔어요. 그래서 우선 윗집에 알렸는데, 그 집도 임차인이 살고 있어서 집주인의 전화번호를 받았습니다. 누수공사 사장님이 윗집과 우리 집 임차인들에게 전화해서 시간을 조율한 뒤 방문해서 현장 조사를 했습니다. 그러곤 윗집 집주인에게 직접 전화를 걸어주셨습니다. 처음에는 누수공사를 해주겠다고 했지만 견적을 받고 나서 말을 바꾸는 사람들이 종종 있습니다. 이번에도 그랬는데 누수공사 사장님이 윗집 집주인에게 호통을 치셨습니다.

"지금 아랫집이 피해를 보고 있고 아랫집이 피해자, 윗집은 가해자인 거

180만 원 월급쟁이 이주임은 어떻게 경매 부자가 됐을까

예요! 만약 사모님 집에 누수가 생겨서 윗집에 말했는데 못 고쳐주겠다고 하면 그게 말이 된다고 생각하세요?"

그러자 곧바로 윗집 집주인이 공사를 진행하라고 이야기했어요.

이런 사장님을 만나려면 어떻게 해야 할까요? 그간의 제 경험으로 한 가지 팁을 드리겠습니다. 대부분 사장님은 윗집하고 먼저 이야기하고 나서 연락을 달라고 합니다. 그런데 중간자 역할을 잘 해주는 사장님은 윗집 전화번호를 먼저 물어보고, 자신이 전화를 해보겠다고 합니다. 이런 사장님을 만나면 윗집과 얼굴 붉히는 일 없이 누수공사를 잘 마무리할 수 있을 거예요.

아파트와 달리 빌라는 대부분 옥상에 올라갈 수 있게 되어 있습니다. 만약 빌라 꼭대기 층에 입찰할 예정이라면 임장 갔을 때 꼭 옥상을 확인해야 해요. 옥상에 올라갔는데 방수페인트가 벗겨졌거나 한쪽에 물이 고여 있다면 누수가 있을 확률이 높습니다.

그리고 30년이 넘은 빌라에 입찰할 때는 한 가지 더 체크해야 해요. 연식이 오래된 빌라는 지붕이 없는 경우도 있습니다. 지붕이 없는 집이 있다고? 말도 안 된다고 생각할 텐데, 기와로 된 빌라가 그렇습니다. 지붕이 없는 오래된 빌라라면 비 올 때, 특히 장마철에는 천장에서 빗물이 떨어질 가능성이 매우 큽니다. 이런 집을 발견했을 때 무조건 입찰을 피해야 하는 건 아닙니다. 좀 더 낮은 가격으로 낙찰받으세요. 지붕공사를 하면 되기 때문입니다. 사전에 업체에서 견적을 받아 입찰가에 반영하면 됩니다.

이처럼 막상 낙찰을 받고 어떤 문제가 불거질지 모른다는 게 경매의 최대 단점입니다. 그렇지만 경매로 나오는 모든 물건이 엉망인 건 아닙니다. 앞서 소개했듯이 제가 낙찰받은 집 중에서는 4개월 만에 3,700만 원의 수익을 본

물건도 있어요. 임차인이 이사를 나가는 날 명도확인서를 주기 위해서 그 집을 방문했는데, 그때 처음으로 집 내부를 볼 수 있었어요. 생각보다 집이 깔끔해서 놀랐습니다. 인테리어를 새로 해야 할 건 벽지밖에 없었어요. 40만 원을 들여 도배만 했는데도 분위기가 완전히 달라졌습니다.

오해: '얼마나 안 좋으면 경매로 나왔겠어!'

경매로 나온 아파트의 임장을 가서 중개사무소 소장님과 이야기를 나눌 때 자주 듣는 말이 있습니다.

"얼마나 안 좋은 물건이면 경매로 나왔겠어요? 그냥 경매 말고 ○억에 나온 이 물건을 보세요."

경매에 대해서 잘 모르는 소장님들이 하는 이야기입니다. 경매물건은 일반매물로 나왔는데 아무도 사 가지 않아서 경매로 넘어가는 게 아닙니다. 그 집을 일반 매매로 팔아도 채무자의 빚을 다 갚을 수 없어서 나오는 거예요. 〈헤럴드경제〉 2024년 8월 12일 자 기사에 따르면, 4대 은행 주택담보대출 연체액이 1조 877억 원으로 2018년부터 시작된 통계 집계 이래 최고치를 기록했습니다. '대출이 연체되면 집을 팔아서 갚으면 되는 것 아니야?'라고 생각할 수도 있지만, 집값이 하락해 집을 팔아도 대출 원금과 연체된 이자를 다 갚을 수 없는 상황인 겁니다.

충남 아산시에 있는 아파트를 예로 보겠습니다(〈그림 1-6〉 참조). 감정평가 금액은 1억 600만 원이고, 1회 유찰돼 30% 떨어져서 최저가가 7,420만 원

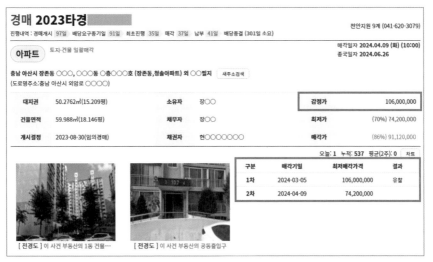

경매 **2023타경**

진행내역 : 경매개시 97일 배당요구종기일 91일 최초진행 35일 매각 37일 납부 41일 배당종결 (301일 소요)

천안지원 9계 (041-620-3079)

아파트 토지·건물 일괄매각

매각일자 2024.04.09 (화) (10:00)
종국일자 2024.06.26

충남 아산시 장존동 ○○○, ○○○동 층○○○호 (장존동,청솔아파트) 외 ○○필지 [새주소검색]
(도로명주소:충남 아산시 외암로 ○○○○)

대지권	50.2762㎡(15.209평)	소유자	장○○	감정가	106,000,000
건물면적	59.988㎡(18.146평)	채무자	장○○	최저가	(70%) 74,200,000
개시결정	2023-08-30(임의경매)	채권자	현○○○○○○○	매각가	(86%) 91,120,000

오늘: 1 누적: 537 평균(2주): 0 [차트]

구분	매각기일	최저매각가격	결과
1차	2024-03-05	106,000,000	유찰
2차	2024-04-09	74,200,000	

[전경도] 이 사건 부동산의 1동 건물···   [전경도] 이 사건 부동산의 공동출입구

그림 1-6 **아산시 아파트의 경매정보**   ⓒ 탱크옥션

이 됐어요.

이 아파트의 등기사항전부증명서(등기부등본)를 보겠습니다(〈그림 1-7〉 참조). 근저당 6,120만 원이 잡혀 있고, 가압류가 5건으로 총 7,671만 원이 잡혀 있습니다. 근저당은 이 아파트를 담보로 잡고 대출을 받은 걸 말하는데, 등기사항전부증명서상에는 대출 원금이 아니라 원금의 120~130% 금액이 적힙니다. 대출이자를 더한 금액으로, 이를 채권최고액이라고 합니다. 이 집은 캐피탈(2금융) 대출 원금 6,120만 원을 120%로 나눈 5,100만 원이에요. 따라서 근저당 5,100만 원과 가압류 7,671만 원을 더해 1억 2,771만 원이 이 집에 잡혀 있는 채권금액인 겁니다.

이 아파트의 시세가 9,500만 원에서 1억 원 사이에 형성돼 있으니, 일반매매로 산다면 최대 1억을 생각해야 합니다. 만약 내가 1억에 이 아파트를 산다면 나머지 2,771만 원을 소유자 겸 채무자가 갚아야 하는데 그럴 능력이

건물등기		(채권합계금액:137,910,804원)		대출원금 51,000,000		
순서	접수일	권리종류	권리자	채권금액	비고	소멸
갑(7)	2017-12-27	소유권이전	장○○		매매 거래가액:81,000,000원	
을(8)	2019-12-05	근저당권설정	현○○○○○○○	61,200,000	말소기준등기	소멸
갑(8)	2023-06-14	가압류	현○○○○○○○	9,549,187	2023카단▦▦▦▦(인용)	소멸
갑(9)	2023-08-01	가압류	오○○○○○○	26,360,823	2023카단▦▦▦▦(인용)	소멸
갑(10)	2023-08-23	가압류	서○○○○○○○○○ ○○○○○○○○○○ ○	14,185,053	2023카단▦▦▦▦(인용)	소멸
갑(11)	2023-08-30	임의경매	현○○○○○○○	청구금액 51,074,510	2023타경▦▦▦	소멸
갑(12)	2023-09-01	강제경매	현○○○○○○○	청구금액 9,114,983	2023타경▦▦▦	소멸
갑(13)	2023-10-30	가압류	서○○○○○○	11,998,271	2023카단▦▦▦▦(인용)	소멸
갑(14)	2023-11-01	가압류	(주)국○○○○○	14,617,470	2023카단▦▦▦▦인용)	소멸

그림 1-7 아산시 아파트의 등기사항전부증명서

© 탱크옥션

안 되죠. 등기사항전부증명서에 등재돼 있는 채권을 전 소유자가 말소시키지 않는다면 매수자가 떠안아야 합니다. 결국 매수자가 1억 2,771만 원에 이 아파트를 사는 셈이 되는 겁니다. 누가 1억짜리 아파트를 2,000만 원이나 더 주고 사려고 하겠어요?

그런데 이런 물건이 경매로 나왔다면 남아 있는 채권을 낙찰자가 책임지지 않아도 됩니다. 낙찰금으로 채권자들의 채권을 전액 상쇄하지 못하더라도 등기사항전부증명서에서는 채권이 모두 소멸하기 때문입니다. 이처럼 경매로 나오는 집들은 일반매매로 내놓을 수가 없는 물건들입니다. 아무도 안 사 가는 물건이 아니라 누구도 사 갈 수 없고 경매로만 가져갈 수 있는 물건인 거죠.

한눈에 보는 경매 사이클

경매물건 찾기

경매로 내 집을 장만하고 싶다면, 어디에 어떤 물건이 경매로 나왔는지 확인하는 것부터 시작합니다. 경매 투자를 전문적으로 하는 사람들은 대부분 유료 경매정보 사이트를 이용합니다. 그런데 원하는 아파트가 정해져 있고 그 아파트 물건 중 경매로 나온 게 있는지 확인하는 정도라면 굳이 돈 들여 유료 사이트를 이용하지 않아도 됩니다.

경매물건이 나왔는지 무료로 확인하는 방법으로는 두 가지가 있습니다. 첫 번째는 대한민국 법원 법원경매정보 사이트(courtauction.go.kr)를 이용하는 겁니다. 이 사이트에서 '물건상세검색'을 통해 관심 지역에 어떤 아파트들이 경매로 나왔는지 확인할 수 있어요. 다만 물건을 하나하나 클릭하면서 확인해야 하므로 불편한 점이 많습니다.

　그래서 저는 두 번째 방법을 추천합니다. 아실 사이트(asil.kr)를 활용하는 거예요. 사이트 오른쪽의 '경매공매'라는 메뉴를 클릭하면 지도상에 현재 경매나 공매로 나와 있는 물건들이 표시됩니다. 관심 있는 지역을 지도상으로 확인해보는 게 편할 거예요. 지도에 표시되는 박스를 클릭하면 경매 또는 공매 사건번호가 나옵니다. 이 사건번호를 복사해서 대한민국 법원 법원경매정보 사이트에 들어가 검색하면 됩니다. 입찰할 물건을 찾는 방법은 2장에서 이야기하겠습니다.

권리분석

ㅣ

그 후엔 분석을 합니다. 관심 가는 물건이 생겼다면 낙찰을 받아도 되는 물건인지 절대 피해야 하는 물건인지 확인해야 하는데, 부동산의 권리 상태를 파악하는 걸 권리분석이라고 합니다. 낙찰을 받음으로써 임차인의 임대보증금이나 부동산 등기사항전부증명서에 있는 근저당권, 가압류, 압류, 가처분 등기 같은 권리들을 인수해야 하는 건 아닌지 확인하는 겁니다. 성공적인 입찰을 할 수 있느냐 아니냐가 여기서 결정된다고 해도 과언이 아니므로 상당히 공을 들여야 합니다. 3장에서 상세하게 다룰 텐데요, 생소한 용어가 좀 나오겠지만 어렵지 않으니 금방 익힐 수 있을 겁니다.

임장

권리분석을 통해 입찰해도 되는 물건이라고 판단이 됐다면 임장을 가야 합니다. 간혹 보면 임장도 가보지 않고 덜컥 낙찰을 받는 사람들이 있는데, 정말 위험한 행동이라고 생각합니다. 투자 전략에 따라 임장 방법도 달라집니다. 실거주 혹은 2년 이상 장기 보유 예정인 집이라면, 동네를 둘러보면서 만약 내가 실거주자라면 어떤 아파트를 선택할지 생각해보세요. 나만의 아파트 순위를 매겨보는 겁니다. 그리고 나서 인터넷으로 어떤 아파트가 가장 비싼지, 내가 매긴 순위와 가격 순위가 동일한지 확인해봅니다. 만약 차이가 있다면 왜 사람들과 나의 생각이 다른지 중개사무소를 방문해 소장님과 이야기하면서 이유를 찾아야 합니다. 아파트 순위를 맞히는 게임이라고 생각하면 돼요. 이렇게 두세 번만 임장을 하면 다음부터는 어떤 아파트가 더 가격이 높을지 뻔히 보일 겁니다. 아파트 순위에 훤해지는 거죠. 이 정도로 단련이 됐을 때 새로운 곳에 임장을 갔는데 아파트 가격이 내 생각과 다르게 형성돼 있다면, 저평가된 아파트가 어디인지 단번에 눈에 보일 겁니다. 기억하세요! 장기 보유할 집이라면 저평가된 아파트를 찾아야 합니다. 급매보다 저렴하게 낙찰을 받아 현재 시세로 매도하는 단타 전략이라면 그 동네의 분위기나 급매 가격은 어느 정도인지 파악한 다음 입찰해야합니다. 그래야 급매보다 낮은 가격으로 매수해 수익을 얻을 수 있습니다. 이밖에 임장 잘하는 요령은 4장을 참조하세요.

입찰하기

입찰을 하기로 결정됐다면 매각기일에 관할법원에 갑니다. 경매는 직접 가야 하는 수고로움이 있는데, 다른 용무가 있다면 본인이 직접 가지 않아도 됩니다. 대리인이 입찰표를 작성해서 입찰할 수 있어요. 예컨대 직장에 다니고 있다면 가족이나 지인에게 대리입찰을 부탁할 수 있습니다. 입찰할 때 준비물과 주의해야 할 점은 5장에서 자세히 다루겠습니다.

낙찰 후 명도와 잔금납부

낙찰이 되면 일주일 동안 매각허가결정이 이루어집니다. 이 부동산과 관련된 이해관계인들이 매각에 대해서 이의를 제기할 수 있는 기간입니다. 일주일 동안 아무도 이의를 제기하지 않았다면 그로부터 일주일 뒤에 매각허가결정확정이 됩니다. 매각허가결정확정이 돼야 서류상으로 낙찰 사실을 인정받게 됩니다. 매각허가결정 기간에 낙찰자는 점유자와 연락을 취해 언제 집을 비워줄 건지 협의를 해야 합니다. 그리고 대출을 받아 잔금을 납부할 계획이라면 금리가 저렴한 곳이 어디인지 알아두어야 합니다. 법원에서 잔금을 납부하라고 등기가 날아올 텐데, 명도 날짜가 정해지고 대출받을 곳도 정해졌다면 명도하는 날짜에 맞춰 잔금을 납부하면 됩니다.

잔금을 납부하는 기한은 한 달 정도 주는데, 만약 명도가 원활하게 진행되지 않는다면 잔금납부를 최대한 미루는 것이 좋습니다. 명도를 해야 낙찰받은 집으로 수익실현을 할 수 있기 때문입니다. 게다가 대출을 받아 잔금을 납부한다면 납부한 날부터 대출이자가 나가니 이 점도 신경 써야 하고요. 명도에 대해서도 5장에서 자세히 다룹니다.

인테리어 등 사후 계획

명도가 끝나면 집 내부를 확인해서 인테리어를 해야 할지 결정합니다. 내가 직접 들어가 살 집이라면 원하는 대로 인테리어를 하면 됩니다. 전세나 월세를 맞출 거면 기본적인 인테리어를 하면 되고, 바로 매도할 계획이라면 주변에 있는 중개사무소 소장님과 의논하는 게 좋습니다. 인테리어를 하나도 안 한다면 얼마에 팔 수 있는지, 인테리어를 한다면 얼마에 팔 수 있는지 물어봐서 어떤 게 더 수익을 키우는 방법인지 확인하는 겁니다. 인테리어 관련 팁은 6장에서 소개하겠습니다.

경매물건을 찾고, 권리분석을 하고, 임장을 다녀오고, 입찰하여 낙찰을 받은 다음, 명도와 인테리어를 진행하는 것이 경매 투자의 한 사이클입니다. 앞으로 우리가 한 달 동안 해야 할 일인 거죠. 자, 그러면 한 달 만에 경매로 내 집 마련하는 방법을 본격적으로 알려드리겠습니다.

- **주택임대차보호법:** 주거용 부동산에 관한 법률로, 경매 권리분석의 바탕이 된다.

- **등기사항전부증명서:** 해당 부동산의 기본 정보들과 근저당, 가압류, 압류 등 채권에 대한 정보들을 볼 수 있는 서류다. 대한민국 법원 인터넷등기소(iros.go.kr)에서 누구나 발급받을 수 있다.

- **임의경매:** 부동산을 담보로 돈을 빌려줬지만 채무자가 돈을 갚지 않았을 때, 채권자가 해당 부동산의 경매를 신청한 것을 말한다.

- **강제경매:** 채무자와 채권자가 개인 신용으로 돈거래를 했지만 채무자가 돈을 갚지 않았을 때, 채권자가 소송을 통해 승소를 받아 경매를 신청한 것을 말한다.

- **신건:** 감정평가 금액으로 진행하는 신규 경매 건을 말한다.

- **개찰:** 매각기일에 입찰자가 작성한 입찰표를 하나씩 열어 최고가를 적은 매수인(최고가매수인)이 누구인지 확인하는 것을 말한다.

- **유찰:** 경매를 진행했는데 입찰자가 없는 것을 말한다. 유찰이 될 때마다 서울은 20%, 그 외 지역은 30% 가격을 낮춰 다시 경매를 진행한다.

- **인도명령:** 경매물건을 낙찰받은 사람이 대금을 완납하고 소유권을 취득했으나, 점유자가 해당 부동산의 인도를 거부할 경우 법원에서 도와주는

절차다. 인도명령은 인도소송보다 더 빠르고, 적은 비용으로 진행할 수 있다.

- **인도소송:** 대항력이 있는 임차인이거나, 낙찰받고 6개월 후 점유자를 내보내고자 할 때는 인도명령신청을 할 수 없기 때문에 인도소송으로 진행해야 한다. 명도소송과 같은 말이다.

- **강제집행:** 인도명령과 인도소송(명도소송)을 통해 점유자를 내보내는 행위를 말한다. 강제집행 당일은 낙찰자가 꼭 참석해야 하며, 증인 2명을 동반해야 한다. 강제집행과 동시에 점유자와는 더 이상 협상을 진행하지 않는다. 만약 강제집행 날 협상했지만 점유자가 또 나가지 않겠다고 버티면 처음부터 다시 시작해야 하기 때문이다.

- **권리분석:** 부동산 경매물건을 낙찰받음으로써 낙찰자가 낙찰금 외에 인수해야 하는 권리가 있는지 확인하는 것을 말한다. 권리분석에서 '인수된다'는 낙찰자가 책임을 져야 하는 권리이고, '소멸된다'는 경매 낙찰을 받음으로써 채권이 등기사항전부증명서에서 없어지게 되는 권리를 말한다.

- **말소기준권리:** 하나의 경매물건엔 하나의 말소기준권리가 있다. 말소기준권리는 말소기준등기, 최선순위설정과 동일한 의미이며, 해당 경매물건의 모든 권리에 대한 소멸 또는 인수의 기준이 된다.

- **선순위:** 말소기준권리보다 앞선 날짜에 접수된 등기를 말한다. 선순위는 무조건 낙찰자 인수사항이다.

- **후순위:** 말소기준권리보다 접수일자가 늦은 권리를 말한다. 후순위는 대부분 소멸하지만 소멸하지 않는 여섯 가지 권리가 있다(3장 참조).

- **근저당:** 부동산을 담보로 돈을 빌려주면 해당 부동산의 등기사항전부증명서에 '근저당권'이라고 표기된다. 이때 돈을 얼마 빌려줬는지도 같이 표기되는데, 근저당은 근저당은 대출 원금에 120~130%를 더한 채권최고액으로 적힌다. 즉, 대출 원금을 알고 싶다면 ÷1.2 또는 1.3을 하면 된다.

- **가처분등기:** 부동산을 다른 사람에게 처분하는 걸 막기 위한 등기다.

- **예고등기:** 해당 부동산이 현재 소유권과 관련해 소송 진행 중임을 알려주는 일종의 경고등기다. 예고등기가 있으면 낙찰을 받았더라도 소송을 통해 소유권을 박탈당할 수 있기 때문에 입찰을 피해야 한다.

- **유치권:** 타인의 부동산에 직접적으로 연관되어 있는 비용을 받지 못하는 경우에 유치권을 행사할 수 있다. 유치권자는 해당 부동산을 점유하고 있어야 하며, 만약 점유하고 있지 않다면 유치권은 성립되지 않는다. 유치권이 있는지 없는지는 매각물건명세서 비고란에서 확인할 수 있다.

- **법정지상권:** 토지주와 건물주가 다른 경우, 누가 이 토지를 사용할 수 있는 권리(지상권)를 가지고 있는지에 대해 상호 계약으로 정해진 내용이 아닌 법정으로 정해진 내용을 말한다. 매각물건명세서 비고란에서 확인할 수 있다.

- **배당요구종기일:** 배당을 요구할 수 있는 최종 기일을 말한다. 자동배당(당연배당) 권리자 외에는 요구를 통해서만 매각대금으로부터 배당을 받을 수 있으며, 종기일까지 배당신청을 하지 않으면 배당에서 제외된다.

2부

기초편

복잡한 경매가 만만해지는 시간

2장

(1주 차)

물건 검색과
입찰가 산정법

얼마가 있어야
경매를 시작할 수 있을까?

경매에 입찰하려면 가장 먼저 자금을 생각해봐야겠지요? 월급만 쏘박쏘박 모아서는 내 집을 마련하기가 현실적으로 불가능하다고 생각하는 사람이 많습니다. 네, 맞아요. 월급으로 한 채를 현금으로 사는 건 거의 불가능합니다. 그래서 주택담보대출이라는 상품이 있고, 대부분 사람이 이를 활용해 집을 사죠. 심지어 현금을 어마어마하게 보유한 사람들도 집을 살 때는 주택담보 대출을 받는 경우가 대부분입니다.

부동산 투자에서 가장 흔한 방식인 '집을 사서 전세를 맞추는' 갭 투자를 하려면 몇 억은 필요하다고 생각하는 사람도 많은데, 물론 일반매매에서는 그렇습니다. 하지만 부동산 투자에는 여러 종류가 있습니다. 일반매매가 아니라 경매라는 방식을 활용하면, 금액대가 작은 아파트를 전세가보다 낮게 낙찰받아 전세를 맞춤으로써 오히려 투자금을 더 불릴 수 있습니다. 그뿐만

이 아니라 재개발 초기 단계인 빌라는 매매가와 전세가 차이가 1,000만 원도 안 나는 곳들이 있어요. 그런 지역에 투자하는 것도 소액으로 부동산 투자를 시작하는 방법입니다. 그 밖에 대출을 활용해서도 투자를 시작할 수 있습니다.

경매 투자와 관련해서 제가 지금까지 가장 많이 받은 질문이 이것입니다.

"경매 투자를 하고 싶은데, 도대체 얼마가 있어야 시작할 수 있는 건가요?"

저는 이렇게 답변해요.

"사람마다 다릅니다."

너무 딱 잘라서 말했나요? 하지만 그렇게밖에 말할 수 없습니다. 어디에 어떤 방식으로 투자할 계획인지에 따라 필요한 자금이 달라지기 때문입니다. 거꾸로 말하면, 현재 자금이 얼마나 있고 대출을 얼마나 받을 수 있는지에 따라 투자 대상이 달라진다는 얘기이기도 합니다. 다만 방식이나 투자 대상을 떠나서 결정적으로 중요한 것이 대출이라는 점은 확실합니다.

가진 현금 외에 대출 가능 금액을 알아보자

일반매매를 활용해서 아파트를 사는 경우 시중은행에 가서 "이 아파트를 사려고 하는데 주택담보대출이 얼마나 나올까요?"라고 물어보면 대출 가능한 금액을 알려줍니다. 그런데 경매에서는 대출 가능 금액을 알아보기 힘들어요. 낙찰받은 집을 담보로 대출을 받는 걸 '경락잔금대출'이라고 하는데 경락잔금대출을 취급하는 시중은행이 많지 않기 때문입니다. 그러다 보니 경매 초보자 중에는 입찰하기 전에 해당 물건의 경락잔금대출 가능 금액을 확인하지 못한 채 덜컥 낙찰을 받는 이들도 많습니다. 그랬는데 자신이 생각한 것보다 대출이 훨씬 적게 나오면 잔금을 납부하지 못하게 되죠.

물건을 검색하다 보면 권리분석에서 문제 될 게 없는데 잔금을 미납한 사건들을 발견하게 됩니다. 속사정이야 알 수 없지만, 아마도 대부분 시세보다 높게 낙찰을 받았거나 대출이 안 나왔기 때문일 겁니다. 그러므로 내가 이 물건을 낙찰받으면 얼마까지 대출받을 수 있는지를 입찰하기 전에 알고 있어야 합니다.

저 역시 처음 경매 투자를 시작할 때 대출 문제가 가장 막막했어요. 당시 저에게 대출 상담을 잘 받는 방법을 알려주는 사람이 없었기 때문에 직접 부딪치면서 배워야 했습니다. 경락잔금대출 상담을 할 때 답변 잘 받은 경험을 이야기해보겠습니다.

경매법정에 가면 경락잔금대출을 전문으로 하는 대출 상담사들의 명함을 많이 받을 수 있습니다. 그런데 입찰하기 전에 상담을 하려고 문자 등으로 연락하면 답변을 잘 안 해줍니다. 그들 입장에서 입찰자는 손님이 아니기 때문입니다. 실제로 대출을 받을 의도가 있는 낙찰자가 손님이죠. 그렇다고 모든 상담사가 회피하는 건 아니고, 더러 친절하게 답변해주는 이들도 있습니다. 하지만 그들 역시 문자로 온 내용을 보고 답변을 안 보내는 경우가 있다고 해요. 너무 성의 없게 사건번호만 밝히고 '대출 나올까요?'라고 물어보는 문자는 그냥 넘어간다고 합니다.

그러면 어떻게 보내야 답변을 받을 수 있을까요? 다음 네 가지를 꼭 이야기해야 합니다.

180만 원 월급쟁이 이주임은 어떻게 경매 부자가 됐을까

- 사건번호
- 입찰 금액
- 기존 대출 금액
- 연소득

사건번호만 가지고는 상담사들도 정확히 알 수 없기 때문에 대출 가능 금액을 추정할 수 있는 정황 정보를 함께 알려줘야 하는 겁니다.

경락잔금대출 상담 잘 받는 노하우

한 단계 더 나아가 상담 잘 받는 노하우도 공개합니다.

🏠 은행을 방문해 일반매매로 산다면 대출이 얼마나 나오는지 확인한다

은행에서는 대체로 자세한 상담을 받을 수 있습니다. 입찰하려는 아파트를 일반매매로 매수하려 한다고 말하면서 대출이 어느 정도 나오는지 물어봅니다.

"A 아파트를 3억 2,000만 원에 매수하려고 하는데요. 계약서 작성하기 전에 저한테 대출이 얼마나 나오는지 확인부터 해야 할 것 같아서요. 대출을 얼마까지 받을 수 있나요?"

그러면 상담원이 기존 대출부터 연소득까지 조회해 대출이 가능한 금액을 친절히 알려줄 겁니다. 은행에 간 김에 신용대출은 얼마까지 나오는지도 물어보세요. 상황에 따라 신용대출을 활용하는 것이 더 나을 때도 있기 때문입니다.

"신용대출은 얼마나 받을 수 있나요? 금리는 몇 퍼센트인가요?"

낙찰받으려는 집이 몇천만 원에 살 수 있는 수준이라면 주택담보대출이 안 될 수도 있습니다. 이럴 땐 주택을 담보로 대출을 받는 게 아니라 개인 신용으로 대출을 받아 잔금을 치러야 합니다.

⌂ 최근 낙찰된 물건을 내가 받은 것처럼 상담받는다

경락잔금대출 상담사에게 상담받는 노하우를 소개하겠습니다. 최근 낙찰된 경매물건 중 내가 관심 있는 아파트와 비슷한 평형 및 감정가의 물건을 내가 낙찰받은 것처럼 얘기하고 대출이 얼마나 나오는지 물어보는 겁니다. 최근 낙찰된 물건은 유료 경매정보 사이트에서 검색할 수 있습니다.

예를 들어 3억대의 아파트에 입찰할 계획이라고 가정해보겠습니다. 우선 내가 생각하는 지역을 선택하고, 감정평가 금액이 시세를 포함하도록 설정합니다. 최근 실거래가가 3억이라면 2억 5,000만 원~3억 5,000만 원으로 설정하는 겁니다. 그리고 낙찰은 받았지만 아직 잔금납부는 하지 않은 상태여야 하니 '경매검색-종합검색-진행상태-매각/매각허가 등'을 선택하고 '검색'을 클릭합니다. 그러면 내가 입찰하려는 아파트와 비슷한 금액의 최근 낙찰된 사건번호들이 뜹니다.

그중 한 물건을 골라 내가 낙찰자가 되어 경락잔금대출 상담사들과 상담하는 거죠. 낙찰자 이름이 있기 때문에 '낙찰자 아닌 게 바로 들통나는 거 아니야?'라고 생각하는 사람도 있을 거예요. 그런데 사이트에 표시돼 있는 낙찰자 이름은 낙찰 당일 경매법정에서 사람이 듣고 수기로 작성하는 겁니다. 그래서 오류가 나기도 하니까 이름이 잘못 적힌 거라고 둘러대면 됩니다.

시중은행에서 말하는 대출한도와 경락잔금대출 상담사가 말하는 대출한도가 다를 수 있기 때문에 경매로 받았을 때의 대출액과 금리를 확인해보는 겁니다.

🏠 경매물건에 이미 대출을 해준 근저당권자에게 전화한다

경매로 나온 물건이 소액이라면 대출을 받기 힘들 수도 있습니다. 1금융권에서는 금액이 너무 적으면 위험한 물건으로 보기도 하기 때문입니다. 그리고 이른바 '방빼기'라고 해서 소액임차인이 최우선변제를 받는 금액을 제외하고 대출을 해주는데, 그 금액을 제외하면 부동산 시세와 비슷해 대출이 안 나오는 경우도 있습니다.

그런데 등기사항전부증명서를 보면 이렇게 소액인 물건에도 이미 대출을 해준 은행이 발견되는 경우가 간혹 있습니다. 즉, 몇천만 원짜리 아파트라도 대출을 해주는 은행이라는 얘기죠. 이 은행은 서울과 멀리 떨어져 있는 지점일수록 좋습니다. 〈그림 2-1〉을 보면 '안동중앙신협'에 근저당권이 설정돼 있는데, 이 은행에 전화해서 소액 부동산은 얼마까지 대출을 받을 수 있는지 확인해봅니다.

지점이 작을수록 해당 부동산이 경매로 나왔다는 걸 더 잘 알고 있습니다. 이 은행은 채권자로서 해당 경매물건을 누군가가 낙찰받아야 채권을 회수할 수 있기 때문에 입찰하려 한다는 사람의 전화가 무척 반가울 겁니다. 이 사람에게 최대한 도움을 줘야 높은 금액으로 낙찰받을 것으로 생각하

🏢 건물등기	(채권합계금액:42,000,000원)					
순서	접수일 (접수번호) +	권리종류	권리자	채권금액	비고	소멸
갑(3)	2011-04-15	소유권이전	황○○		매매, 거래가액:75,000,000원	
을(5)	2014-04-07	근저당권설정	안동중앙신협	42,000,000	말소기준등기	소멸
갑(4)	2023-10-24	소유권이전	임○○○○○		협의분할에 의한 상속, 임▬,임▬,임▬,임▬ ▬ 각 1/4	
갑(6)	2024-01-30	4번임▬지분강제경매개 시결정	(주)대○○○○○ ○	청구금액 16,706,160	2024타경▬	소멸

그림 2-1 등기사항전부증명서 중 '건물등기'　　　　　　　ⓒ 탱크옥션

기에 대출 상담을 자세히 해주는 경향이 있습니다.

　이처럼 경락잔금대출 상담을 받는 방법은 많습니다. 경매에 입찰하기 전 대출이 얼마나 나오는지 꼭 확인해서, 잔금을 납부하지 못해 소중한 기회를 날려버리는 일이 없기를 바랍니다.

180만 원 월급쟁이 이주임은 어떻게 경매 부자가 됐을까

02

경매물건 쉽고
빠르게 찾는 노하우

무료로 경매물건 찾는 방법

입찰의 출발점은 어떤 물건이 경매로 나왔는지 알아보는 것입니다. 경매물건을 검색하는 방법에는 무료와 유료가 있는데, 앞서 언급한 '대한민국 법원 법원경매정보'가 무료로 서비스를 제공합니다. 메인 화면의 메뉴에서 '물건 상세검색'을 클릭하면, 관할 법원 또는 지역별로 현재 진행 중인 경매물건을 찾아볼 수 있습니다(〈그림 2-2〉 참조).

　법원별로 검색하기 위해선 내가 찾고 있는 물건의 관할 법원을 알고 있어야 합니다. 만약 내가 사는 동네의 물건을 보고 싶다면 이 지역을 관할하는 법원이 어디인지를 확인한 후 해당 법원을 클릭하면 됩니다. 하지만 보통은 전체적으로 어떤 물건이 경매로 나왔는지 찾아보고 싶어 하죠. 지역별로 검

그림 2-2 대한민국 법원 법원경매정보에서 물건 검색하기 1　　　　　　　　ⓒ 법원경매정보

색하는 방법을 설명하겠습니다.

　먼저 메인 화면에서 '물건상세검색'을 클릭하면 조건을 좀 더 자세하게 설정할 수 있는 화면으로 연결됩니다. 첫 번째 항목인 '법원/소재지'에서 '소재지(지번주소)'와 '소재지(새주소)' 중 하나를 선택하고 관심 지역을 설정합니다. '시/도', '시/군/구'까지만 선택해도 무방합니다. '사건번호' 항목은 건너뛰고 세 번째 항목인 '입찰구분'에서 '기일입찰'을 선택한 후 기간을 설정하면 되는데, 최대 2주까지만 검색할 수 있습니다. 아파트 물건을 검색한다면 그다음 항목인 '용도'에서 대분류 '건물', 중분류 '주거용건물', 소분류 '아파트'를 선택합니다. 그런 다음 '검색'을 클릭하면 앞서 설정한 지역과 기간에 따라 경매를 진행하는 아파트의 리스트를 확인할 수 있습니다(〈그림 2-3〉 참조). 물건 리스트에서 '소재지 및 내역'에 있는 파란 글씨의 주소를 클릭하면 물건마다 법원에서 조사한 내용을 볼 수 있습니다.

　　　　　　　　　　　　　　180만 원 월급쟁이 이주임은 어떻게 경매 부자가 됐을까

그림 2-3 대한민국 법원 법원경매정보에서 물건 검색하기 2　　　ⓒ 법원경매정보

　　법원에서 제공하는 각 물건의 자료로는 매각물건명세서, 현황조사서, 감정평가서가 있습니다. 매각물건명세서는 해당 부동산에 임차인이 있다면 그에게 대항력이 있는지 없는지 확인할 수 있는 서류로, 비고란을 통해 주의해야 할 점을 알려줍니다(3장 참조). 현황조사서는 해당 부동산이 경매로 넘어갈 때 법원 집행관이 직접 현장에 가서 조사를 하여 특이사항을 기재한 서류입니다. 감정평가서는 감정평가사가 어떤 근거로 평가를 했는지, 그래서 결국 얼마가 적정한 가격인지 알려주는 보고서입니다. 여기에 기재된 감정평가 금액이 경매가 신건으로 진행될 때의 최저가가 됩니다. 법원경매정보 사

이트에서는 이 세 가지만 확인하면 됩니다.

유료 사이트에서 경매물건 찾는 방법

|

경매와 관련해서 많은 유료 사이트가 있습니다. 돈은 좀 들지만 저는 초보일수록 유료 사이트를 이용해야 한다고 생각합니다. 권리분석에 필요한 대부분 서류를 클릭 몇 번으로 볼 수 있을 뿐 아니라 말소기준권리도 표시해주고 임차인의 대항력 유무도 알려주기 때문입니다. 저는 유료 사이트 중에서 지지옥션(ggi.co.kr)과 탱크옥션(tankauction.com)을 이용해왔습니다. 지지옥션은 이용료가 상대적으로 비싼 대신 권리분석 내용이 상세하고 정확하며, 탱크옥션은 가독성이 좋아 권리분석을 하기가 편안하고 가성비가 좋습니다.

제가 주로 사용하는 탱크옥션을 보자면, 메인 화면에서 '경매검색 → 종합검색'을 클릭한 후 연결된 화면에서 조건을 설정해 내가 원하는 경매물건만 볼 수 있습니다. '서울에 있는 아파트'만 검색하고 싶다면 첫 번째 항목인 '주소선택'에서 '서울'을 선택하고 두 번째 항목인 '물건종류'에서 '아파트'를 선택합니다(〈그림 2-4〉 참조). 그런 뒤 '검색'을 클릭하면, 내가 설정한 조건에 맞춰 현재 진행 중인 물건의 리스트가 제시됩니다(〈그림 2-5〉 참조).

여기까지는 무료 사이트와 비슷한데, 결과에서 차이가 납니다. 대한민국법원 법원경매정보 사이트에서는 경매물건 리스트에 주소만 나왔는데, 유료사이트에서는 리스트에 사진까지 제공되니 물건의 대략적인 느낌을 볼 수 있습니다. 그리고 법원경매정보에서는 매각물건명세서·현황조사서·감정평

그림 2-4 탱크옥션에서 물건 검색하기

ⓒ 탱크옥션

그림 2-5 탱크옥션에서 검색한 결과

ⓒ 탱크옥션

가서만 제공하는 반면, 유료 사이트에서는 이 세 가지 외에도 등기사항전부증명서·건축물대장·전입세대확인서 등 관련 서류를 모두 제공하므로 훨씬 편리합니다.

역세권 경매물건 찾는 방법

초보일수록 낙찰 이후 매도하기 쉬운 물건에 접근해야 합니다. 그래야 한 사이클을 성공적으로 마친 후 자신감을 가지고 또다시 도전할 수 있기 때문입니다. 매도가 잘되는 지역의 조건에는 여러 가지가 있는데, 가장 접근하기 쉬운 것이 '역세권'입니다. 역세권인 물건들로만 추려서 권리분석을 한다면 시

그림 2-6 지도에 경매·공매 물건을 표시해주는 아실 사이트   ⓒ 아실

180만 원 월급쟁이 이주임은 어떻게 경매 부자가 됐을까

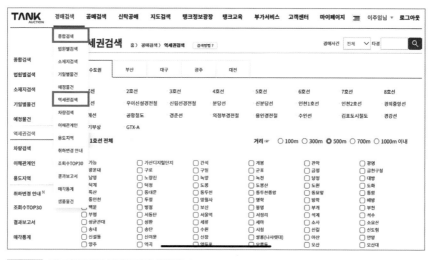

그림 2-7 탱크옥션에서 역세권물건 검색하기 ⓒ 탱크옥션

간을 좀 더 단축할 수 있을 겁니다.

역세권 경매물건을 찾는 방법은 두 가지입니다. 첫 번째는 앞서 언급한 아실 사이트를 이용하는 겁니다. 아실 사이트에서는 지도에 경매핀과 공매 핀이 있어서 어디에 경매·공매 물건이 있는지 한눈에 볼 수 있습니다(〈그림 2-6〉 참조).

두 번째는 유료 사이트를 이용하는 방법입니다. 탱크옥션을 예로 들면, 메인 화면에서 '경매검색 → 역세권검색'을 클릭합니다(〈그림 2-7〉 참조). 그러면 수도권, 부산, 대구, 광주, 대전의 지하철이 있는 지역 리스트가 제시됩니다. 그중 관심 있는 지역을 선택하면 몇 호선 무슨 역 가까이를 찾는지 체크할 수 있게 되어 있고, 역에서의 거리를 100~1,000m까지 선택해서 검색할 수도 있습니다.

탱크옥션에서 역세권물건을 검색하는 방법이 한 가지 더 있습니다. 아실

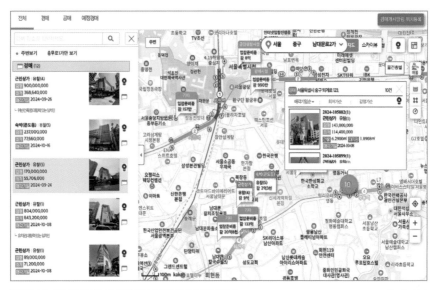

사이트와 비슷하게, 지도상에서 어디에 경매·공매 물건이 있는지 확인할 수도 있습니다. 홈페이지 메인 화면 상단의 '지도검색' 메뉴를 클릭하면 지도 상에 현재 진행 중인 경매·공매 물건뿐만 아니라 입찰 준비 중인 물건들까지 한 번에 표시됩니다(〈그림 2-8〉 참조).

숫자로 표시된 곳은 한 건물에 여러 개의 물건이 진행 중이라는 뜻이며, 숫자를 클릭하면 리스트를 확인할 수 있습니다. 지도에 지하철역이 표시되고 경매·공매 진행 물건들의 위치가 나오니 역 주변에 있는 물건 위주로 살펴보면 역세권물건을 쉽게 찾을 수 있습니다. 사건번호를 클릭하면 해당 물건의 권리분석 자료를 볼 수 있는 화면으로 연결됩니다. 역세권물건 중에서 권리상 하자가 없는 물건을 찾아 바로바로 관심 물건(유료 사이트에서 관심 있는 물건을 보관하는 메뉴)으로 모아두면 리스트를 쉽게 만들 수 있습니다.

03
입찰가를 산정할 때 참고해야 하는 세 가지 가격

입찰가를 산정할 때는 현재 존재하는 가격을 참고해야 합니다. 첫째가 최근의 실거래가이고, 둘째는 지금 나와 있는 매물의 가격입니다. 그리고 내가 입찰하고자 하는 물건과 비슷한 물건의 기존 낙찰 가격도 중요합니다. 한 가지 더 추가하자면, 감정평가 금액에 전적으로 의존해서는 안 된다는 것입니다.

최근 실거래가와 매물 가격을 확인하자

실거래가를 확인할 수 있는 사이트는 정말 많습니다. 저는 호갱노노 사이트(hogangnono.com)를 이용하는데, 내가 입찰하고자 하는 아파트를 지도를 통해 찾을 수도 있고, 아파트명으로 검색해서 찾을 수도 있습니다.

사람들이 보통 간과하는 문제지만, 경매 초보 중에서는 엉뚱한 아파트를 검색해서 시세를 확인하는 일이 종종 있습니다. 비슷한 이름을 가진 아파트들이 모여 있는 지역이 많은데, 예를 들어 주공4단지·5단지·6단지, OOOO푸르지오·XXXX푸르지오 식으로 브랜드는 같은데 앞에 붙는 명칭이 조금씩 달라서 혼동하기 때문입니다. 그러므로 내가 정확한 아파트를 조사하고 있는지 꼭 확인해야 합니다. 유료 경매정보 사이트에서는 경매물건이 어디에 있는지 지도로 보여주는데 그 지도와 호갱노노에 뜨는 지도가 같은지, 그리고 지번이 같은지를 확인해야 한다는 뜻입니다.

그리고 평형 확인도 빠뜨려선 안 됩니다. 유료 경매정보 사이트에서는 평형이 전용면적으로 표기되는 반면, 호갱노노에서는 공급면적으로 보여줍니다. 호갱노노 왼쪽 메뉴바에서 평형을 선택하면 해당 아파트의 평형을 다 볼 수 있는데, '전용 $84 m^2$'처럼 전용면적도 표기를 해줍니다. 이것으로 내가 찾고 있는 평형이 무엇인지 확인할 수 있어요.

이렇게 모든 조건을 일치시킨 다음 최근에 거래된 금액을 확인합니다. 이때도 내가 입찰하고자 하는 아파트의 층수가 저층이라면 최근 거래된 가격 중에서도 저층을 기준으로 봐야 해요. 아파트는 층수가 올라갈수록 금액도 올라가기 때문입니다.

호갱노노를 통해 실거래가를 확인했다면, 이번엔 네이버부동산에서 현재 나와 있는 매물의 가격을 체크합니다. 상단의 메뉴에서 '매물'을 클릭하면 됩니다. 아파트명으로 검색할 수도 있고 지도에서 찾아볼 수도 있습니다. 이때 주의해야 하는 사항은 호갱노노에서 실거래가를 확인할 때와 같습니다.

- 두 사이트에서 같은 아파트를 보고 있는지 지도로 확인한다.
- 같은 평형을 보고 있는지 전용면적으로 확인한다.
- 저층이면 저층, 고층이면 고층과 비교한다.

그런 다음에는 임장을 가서 중개사무소를 들러 실제 분위기를 파악합니다. 소장님들과 시세 이야기를 나누다 보면, 내가 조사한 금액과 터무니없이 차이가 나는 경우도 있습니다. 예를 들어 나는 3억대로 알고 갔는데 소장님은 5억으로 이야기한다면, 시세 조사가 잘못된 것입니다. 현장에 있는 사람들이 더 정확히 알 수밖에 없으니까요. 그러므로 반드시 임장을 가서 크로스 체크를 해야 합니다.

기존에 낙찰된 가격을 참고해 가격 산정의 감을 잡자

간혹 보면 2등과 얼마나 적은 차이로 낙찰을 받을 수 있을지에 집중하는 사람들이 있습니다. 당연히 몇만 원 차이로 낙찰을 받는다면 기분이 좋겠지만, 경매에서는 2등과의 차액이 전혀 중요하지 않습니다. 내가 얼마나 싸게 낙찰을 받았고, 얼마의 수익을 거둘 수 있는지만 중요하죠.

앞서의 과정을 거쳐 시세를 파악했다면, 얼마를 적어야 낙찰받을 수 있을지 감을 잡아야 합니다. 수강생들과 같이 입찰하러 갈 때면 항상 이런 문답이 오갑니다.

"선생님, 이 물건은 얼마에 낙찰될 것 같으세요?"

"음…, x억 x천만 원 정도 될 것 같아요."

실제로 개찰 후 낙찰된 가격을 보면 제가 예상한 수준에 근접합니다. 저도 처음부터 그랬던 게 아니라 계속 물건을 찾고, 제가 입찰한 물건들이 얼마에 낙찰되는지를 지켜보는 과정에서 자연스럽게 감이 쌓인 거예요. 패찰을 했다고 해서 그냥 집으로 오는 게 아니라 낙찰된 가격이 얼마이고, 그 사람은 얼마의 순수익을 예상하고 그 금액을 썼는지 확인해보세요. 그리고 자신이 써낸 입찰가와 낙찰가가 얼마나 차이가 나는지도 계산하세요. 이렇게 이 과정을 반복하면서 적정 입찰가 얼마인지 감을 잡을 수 있을 겁니다.

감정평가 금액에 속지 말자

수강생분께 연락이 왔습니다.

"선생님, 이 물건 좀 간단히 분석해주세요. 제가 봤을 때는 낙찰자가 인수할 게 없는데 잔금을 미납했어요. 제가 발견하지 못한 권리상 하자가 있는 건가요?"

충남 서산시의 아파트로 감정평가 금액이 1억 2,700만 원입니다. 〈그림 2-9〉가 해당 물건의 경매정보인데, 이 카톡을 받은 시점은 2차 경매가 진행된 후였습니다(최종적으로는 4차 경매에서 매각이 이뤄졌어요). 1회 유찰되어 30% 낮아진 8,890만 원으로 경매가 진행됐는데, 5명이 입찰했고 1억 500여만 원을 쓴 사람이 낙찰받았습니다. 그런데 잔금을 납부하지 않은 겁니다.

왜 그런 건지 저도 궁금해서 권리분석을 해봤습니다. 임차인이 살고 있긴

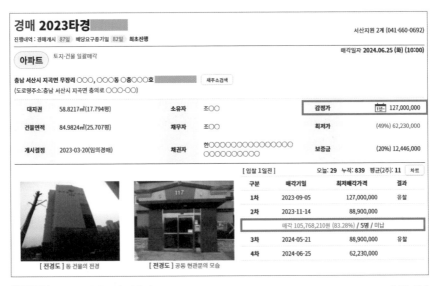

경매 2023타경⬛⬛⬛

서산지원 2계 (041-660-0692)

진행내역 : 경매개시 87일 배당요구종기일 82일 최초진행

매각일자 2024.06.25 (화) (10:00)

아파트 토지·건물 일괄매각

충남 서산시 지곡면 무장리 ○○○, ○○○동 ○층○○○호 ⬛⬛⬛ 새주소검색
(도로명주소:충남 서산시 지곡면 충의로 ○○○-○○)

대지권	58.8217㎡(17.794평)	소유자	조○○	감정가	1년~ 127,000,000
건물면적	84.9824㎡(25.707평)	채무자	조○○	최저가	(49%) 62,230,000
개시결정	2023-03-20(임의경매)	채권자	한○○○○○○○○○○○○○○○ ○○○○○○○○○○○	보증금	(20%) 12,446,000

[입찰 1일전] 오늘: 29 누적: 839 평균(2주): 11 차트

구분	매각기일	최저매각가격	결과
1차	2023-09-05	127,000,000	유찰
2차	2023-11-14	88,900,000	
	매각 105,768,210원 (83.28%) / 5명 / 미납		
3차	2024-05-21	88,900,000	유찰
4차	2024-06-25	62,230,000	

[전경도] 동 건물의 전경   [전경도] 공동 현관문의 모습

그림 2-9 **서산시 아파트의 경매정보**

ⓒ 탱크옥션

하지만 말소기준일보다 대항력이 발생하는 시점이 더 늦기 때문에 대항력이 없는 임차인이었고, 등기사항전부증명서에서도 낙찰자가 인수할 권리는 없었습니다. 그런데 왜 낙찰자는 889만 원이나 되는 입찰보증금을 포기했을까요? 입찰할 때는 최저가의 10%를 입찰보증금으로 내야 하고, 낙찰이 됐는데 잔금을 납부하지 않으면 돌려주지 않거든요.

먼저 호갱노노에서 이 아파트의 최근 실거래가를 확인해봤습니다(〈그림 2-10〉 참조). 2023년 11월 14일이 그 낙찰자가 나온 경매일이었는데, 2023년 11월부터 2024년 6월까지 실거래가 평균이 1억 정도였어요. 심지어 9,500만 원에 거래된 집도 있었습니다. 낙찰받은 금액이 일반매매로 살 수 있는 금액보다 높아서 잔금을 납부하지 않은 겁니다. 여기서 다시 한번 시세 파악의 중요성을 알 수 있습니다.

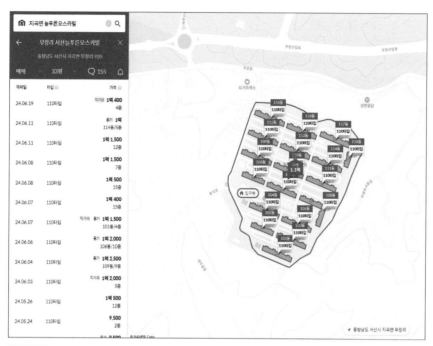

그림 2-10 서산시 아파트의 최근 실거래가

ⓒ 호갱노노

그러면 왜 이런 실수를 하는 걸까요? 하나는 방금 말한 시세 파악의 문제이고, 다른 하나는 감정평가 금액을 철석같이 믿었다는 점입니다.

이 경매물건은 감정평가를 2023년 3월에 받았습니다(〈그림 2-11〉 참조). 호갱노노에서 해당 아파트의 2023년 3월 실거래가를 확인해보니 그중 가장 높은 가격을 기준으로 감정평가가 됐더군요. 즉 감정평가가 높게 된 겁니다. 감정평가 금액은 법원의 의뢰를 받은 평가사가 현장을 방문해 여러 가지 조사를 한 후 매긴 시세일 뿐입니다. 현장 분위기가 달라지면 언제든 바뀔 수 있는 가격인 겁니다. 입찰가를 산정할 때 이를 기준으로 해서는 안 된다는 얘기입니다.

180만 원 월급쟁이 이주임은 어떻게 경매 부자가 됐을까

(구분건물)감정평가표

Page : 1

본인은 감정평가에 관한 법규를 준수하고 감정평가이론에 따라 성실하고 공정하게 이 감정평가서를 작성하였기에 서명날인합니다.

감 정 평 가 사
장　██████　　　　　　　　　　　　　　　　　　(인)

(주)리얼티뱅크감정평가법인　충남지사　지사장　충남지사장　　　(서명또는인)

감정평가액	일억이천칠백만원정(₩127,000,000.-)				
의 뢰 인	대전지방법원 서산지원 사법보좌관 윤규석	감정평가 목　적	법원경매		
제 출 처	대전지방법원 서산지원 경매2계	기준가치	시장가치		
소 유 자 (대상업체명)	조██████ (2023타경███)	감정평가 조　건	-		
목록표시 근　거	귀 제시목록	기준시점	조 사 기 간	작 성 일	
기　타 참고사항	-	2023.03.30	2023.03.30	2023.03.30	

그림 2-11 서산시 아파트 감정평가표　　　　　　　　　　　　　　　　© 탱크옥션

　　결국 이것도 시세 파악을 철저히 한다면 예방할 수 있는 문제죠. 인터넷으로 최근 실거래가와 현재 매물의 가격을 조사한 후 현장에 가서 중개사무소를 통해 다시 한번 확인하는 것, 절대 명심해야 할 시세 파악의 원칙입니다.

입찰가는 급매 가격보다 저렴하게

앞서 언급했듯이 급매는 잡기 어렵기 때문에 경매를 시작해야 하고, 경매에서는 급급매 가격으로 낙찰을 받아야 합니다. 급급매는 네이버부동산에 나와 있는 매물의 최저가보다 저렴한 걸 말합니다. 내가 입찰하려는 금액이 급급매 가격인지 확인하기 위해서는 먼저 네이버부동산에 나와 있는 급매 가격을 알아야 하겠죠.

급매 가격을 확인하는 방법

우선 네이버부동산에 들어가 동일한 평형으로 선택한 후 지도에서 경매물건지를 찾습니다. 매물 리스트 상단에서 '가격순'이라는 버튼을 클릭해 '낮은 가격순'으로 설정하면 가장 저렴한 매물부터 보여줍니다. 이때 '동일 매물 묶기'도 같이 클릭해야 합니다. 예를 들어 어떤 아파트의 106동 101호 집주인이 부동산 한 군데에 매물을 내놓은 게 아니라 열 군데에 내놨다면, 네이버부동산에서는 매물이 10개로 보일 겁니다. 그걸 보고 '이 아파트는 매물이 많네?'라고 생각해서 지금 거래가 잘 이뤄지는 아파트라고 오해할 수도 있습니다. 하지만 실제로는 동일한 매물 1개가 여러 곳에 올라온 거라면 매물이 귀한 아파트죠. '동일 매물 묶기'는 실제 매물 개수를 확인함으로써 그런 오해를 없애는 방법입니다.

매물을 확인하다 보면 '저층' 또는 '1층'이 다른 매물보다 훨씬 저렴한 걸 발견할 수 있는데, 대부분 '저층'으로 표시돼 있는 건 '1층'인 물건들입니다. 1층이 저렴한 건 급매 가격이 아니에요. 1층은 다른 층수보다 인기가 없어서 거래가 잘 이루어지지 않기 때문에 다른 층수보다 저렴한 겁니다.

한번은 1층 경매물건에 임장을 가서 중개사무소 소장님에게 "이거 낙찰 받고 바로 팔면 얼마에 받을 수 있을까요?"라고 물어봤습니다. 그런데 네이버부동산에 나와 있는 가격보다 낮게 얘기하시더라고요. 몇 개월 전부터 1층 매물이 5억에 나와 있는데도 안 팔린다는 겁니다. 그렇다면 네이버부동산에 나와 있는 5억은 급매 가격이 아닌 거죠. 1층 물건이 급매 가격이 되려면 5억보다 낮아야 한다는 얘깁니다. 이렇게 임장을 통해서 실제 그 매물이 급매 가격인지, 나온 지 얼마나 된 물건인지 확인해야 합니다. 그리고 그 가격보다는 더 낮게 낙찰을 받아야 합니다.

만약 경매물건은 중층 이상인데, 최저가 매물이 1층이라면 어떻게 비교해야 할까요? 1층보다 중층 이상의 인기가 더 좋기 때문에 최저가로 나와 있는

1층 물건의 가격을 급매 기준으로 삼을 수 있습니다. 만약 내가 1층 매물 가격보다 저렴하게 낙찰받는다면 급급매 가격으로 낙찰받은 셈이죠. 낙찰받고 1층과 같은 가격에 매물로 내놓으면 급매 가격으로 빠르게 매도할 수 있습니다.

매도 계획에 따른 입찰가 산정

|

그렇다면 입찰가는 급매 가격보다 얼마나 더 저렴하게 써야 할까요? 실거주 또는 몇 년 보유하다가 시세가 올랐을 때 팔 계획이라면 취득세와 인테리어비 정도를 고려해서 낙찰받으면 됩니다. 그런데 단기간에 매도할 계획이라면 고려해야 할 게 더 있습니다. 매도가에서 낙찰가를 뺀 금액이 수익이 되지만, 추가로 나가는 비용이 여러 가지 있기 때문입니다. 여러 비용을 다 제외하고 애초 투자금 대비 수익률이 얼마나 되는지, 그래서 순수익은 얼마인지 계산한 후 입찰가를 산정해야 합니다.

대표적인 비용으로는 취득세, 등기비, 법무사비, 명도비, 인테리어비, 양도세, 중개수수료가 있습니다. 취득세는 주택 수에 따라 1~3%, 8%, 12%가 부과됩니다. 등기비와 법무사비는 낙찰가액에 따라 다르고, 명도비는 명도 과정이 어떻게 진행되느냐에 따라 차이가 나며, 인테리어비는 집 상태에 따라 달라집니다. 그리고 양도세는 얼마나 수익이 났느냐, 중개수수료는 얼마에 파느냐에 따라 법적으로 정해진 금액이 있습니다.

수강생의 사례를 소개하겠습니다. 이 수강생은 스터디 시작 10일 만에 서울 빌라를 1억 8,000만 원에 낙찰받았어요. 그리고 잔금을 치르자마자 매도 계약서를 작성했는데, 매도가는 2억 2,000만 원입니다. 즉 양도차액(매도가 - 매수가)이 4,000만 원입니다.

순수익을 따져보겠습니다. 취득세 198만 원, 등기비와 법무사비 약 100만 원, 인테리어비 100만 원, 양도세 474만 원, 매도 시 중개수수료 88만 원이 들었습니다. 따라서 최종 수익이 3,040만 원입니다. 빈집이어서 명도비가 따로 들지 않았고, 집도 깔끔해서 도배만 새로 했기 때문에 인테리어비가 비교적 적게 들었습니다. 처음부터 단기 매도를 계획하고 들어갈 비용을 대략 계산한 뒤 전략적으로 잘 낙찰받은 사례입니다.

•1주 차 요약•

☑ 1. 경매물건 찾기

'대한민국 법원 법원경매정보'에서 확인할 수 있는 서류
- 매각물건명세서
- 감정평가서
- 현황조사서

유료 경매정보 사이트(관련 서류를 한곳에서 볼 수 있음)
- 매각물건명세서
- 감정평가서
- 현황조사서
- 등기사항전부증명서
- 전입세대확인서
- 건축물대장

☑ 2. 경락잔금대출 상담받는 TIP

- 은행을 방문해 일반매매로 산다면 대출이 얼마나 나오는지 확인한다.
- 최근 낙찰된 물건을 내가 낙찰받은 것처럼 상담받는다.
- 이미 경매물건에 대출을 해준 근저당권자에게 상담받는다.

☑ 3. 입찰가 산정 시 참고할 사항

- 호갱노노 사이트를 활용해 실거래가를 확인한다.
- 네이버부동산에 현재 나와 있는 매물 시세를 확인한다.
  ※ 주의해야 할 점
  - 두 사이트에서 같은 아파트를 보고 있는지 지도로 확인한다.
  - 같은 평형을 보고 있는지 전용면적으로 확인한다.
  - 저층이면 저층, 고층이면 고층끼리 비교한다.

☑ 4. 입찰가 산정 방법

실거주 또는 몇 년 보유 후 매도할 계획일 때:
입찰가 = 매도가 - (취득세 + 인테리어비) -기대수익
단기간에 매도할 계획일 때:
입찰가 = 매도가 - (취득세 + 등기비 + 법무사비 + 인테리어비 + 명도비 + 양도세 + 중개수수료 - 대출 이자 등 기타 비용) - 기대수익

3장

(2주 차)

경매 왕초보도
일주일 만에
권리분석 마스터

경매 투자의 성패를 좌우하는 권리분석

서울 서초구에 있는 아파트가 경매에 나왔습니다(〈그림 3-1〉참조). 감정평가 금액이 6억 400만 원이고, 2회 유찰된 후 최저가 3억 8,656만 원에 3차 경매가 진행됐습니다. 이 회차에서 누군가가 4억 1,623만 원에 낙찰을 받았는데, 옆에 '미납'이라고 표시돼 있습니다. 최저가 3억 8,656만 원의 10%인 3,865만 6,000원이 입찰보증금인데, 낙찰자는 잔금을 납부하지 않음으로써 그 돈을 포기한 겁니다.

왜 그랬을까요? 이런 경우 권리분석을 제대로 하지 못했거나 대출을 받지 못했을 겁니다. 이 물건은 권리분석을 제대로 못한 물건이었습니다. 낙찰금 외에 낙찰자가 떠안아야 하는 채무가 따로 있는데 이를 확인하지 못한 거죠. 그래서 한순간에 몇천만 원을 날리고 만 거예요. 이처럼 경매에 입찰할 때 가장 중요한 것이 권리분석입니다.

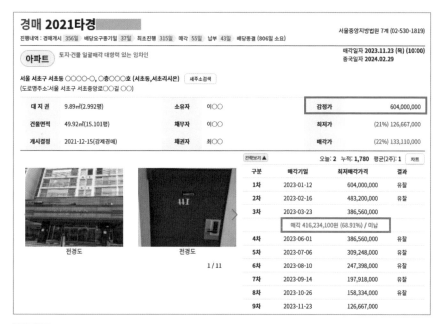

경매 **2021타경**

서울중앙지방법원 7계 (02-530-1819)

진행내역 : 경매개시 **356일** 배당요구종기일 **37일** 최초진행 **315일** 매각 **55일** 납부 **43일** 배당종결 (806일 소요)

아파트 | 토지·건물 일괄매각 대항력 있는 임차인

매각일자 **2023.11.23 (목) (10:00)**
종국일자 **2024.02.29**

서울 서초구 서초동 ○○○○-○, ○층○○○호 (서초동,서초리시온) [새주소검색]
(도로명주소:서울 서초구 서초중앙로○○길 ○○)

대 지 권	9.89㎡(2.992평)	소유자	이○○	감정가	604,000,000
건물면적	49.92㎡(15.101평)	채무자	이○○	최저가	(21%) 126,667,000
개시결정	2021-12-15(강제경매)	채권자	최○○	매각가	(22%) 133,110,000

[간략보기 ▲]   오늘: **2** 누적: **1,780** 평균(2주): **1**   [차트]

구분	매각기일	최저매각가격	결과
1차	2023-01-12	604,000,000	유찰
2차	2023-02-16	483,200,000	유찰
3차	2023-03-23	386,560,000	유찰
	매각 416,234,100원 (68.91%) / 미납		
4차	2023-06-01	386,560,000	유찰
5차	2023-07-06	309,248,000	유찰
6차	2023-08-10	247,398,000	유찰
7차	2023-09-14	197,918,000	유찰
8차	2023-10-26	158,334,000	유찰
9차	2023-11-23	126,667,000	

전경도   전경도   1 / 11

그림 3-1 서초구 아파트의 경매정보

ⓒ 탱크옥션

이번 장에서는 가장 기본이 되는 권리분석을 설명하고자 하는데, 경매물건의 80%는 이 안에서 해결할 수 있습니다. 초보일수록 복잡하고 어려운 나머지 20%에는 눈을 돌리지 말고 이 내용에 부합하는 물건에만 입찰하길 권합니다. 싸게 낙찰받아 수익을 내는 것도 중요하지만, 가장 중요한 건 소중한 투자금을 지키는 것이기 때문입니다.

등기사항전부증명서를 중심으로 말소기준권리 찾기

등기사항전부증명서의 구성

등기사항전부증명서는 대한민국 법원 인터넷등기소에서 누구나 발급받을 수 있습니다. 이 서류에서는 말소기준권리보다 이른 선순위가 있는지 없는지, 후순위더라도 낙찰자 인수사항이 있는지 확인해야 합니다. 인터넷등기소에서 등기사항전부증명서를 두 가지로 확인할 수 있는데, 열람은 700원이고 발급은 1,000원입니다. 어딘가에 제출하는 게 아니라 나 혼자 확인해보는 용도이기 때문에 700원짜리 열람용을 선택해도 충분합니다.

등기사항전부증명서에는 표제부, 갑구, 을구가 있습니다(〈그림 3-2〉 참조). 표제부에는 부동산의 주소, 대지권, 전용면적 등 기본 정보가 적혀 있습니다.

갑구에는 소유권에 관한 사항이 적혀 있어서 이 부동산을 누가 누구한테

등기사항전부증명서(말소사항 포함)
- 집합건물 -

고유번호 1144-2010-

[집합건물] 서울특별시 성북구 석관동 407 래미안석관

【 표 제 부 】 (1동의 건물의 표시)

표시번호	접 수	소재지번,건물명칭 및 번호	건 물 내 역	등기원인 및 기타사항
~~1~~	~~2010년4월20일~~	~~서울특별시 성북구 석관동 407~~	~~철근콘크리트구조~~ ~~(철근)콘크리트지붕 14층~~ ~~아파트~~ ~~1층 416.24㎡~~ ~~2층 506.18㎡~~ ~~3층 507.18㎡~~ ~~4층 507.18㎡~~ ~~5층 507.18㎡~~ ~~6층 588.78㎡~~ ~~7층 588.78㎡~~ ~~8층 588.78㎡~~ ~~9층 588.78㎡~~ ~~10층 588.78㎡~~ ~~11층 588.78㎡~~ ~~12층 432.17㎡~~ ~~13층 341.17㎡~~ ~~14층 341.17㎡~~	~~도시및주거환경정비사업시행~~ ~~전산도면번호~~ ~~10-1144~~
2		서울특별시 성북구 석관동 407 [도로명주소] 서울특별시 성북구 화랑로 214	철근콘크리트구조 (철근)콘크리트지붕 14층 아파트 1층 416.24㎡ 2층 506.18㎡ 3층 507.18㎡ 4층 507.18㎡ 5층 507.18㎡ 6층 588.78㎡ 7층 588.78㎡ 8층 588.78㎡ 9층 588.78㎡ 10층 588.78㎡ 11층 588.78㎡ 12층 432.17㎡ 13층 341.17㎡	도로명주소 2014년5월16일 등기

【 갑 구 】 (소유권에 관한 사항)

순위번호	등 기 목 적	접 수	등 기 원 인	권리자 및 기타사항
1	소유권보존	2010년4월20일 제15842호		소유자 손■■ 3■■-******* 서울특별시 강북구 미아동 1353 에스케이북한산시티아파트
1-1	1번등기명의인표시 변경	2012년6월28일 제140420호	2010년12월30일 전거	손■의 주소 서울특별시 성북구 화랑로 214, (석관동,래미안 석관)
2	소유권이전	2016년1월20일 제4632호	2015년7월6일 협의분할에 의한 상속	소유자 손■■ 6■■-******* 서울특별시 성북구 화랑로 214,
3	가압류	2022년10월28일 제153381호	2022년10월28일 서울중앙지방법 원의 가압류	청구금액 금13,742,673 원 채권자 주식회사 한국■■■■ 110111-■■■■■

【 을　　구 】	(소유권 이외의 권리에 관한 사항)			
순위번호	등 기 목 적	접　수	등 기 원 인	권리자 및 기타사항
~~1~~	~~근저당권설정~~	~~2010년4월20일~~ ~~제16095호~~	~~2010년3월31일~~ ~~설정계약~~	~~채권최고액　금321,600,000원~~ ~~채무자　손~~ ~~서울특별시 강북구 미아동 1353~~ ~~에스케이북한산사티아파트~~ ~~근저당권자　주식회사국민은행　110111-~~
2	1번근저당권설정등 기말소	2012년6월28일 제140427호	2012년6월28일 해지	
~~3~~	~~근저당권설정~~	~~2012년6월28일~~ ~~제140430호~~	~~2012년6월28일~~ ~~설정계약~~	~~채권최고액　금328,800,000원~~ ~~채무자　손~~ ~~서울특별시 성북구 화랑교~~ ~~근저당권자　농협은행주식회사　110111-~~

그림 3-2 등기사항전부증명서　　　　　　　　　© 인터넷등기소

얼마에 팔았는지 확인할 수 있습니다. 갑구에 적혀 있는 소유자의 주민등록
번호를 보고 소유자의 연령대를 추측할 수 있는데, 만약 소유자가 살고 있는
집이라면 나중에 명도를 진행할 때 그에 맞춰서 계획을 세울 수 있습니다.
갑구에는 가압류도 표시됩니다. 채무자가 해당 부동산을 담보로 한 게 아니
라 신용으로 돈을 빌렸는데 못 갚았을 경우, 채권자가 돈을 돌려받고자 소송
을 제기하기도 하는데요. 소송이 진행되는 와중에 부동산을 임의로 팔거나
명의를 바꾸지 못하도록 소유자의 재산권 행사를 막아버리는 것을 가압류라
고 합니다. 그리고 국세·지방세 체납에 따른 압류도 갑구에 표기가 됩니다.

　을구에는 소유권, 가압류, 압류 외의 등기들이 기재됩니다. 을구를 보면 근
저당권이 가장 많이 등재돼 있을 거예요. 해당 부동산을 담보로 돈을 빌렸다
는 뜻입니다.

　그리고 빨간 줄은 말소, 즉 예전엔 있었는데 지금은 없어진 것들이라는 표

시입니다. 다시 말해 빨간 줄이 그어져 있지 않은 것들은 현재 권리가 살아 있는 등기라는 얘기입니다. 유료 경매정보 사이트에서 참고 자료로 올려주는 등기사항전부증명서에는 마지막에 '주요 등기사항 요약(참고용)'이 첨부돼 있습니다(〈그림 3-3〉 참조). 말소된 권리는 다 제외하고, 현재 남아 있는 등기만 요약본으로 정리한 서류입니다.

말소기준권리 이해

경매물건에 등재된 채권에는 기준이 되는 권리가 있습니다. 이를 말소기준권리라고 하는데, 이보다 날짜가 앞선 게 있다면 낙찰자가 떠안아야 하고 날짜가 늦다면 신경 쓰지 않아도 됩니다. 권리분석을 할 때 가장 중요하고, 가장 먼저 찾아야 하는 것이 바로 말소기준권리입니다. 말소기준권리는 말소기준등기, 최선순위설정이라고도 합니다.

말소기준권리는 경매로 나온 부동산의 등기사항전부증명서에서 찾습니다. 요약본에 적혀 있는 등기들 중에서 접수 날짜가 제일 이른 등기를 찾으면 됩니다.

그런데 날짜가 이르다고 해서 무조건 말소기준권리가 될 수 있는 건 아닙니다. 다음 일곱 가지 중 가장 먼저 접수된 것이 말소기준권리가 됩니다.

- 압류: 국가권력에 의해 특정 유체물 또는 권리에 대하여 사인의 사실상·법률상의 처분을 금지하고 확보하는 것을 말한다.

- 가압류: 채권을 회수하기 위해 채권자가 소송을 제기했을 때, 그 기간에 채무자가 재산을 처분하지 못하도록 해두는 것을 말한다.
- 저당권: 부동산을 담보로 돈을 빌렸다는 표시로, 채무 원금이 표기된다.
- 근저당권: 부동산을 담보로 돈을 빌렸다는 표시로, 원금에 이자를 더한 채권최고액이 표기된다.
- 담보가등기: 부동산을 담보로 돈을 빌렸다는 표시로, 저당권과 비슷한 효력이 있다.
- 경매개시결정기입등기: 경매가 진행 중인 부동산임을 알리기 위해 등기사항전부증명서에 '임의경매개시결정' 또는 '강제경매개시결정'이라고 표기한다.
- 전세권: 전세보증금을 지급하고 타인의 부동산을 일정 기간 그 용도에 따라 사용·수익한 후, 그 부동산을 반환하고 전세보증금을 반환받을 권리를 말한다.

사례를 들어 설명하겠습니다(〈그림 3-3〉 참조). 등기 요약본을 보니 2022년 4월 12일에 접수된 가압류가 있고, 2022년 12월 9일 임의경매개시결정, 2022년 12월 29일 가압류, 2022년 2월 14일 근저당설정이 있습니다. 이 중에서 접수 날짜가 가장 이른 것은 2022년 2월 14일 근저당설정입니다. '근저당'은 앞서 열거한 일곱 가지에 속하므로, 이것이 이 물건의 말소기준권리입니다. 2022년 2월 14일이 기준이 되기 때문에 이 날짜보다 앞선 게 있다면 낙찰자가 인수해야 합니다.

다만 일곱 가지 권리 중 마지막에 열거한 전세권은 다음 두 가지 조건을

180만 원 월급쟁이 이주임은 어떻게 경매 부자가 됐을까

주요 등기사항 요약 (참고용)

[주 의 사 항]

본 주요 등기사항 요약은 증명서상에 말소되지 않은 사항을 간략히 요약한 것으로 증명서로서의 기능을 제공하지 않습니다. 실제 권리사항 파악을 위해서는 발급된 증명서를 필히 확인하시기 바랍니다.

[집합건물] 경기도 양주시 회정동 ▨▨▨▨▨▨▨▨▨▨   고유번호 1115-▨▨▨▨

1. 소유지분현황 (갑구)

등기명의인	(주민)등록번호	최종지분	주 소	순위번호
윤▨▨ (소유자)	7▨▨-*******	단독소유	경기도 파주시 ▨▨▨▨▨▨▨	3

2. 소유지분을 제외한 소유권에 관한 사항 (갑구)

순위번호	등기목적	접수정보	주요등기사항	대상소유자
5	가압류	2022년4월12일 제28973호	청구금액 금2,724,444 원 채권자 파▨▨	윤▨▨
7	임의경매개시결정	2022년12월9일 제104126호	채권자 주▨▨▨▨▨	윤▨▨
8	가압류	2022년12월29일 제110805호	청구금액 금5,234,539 원 채권자 삼▨▨▨▨▨	윤▨▨

3. (근)저당권 및 전세권 등 (을구)

순위번호	등기목적	접수정보	주요등기사항	대상소유자
19	근저당권설정	2022년2월14일 제11487호	채권최고액 금450,000,000원 근저당권자 주▨▨▨▨▨	윤▨▨

그림 3-3 주요 등기사항 요약(참고용)에서 말소기준권리 찾기 1   ⓒ 인터넷등기소

모두 충족해야 말소기준권리가 될 수 있습니다.

- 첫째, 전세권이 전체 면적에 설정돼 있어야 한다.
- 둘째, 전세권자가 배당요구종기일 전에 배당을 신청하거나 경매를 직접 신청해야 한다.

이에 대한 사례를 들어 설명하겠습니다. 전북 익산시의 아파트가 경매로 나왔는데요(〈그림 3-4〉 참조). 유료 경매정보 사이트에서 제공하는 등기 요약

경매 **2023타경**

진행내역 : 경매개시 87일 배당요구종기일 136일 최초진행

군산지원 1계 (063-450-5161)

매각일자 2024.04.22 (월) (10:00)

아파트 토지·건물 일괄매각

전북 익산시 창인동○가 ○○○, ○동 ○○층○○○호 (창인동○가,익산역시그니처·에스주상복합) 새주소검색
(도로명주소:전북 익산시 중앙로○길 ○○)

대 지 권	5.3801㎡(1.627평)	소유자	노○○○○○○○	감정가	98,000,000
건물면적	19.0449㎡(5.761평)	채무자	노○○○○○○○	최저가	(49%) 48,020,000
개시결정	2023-06-20(임의경매)	채권자	코○○○○○○	보증금	(10%) 4,802,000

오늘: 4 누적: 170 평균(2주): 1 차트

구분	매각기일	최저매각가격	결과
1차	2024-01-29	98,000,000	유찰
2차	2024-03-11	68,600,000	유찰
3차	2024-04-22	48,020,000	

전경도   전경도

그림 3-4 익산시 아파트의 경매정보

ⓒ 탱크옥션

건물등기 (채권합계금액:85,000,000원)

순서	접수일	권리종류	권리자	채권금액	비고	소멸
갑(1)	2018-02-12	소유권이전	한○○○○○○○			
을(1)	2019-03-14	전세권설정	코○○○○○○	85,000,000	말소기준등기 존속기간: 2019.02.22 ~ 2021.02.21 범위:전부	소멸
갑(3)	2019-12-09	소유권이전	노○○○○○○		신탁재산의 귀속	
갑(4)	2023-05-25	압류	익○○			소멸
갑(5)	2023-06-20	임의경매	코○○○○○○	청구금액 85,000,000	2023타경	소멸

그림 3-5 익산시 아파트의 '주요 등기사항 요약(참고용)' 중 '건물등기' 사항

ⓒ 탱크옥션

본 중에서 '건물등기'를 보면 잔존 등기들이 정리돼 있고, '비고'에 말소기준 권리(말소기준등기)가 표시돼 있습니다(〈그림 3-5〉 참조).

해당 경매물건에서는 접수 날짜가 2019년 3월 14일인 전세권이 가장 이릅니다. 전세권은 말소기준권리가 될 수 있는 일곱 가지에 포함되지만,

【 을 구 】 (소유권 이외의 권리에 관한 사항)				
순위번호	등 기 목 적	접 수	등 기 원 인	권리자 및 기타사항
1	전세권설정	2019년3월14일 제10229호	2019년2월14일 설정계약	전세금 금85,000,000원 범 위 전유부분 건물의 전부 존속기간 2019년 02월 22일 부터 2021년 02월 21일까지 전세권자 코

그림 3-6 익산시 아파트의 등기사항전부증명서 중 '을구'   ⓒ 탱크옥션

두 가지 조건을 충족해야 한다고 설명했죠? 이를 단계별로 확인해보겠습니다.

등기사항전부증명서 을구에 전세권이 등재돼 있는데, '권리자 및 기타사항'을 보니 '범위: 전유부분 건물의 전부'라고 적혀 있습니다(〈그림 3-6〉 참조). '전세권이 전체 면적에 설정돼 있어야 한다'라는 첫째 조건을 충족합니다. 만약 범위에 '방 한 칸'이라고 적혀 있다면 조건을 충족하지 못했을 것입니다. 일반적으로 아파트·연립·다세대는 전유면적 전체에 전세권을 설정하지만, 다가구주택은 일부에 대해 전세권을 설정하는 경우가 대부분입니다. 따라서 다가구주택은 등기사항전부증명서상에 전세권이 가장 일찍 접수돼 있더라도 말소기준권리가 될 수 없는 경우가 있습니다.

이제 두 번째 조건을 보겠습니다. '전세권자가 배당요구종기일 전에 배당을 신청하거나 경매를 직접 신청해야 한다'라는 문장은 자체적으로 두 가지 조건을 가지고 있습니다. 하나는 '전세권자가 배당을 신청'이고 다른 하나는 '전세권자가 경매를 직접 신청'입니다. 두 가지가 '거나(or)'로 연결돼 있으니 하나만 충족하면 됩니다.

먼저, 전세권자가 배당요구종기일 전에 배당을 신청했는지 확인하겠습니다. 이는 매각물건명세서를 보면 알 수 있습니다. 매각물건명세서는 경매물건과 관련해 중요한 사항을 적어놓은 서류로, 입찰일 7일 전에 나옵니다. 익산시 아파트의 매각물건명세서를 보면, '주거전세권자'가 코OOOOOOOO

전주지방법원 군산지원

2023타경

매각물건명세서

사 건	2023타경 부동산임의경매		매각 물건번호	1	작성 일자	2023.11.24	담임법관 (사법보좌관)		윤광근	規現 印鷹
부동산 및 감정평가액 최저매각가격의 표시	별지기재와 같음		최선순위 설정		2019.03.14. 전세권		배당요구종기		2023.09.15	

부동산의 점유자와 점유의 권원, 점유할 수 있는 기간, 차임 또는 보증금에 관한 관계인의 진술 및 임차인이 있는 경우 배당요구 여부와 그 일자, 전입신고일자 또는 사업자등록신청일자와 확정일자의 유무와 그 일자

점유자 성 명	점유 부분	정보출처 구 분	점유의 권 원	임대차기간 (점유기간)	보증금	차 임	전입신고 일자·외국인 등록(체류지 변경신고)일 자·사업자등 록신청일자	확정일자	배당 요구여부 (배당요구일자)
주식회 사	미상	현황조사	주거및겸 포 임차인	2022.03.02.~2 023.03.01.	5,000,000	550,000	2022.02.07.	미상	
코	전부	등기사항 전부증명 서	주거 전세권자	2019.02.22.~2 021.02.21.	85,000,000				

〈비고〉
주식회사   :상가건물임대차현황서 기준이며 권리신고가 없어 임대차관계는 불분명
코   :신청채권자

※ 최선순위 설정일자보다 대항요건을 먼저 갖춘 주택·상가건물 임차인의 임차보증금은 매수인에게 인수되는 경우가 발생 할 수 있고, 대항력과 우선변제권이 있는 주택·상가건물 임차인이 배당요구를 하였으나 보증금 전액에 관하여 배당을 받지 아니한 경우에는 배당받지 못한 잔액이 매수인에게 인수되게 됨을 주의하시기 바랍니다.

등기된 부동산에 관한 권리 또는 가처분으로 매각으로 그 효력이 소멸되지 아니하는 것
해당사항없음
매각에 따라 설정된 것으로 보는 지상권의 개요
해당사항없음
비고란

주1 : 매각목적물에서 제외되는 미등기건물 등이 있을 경우에는 그 취지를 명확히 기재한다.
  2 : 매각으로 소멸되는 가등기담보권, 가압류, 전세권의 등기일자가 최선순위 저당권등기일자보다 빠른 경우에는 그 등기일자를

그림 3-7 익산시 아파트의 매각물건명세서

ⓒ 탱크옥션

로 돼 있습니다(〈그림 3-7〉 참조). 만약 이 채권자가 배당신청을 했다면 '배당요구여부(배당요구일자)'에 배당신청 날짜가 적혀 있어야 하는데 칸이 비어 있습니다. 즉, 이 조건은 충족하지 못한 겁니다.

그다음 조건, 즉 전세권자가 경매를 직접 신청했는지 확인하기 위해서는 등기사항전부증명서를 봐야 합니다. 경매로 나온 물건의 등기사항전부증명서에는 '임의경매개시결정' 또는 '강제경매개시결정'이라고 등재돼 있습니다. 현재 경매를 진행하고 있는 물건임을 알려주는 겁니다.

등기 사항전부증명서를 보니 임의경매개시결정 옆에 '채권자 코○○○○○○○○'라고 적혀 있습니다(〈그림 3-8〉 참조). 이 채권자가 해당 물건을 경매로 넘기기 위해 접수를 했다는 뜻입니다. 조건을 충족하려면 경매개시결정 옆에 적힌 채권자 이름이 전세권자 이름과 같아야 합니다. 이 사례에서는 채권자와 전세권자 이름이 같으니 조건을 충족합니다.

정리하자면 첫째 전세권이 전체 면적에 설정돼 있고, 둘째 전세권자와 임의경매개시결정의 채권자가 같기 때문에 이 물건의 전세권은 말소기준권리가 될 수 있습니다. 나아가, 접수된 여러 권리 중에서 날짜가 가장 이르기 때문에 최종적으로 전세권이 말소기준권리가 됩니다.

5	임의경매개시결정	2023년6월20일 제23578호	2023년6월20일 전주지방법원 군산지원의 임의경매개시결정 (2023타경■■■)	채권자 코▨▨▨▨ ▨▨

그림 3-8 익산시 아파트의 등기사항전부증명서 중 '임의경매개시결정' 항목 　　　ⓒ 탱크옥션

말소기준권리 쉽게 찾는 방법

가장 간단하고 쉬운 방법은 유료 경매정보 사이트를 이용하는 것입니다. 〈그림 3-5〉에서 봤듯이, 유료 경매정보 사이트에서는 잔존 등기들을 접수일자 순서대로 정리해 '건물등기'로 제공하면서 말소기준권리가 무엇인지까지 알려줍니다. 하지만 이 정보를 100% 믿어선 안 됩니다. 종종 오류가 발생하기 때문입니다.

다만 매각물건명세서는 믿어도 됩니다. 유료 사이트에서 만든 게 아니고 법원에서 작성해 대한민국 법원 법원경매정보 사이트에 올린 것을 유료 사이트가 가져온 것이거든요. 혹시라도 매각물건명세서에 적힌 잘못된 정보를 기반으로 낙찰을 받았다면, 법원의 실수로 인정해 낙찰을 무효로 처리해줍니다. 이를 '불허가'라고 이야기하고, 입찰할 때 낸 입찰보증금도 당연히 돌려줍니다.

또 다른 방법은 매각물건명세서의 최선순위설정 칸을 확인하는 것입니다(〈그림 3-9〉 참조). 말소기준권리, 말소기준등기, 최선순위설정이 다 같은 말이

전주지방법원 군산지원						2023타경		
매각물건명세서								
사 전	2023타경 부동산임의경매	매각물건번호	1	작성일자	2023.11.24	담임법관(사법보좌관)	윤광근	提뮜印身
부동산 및 감정평가액 최저매각가격의 표시	별지기재와 같음	최선순위설정		2019.03.14. 전세권		배당요구종기	2023.09.15	
부동산의 점유자와 점유의 권원, 점유할 수 있는 기간, 차임 또는 보증금에 관한 관계인의 진술 및 임차인이 있는 경우 배당요구 여부와 그 일자, 전입신고일자 또는 사업자등록신청일자와 확정일자의 유무와 그 일자								

그림 3-9 매각물건명세서의 '최선순위설정' 칸으로 말소기준권리 확인하기 　　　　　© 탱크옥션

니 매각물건명세서 최선순위설정 칸에 적힌 권리가 바로 말소기준권리가 되는 겁니다.

처음부터 이 방법을 알려주지 그랬냐고요? 하지만 앞서 말한 대로, 매각물건명세서는 매각기일 7일 전에 나옵니다. 그때부터 권리분석을 시작한다면 시세 파악과 임장까지 깊이 있게 해내기가 힘듭니다. 따라서 자신이 직접 말소기준권리를 찾을 줄 알아야 합니다. 이를 바탕으로 권리분석 진도를 빼서 임장을 갈지 말지 결정하고, 그런 후에 입찰 여부를 판단해야 합니다. 매각물건명세서에 기대지 않고 말소기준권리를 찾을 줄 알면 경쟁자들보다 빠르게 움직일 수 있습니다.

후순위여도 소멸하지 않는 여섯 가지 권리

말소기준권리를 찾는 이유는 낙찰자가 인수해야 하는 권리가 있는지 확인하기 위해서입니다. 말소기준권리보다 날짜가 앞서 접수된 권리를 선순위라고 하고, 늦게 접수된 권리를 후순위라고 합니다. 선순위는 무조건 낙찰자가 인수해야 하고, 후순위는 대부분 소멸합니다.

그런데 후순위이더라도 소멸하지 않고 낙찰자 인수사항이 되는 여섯 가지 권리가 있습니다.

- 건물철거 및 토지인도청구에 의한 가처분등기
- 소유자의 진정한 소유권을 다투는 것을 목적으로 하는 가처분등기

- 예고등기
- 대항력 있는 임차인의 임차권등기
- 유치권
- 법정지상권

이 여섯 가지 중 하나라도 등기사항전부증명서에 기재돼 있다면 무조건 입찰을 피해야 합니다.

첫 번째와 두 번째는 가처분등기인데 가처분등기를 한 원인이 다릅니다. 소유자가 부동산을 처분하지 못하도록 등기부에 표기하는 것을 가처분등기라고 합니다. '건물철거 및 토지인도청구에 의한 가처분등기'는 건물의 철거와 관련해 소송 중이어서 해당 부동산을 처분하지 못하게 했다는 뜻으로 해석하면 됩니다. 그 소송에서 건물을 철거해야 한다는 판결이 나면, 누군가가 낙찰을 받았어도 건물을 철거하게 돼 있습니다. '소유자의 진정한 소유권을 다투는 것을 목적으로 하는 가처분등기'는 해당 부동산의 진정한 소유자가 누구인지를 두고 소송 중이어서 해당 부동산을 처분하지 못하게 했다는 뜻입니다. 이 또한 낙찰을 받았다고 하더라도 소송 결과에 따라 소유권을 잃을 수도 있습니다. '가처분등기'라고 적혀 있으면 무조건 피하라는 것이 아니라 이상의 두 가지 원인으로 등재된 가처분등기는 입찰하면 안 된다는 얘기입니다.

세 번째인 '예고등기'는 해당 부동산의 소유권에 대해서 소송 중이니 조심하라고 경고해주는 등기입니다. 예고등기 역시 소송 결과에 따라 소유권을 박탈당할 수 있기 때문에 무조건 입찰을 피해야 합니다.

네 번째인 '대항력 있는 임차인의 임차권등기'는 바로 이어지는 '03. 임차인이 있을 때의 권리분석'에서 자세히 다루겠습니다. 다만 후순위 임차권등기는 대항력 있는 임차인이 신청한 것만 낙찰자 인수사항이라는 점을 꼭 기억하기 바랍니다. 대항력 없는 임차인이 신청한 임차권등기 날짜가 말소기준일보다 늦다면 소멸사항입니다.

그리고 다섯 번째와 여섯 번째인 '유치권'과 '법정지상권'은 등기사항전부증명서에서 확인할 수 없고, 매각물건명세서 비고란에서 확인할 수 있습니다. 이 둘은 무조건 낙찰자 인수사항이지만, 여러 가지 조건을 따져 낙찰자에게 유리하게 만드는 방법이 있습니다. 이런 어려운 문제를 풀면서 수익을 내는 것을 특수경매라고 하는데, 이번 책에서는 논외로 하고자 합니다. 우리는 초보자이기 때문에 매각물건명세서 비고란에 유치권과 법정지상권이 적혀있다면 입찰을 피해야 합니다.

03

임차인이 있을 때의
권리분석

경매물건에 임차인이 있는지 없는지는 매각물건명세서에서 알 수 있지만, 한 번 더 체크해야 합니다. 바로 전입세대확인서를 통해서 그 집에 현재 전입신고를 한 사람이 있는지 확인하는 겁니다. 전입세대확인서는 인터넷 발급은 안 되고 주민센터를 직접 방문해야 하는데, 몇 가지 필요한 서류가 있습니다. 어떤 집에 누가 살고 있는지를 아무한테나 알려주는 건 굉장히 위험한 일이니까요. 경매로 나온 집에 한해서 제3자가 전입세대확인서를 요청하면 발급해줍니다. 따라서 그 집이 경매로 나왔다는 것을 증명할 수 있는 매각물건명세서, 현황조사서, 법원입찰기일 내역서를 인쇄해서 주민센터에 제출해야 합니다. 주민센터는 어느 곳이든 가능합니다.

발급을 받았다면 전입세대확인서에 적혀 있는 임차인의 전입신고일자가 매각물건명세서에 적혀 있는 전입신고일자와 같은지 체크하고, 대항력 발생 시점이 말소기준일보다 이른지 늦은지 확인합니다. 그렇게 하면 이 임차인의 대항력 유무를 한 번 더 확실하게 체크할 수 있습니다.

관심이 가는 경매물건에 임차인이 살고 있다는 사실을 알게 됐을 때 명도 걱정부터 하는 사람이 많을 겁니다. 이사 내보내면서 실랑이하는 장면이 머릿속에 떠올라 그런 건은 건너뛰는 사람도 있습니다. 하지만 임차인의 대항력 문제를 따져볼 줄 아는 사람이라면 혹시 모를 좋은 기회를 그렇게 놓치진 않을 겁니다.

임차인은 크게 '대항력 있는 임차인'과 '대항력 없는 임차인'으로 나뉩니다. 전자는 보증금에 대해서 법적으로 보호를 받을 수 있는 임차인이고, 후자는 보호를 받을 수 없는 임차인입니다. 대항력 역시 말소기준권리로 판단하는데, 대항력이 발생하는 시점을 기억해야 합니다. 임차인의 대항력 발생 시점이 말소기준권리보다 이른지 늦은지에 따라 대항력 유무가 갈리기 때문입니다.

임차인의 대항력 발생 시점은 '전입신고일 다음 날 오전 0시'입니다. 예를 들어 임차인 A씨가 2023년 3월 15일에 전입신고를 했다면 대항력 발생 시점은 2023년 3월 16일 오전 0시인 거예요. 만약 A씨가 살고 있는 집의 등기사항전부증명서상 살아 있는 등기 중에 2022년 10월 29일 근저당권이 가장 이르다면, 그것이 말소기준권리가 되겠죠? 그러면 말소기준일보다 임차인 A씨의 대항력 발생 시점이 더 늦기 때문에 대항력 없는 임차인이 되는 겁니다. 임차인의 대항력 발생 시점은 앞으로 질리도록 나올 거예요. 그만큼 기초적이면서도 가장 중요한 부분입니다.

대항력 있는 임차인

〈그림 3-10〉은 유료 경매정보 사이트에서 임차인 현황을 보여주는 화면입니다. 이 물건에는 임차인 박○○ 씨가 살고 있습니다. '전입/확정/배당' 칸의 '전입:2019-03-15'는 이 임차인이 2019년 3월 15일에 해당 주소지로 전입신고를 했다는 의미입니다. 그리고 맨 윗줄에 '말소기준일: 2020-05-18'이라고 적혀 있죠? 말소기준권리가 이 물건에 대한 모든 기준이 되기 때문에, 임차인의 대항력 발생 시점이 말소기준권리보다 앞선다면 임차인의 보증금은 낙찰자 인수사항이 됩니다.

사례를 보면 해당 물건 임차인의 대항력 발생 시점은 전입신고 다음 날 오전 0시인 2019년 3월 16일 오전 0시입니다. 말소기준일 2020년 5월 18일보다 이르기 때문에 대항력 있는 임차인이에요. 임차인의 보증금 중 배당으로 충족되지 않는 금액이 있다면 낙찰자가 인수해야 하는 거죠. 이 말은 임차인이 낙찰금에서 보증금 전액을 배당받지 못한다면 그 차액을 낙찰자가 대신 줘야 한다는 뜻입니다. 결국 낙찰자는 그 차액까지 더한 금액으로 그 집을

점유목록	임차인	점유부분/기간	전입/확정/배당	보증금/차임	대항력	분석	기타
2	박○○	주거용 전부 2019.03.15.~2021.03.14.	전입:2019-03-15 확정:2019-03-12 배당:2022-04-28	보:115,000,000원	있음	소액임차인 주임법에 의한 최우선변제역 최대 4,800만원 순위배당 있음 미배당 보증금 매수인 인수	임차권등기자

임차인 현황 | 말소기준일 : 2020-05-18 | 소액기준일 : 2024-04-12 | 배당요구종기일 : 2022-05-09

기타사항
* 본건 현황조사차 현장에 임한 바, 폐문부재로 이해관계인을 만날 수 없어 상세한 점유 및 임대차관계는 알 수 없으나, 전입세대열람결과 임차인이 점유하고 있는 것으로 추정됨.
* 세대출입문에 임차인의 권리신고방법 등이 기재된 `안내문`을 부착해 놓았음.
* 본건 조사서의 조사내용은 현장방문과 전입세대열람 및 주민등록등본에 의한 조사사항임.

그림 3-10 대항력 있는 임차인 사례　　　　　　　　　　　ⓒ 탱크옥션

매수하는 셈이 되는 겁니다.

임차인의 대항력 유무를 확인하지 않고 낙찰금만 내면 그 집을 소유할 수 있다고 분석을 잘못했다가는 시세보다 비싸게 매수하기 쉽습니다. 낙찰을 받고 나서야 뒤늦게 알고 잔금을 미납해 입찰보증금 몇천만 원을 날리는 일도 허다합니다.

그렇다면 대항력을 갖춘 임차인이 있는 물건에는 절대 입찰하지 말아야 할까요? 그건 아닙니다. 다음 두 단계를 거쳐서 판단하면 됩니다.

- 첫째, 임차인이 보증금 전액을 받는지 확인한다.
- 둘째, 낙찰받은 금액과 임차인이 낙찰금에서 못 받는 보증금 총액을 확인한다.

우선, 대항력 있는 임차인이 낙찰금에서 보증금 전액을 받는지 확인합니다(3장 '05. 채권자별 배당 순서' 참조). 만약 그렇다면 전혀 문제 될 게 없습니다. 오히려 명도가 수월하게 이뤄질 수 있습니다. 임차인 입장에서는 자신이 살던 집이 경매로 넘어갔더라도 보증금을 전액 돌려받고 이사를 하면 되니까요.

둘째, 낙찰받은 금액과 임차인이 낙찰금에서 못 받는 보증금 총액을 확인합니다.

수원시의 아파트를 예로 보겠습니다(〈그림 3-11〉 참조). 이 아파트의 최근 실거래가는 6억 7,000만 원으로 감정평가 금액이 6억 3,000만 원입니다. 1차에서 유찰됐고 2차에서 누군가가 5억 3,000만 원에 낙찰을 받았다가 미납을 했습니다. 3차에서 또 유찰됐고 4차에 4억 9,210만 원에 낙찰받은 사람이

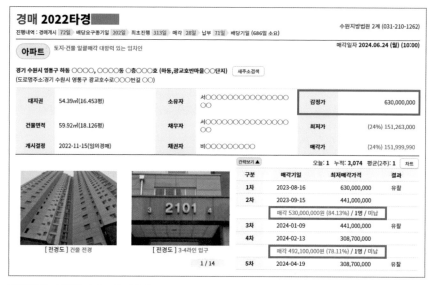

경매 **2022타경** ▨▨▨

진행내역 : 경매개시 72일 | 배당요구종기일 202일 | 최초진행 313일 | 매각 28일 | 납부 71일 | 배당기일 (686일 소요)

수원지방법원 2계 (031-210-1262)

아파트 토지·건물 일괄매각 대항력 있는 임차인

매각일자 **2024.06.24 (월) (10:00)**

경기 수원시 영통구 하동 ○○○○, ○○○○동 ○층○○○호 (하동,광교호반마을○○단지) [새주소검색]
(도로명주소:경기 수원시 영통구 광교호수로○○○번길 ○○)

대지권	54.39㎡(16.453평)	소유자	서○○○○○○○○○○○○○○○○	감정가	630,000,000
건물면적	59.92㎡(18.126평)	채무자	서○○○○○○○○○○	최저가	(24%) 151,263,000
개시결정	2022-11-15(임의경매)	채권자	비○○○○○○○○	매각가	(24%) 151,999,990

[건략보기 ▲]　　　오늘: 1　누적: 3,074　평균(2주): 1　[차트]

구분	매각기일	최저매각가격	결과
1차	2023-08-16	630,000,000	유찰
2차	2023-09-15	441,000,000	
	매각 530,000,000원 (84.13%) / 1명 / 미납		
3차	2024-01-09	441,000,000	유찰
4차	2024-02-13	308,700,000	
	매각 492,100,000원 (78.11%) / 1명 / 미납		
5차	2024-04-19	308,700,000	유찰

[전경도] 건물 전경　　[전경도] 3-4라인 입구　　1 / 14

그림 3-11 수원시 아파트의 경매정보　　ⓒ 탱크옥션

있는데 또 미납했습니다. 두 사람은 각각 약 4,400만 원과 3,000만 원의 입찰보증금을 포기한 겁니다. 왜 몇천만 원이나 포기하면서 잔금을 미납했을까요?

임차인 현황에 따르면, 임차인 신○○ 씨의 전입일자는 2021년 8월 17일로 대항력 발생 시점은 2021년 8월 18일 오전 0시입니다(〈그림 3-12〉 참조). 말소기준일 2022년 6월 7일보다 빠릅니다. 대항력이 있는 임차인이죠. 표에서도 대항력 부분에 '있음'이라고 적혀 있으니 대항력 있는 임차인이 확실한 거죠.

그런데 이 물건에는 임차인보다 더 빨리 배당을 받아가는 채권들이 많아서 임차인이 보증금 전액을 받지 못하게 됩니다. 앞에서 미납한 낙찰자 2명은 자신들이 써낸 금액만으로 이 아파트를 살 수 있으리라고 생각했을 겁니

그림 3-12 수원시 아파트의 임차인 현황
© 탱크옥션

다. 그런데 낙찰을 받고 나서 보니 낙찰금 외에 임차인의 보증금 4억 3,000만 원을 인수해야 한다는 걸 알게 된 겁니다. 만약 2차 경매 때의 낙찰자가 잔금까지 다 냈다면, 그는 낙찰금 5억 3,000만 원에 대항력 있는 임차인이 배당받지 못한 보증금 4억 3,000만 원을 더한 9억 6,000만 원에 매수하는 격이 됐던 거죠. 시세가 6억 7,000만 원인데 3억이나 더 주고 매수할 뻔한 겁니다. 이런 실수를 하지 않으려면 권리 분석을 할 때 배당 순서를 잘 따져봐야 합니다(3장. '05. 채권차별 배당 순서' 참조.)

이런 아파트 역시 낙찰을 받아도 됩니다. 그 대신 많이 유찰된 다음에 낙찰받아야 합니다. 지금은 5차까지 유찰돼서 최저가가 3억 870만 원입니다. 여기서 한 번 더 유찰된다면 최저가는 30% 깎인 2억 1,609만 원이 되고, 한 번 더 유찰되면 최저가가 1억 5,126만 원이 됩니다.

1억 6,000만 원에 낙찰받는다고 가정할 때, 거기에 임차인의 보증금 4억 3,000만 원을 더하면 5억 9,000만 원이 됩니다. 시세보다 8,000만 원 저렴하게 매수하는 겁니다. 이처럼 낙찰가와 임차인이 배당을 못 받는 금액을 합쳐서 시세보다 저렴하다면 그땐 낙찰을 받아도 됩니다.

🏠 6억 7,000만 원 아파트를 1억 6,000만 원에 낙찰받는다면
취득세는 얼마인가요?

부동산을 취득하면 피할 수 없는 게 세금이에요. 부동산 세금에는 크게 네 가지가 있습니다. 취득할 때 내는 취득세, 보유하면서 1년에 한 번 또는 두 번씩 내야 하는 종부세와 재산세가 있습니다. 그리고 마지막으로 부동산을 팔 때 시세차익을 봤다면 그 금액에 따라 세금을 내야 하는데, 이것이 양도세입니다. 그중에서 취득세는 취득한 금액을 기준으로 기본세율이 1~3%입니다.

앞의 예처럼 낙찰자가 시세보다 훨씬 저렴하게 낙찰받은 경우엔 어떤 금액을 기준으로 취득세를 계산해야 할까요? 낙찰가는 1억 6,000만 원인데, 실제로 이 집을 매수한 금액은 대항력 있는 임차인의 보증금을 더한 5억 9,000만 원이죠.

경매 초보 때는 대부분이 낙찰받은 금액 1억 6,000만 원을 기준으로 취득세를 납부해야 한다고 생각하는데, 실제로 취득세를 납부하러 가면 담당자가 경매물건을 검토하면서 낙찰자가 추가로 인수해야 하는 금액까지 계산해서 세금을 매깁니다. 이런 사실을 모른 채 수익을 추정했다면 생각보다 수익이 현저히 줄어들고 오히려 마이너스가 되는 투자를 하게 될 수도 있습니다.

양도세에서는 양도차액, 그러니까 매도가에서 매수가를 뺀 금액으로 세금을 계산합니다. 이때도 낙찰가가 아니라 추가로 인수한 금액을 더한 총금액이 매수가가 됩니다.

대항력 없는 임차인

대항력 없는 임차인은 말소기준권리가 등재된 날짜보다 전입신고를 늦게 한 임차인입니다. 이들은 전세보증금 중에서 못 받는 액수가 10억이든 20억이든 상관없이 법적으로 보호를 받지 못합니다. 너무 안타까운 일이지만, 마냥 법만 탓할 수는 없습니다. 자기 책임도 있으니까요. 전세 계약을 할 때 등기사항전부증명서를 꼼꼼하게 확인하지 않았단 얘기입니다.

월세나 전세 계약을 한 번이라도 해본 사람이라면 다 알 텐데, 계약할 때 공인중개사가 등기사항전부증명서를 보여줍니다. 이때 제대로 확인하지 않은 탓에 보증금에 대해서 보호를 받지 못하게 된 겁니다. 물론 등기사항전부증명서를 꼼꼼하게 읽어봤는데도 무엇이 문제인지 몰라 그냥 넘어가는 임차인들도 정말 많을 거예요. 그래서 저는 학교에서 최소한 등기사항전부증명서를 보는 방법과 어떤 상황일 땐 월세나 전세를 들어가면 안 되는지 정도까지만이라도 가르쳐야 한다고 생각해요. 그래야 몰라서 피해를 보는 상황을 예방할 수 있을 테니까요.

불행 중 다행인 건 최근 전세 사기가 이슈화되면서 전세보증금을 지킬 방법들이 공론화되고 있다는 점입니다. 그런 흐름 속에 2024년 4월 공인중개사법이 개정됐습니다. 기존엔 임대차계약을 중개할 때 그 집에 위험이 있는지 아닌지를 공인중개사가 설명해줄 의무가 없었습니다. 그 때문에 임차인들이 전세 피해를 보게 된 경향도 있죠. 개정된 공인중개사법에 따르면, 임대차계약을 중개할 때 공인중개사는 그 집에 전세나 월세로 들어갔을 때 안전하게 보증금을 돌려받을 수 있는지, 혹시라도 경매로 넘어가면 보증금을 돌려받지 못하는 건 아닌지에 대해 반드시 설명해줘야 합니다. 이제 등기사항전부증명서를 볼 줄 모르더라도 훨씬 안전하게 임대차계약을 맺을 수 있게 된 거죠.

사례 하나를 보겠습니다(〈그림 3-13〉 참조). 임차인 채○○ 씨의 전입일자는 2021년 8월 2일로 대항력 발생 시점은 2021년 8월 3일 오전 0시입니다. 말소기준일 2016년 5월 31일보다 늦습니다. 대항력이 없는 임차인이죠.

이 임차인은 배당신청을 하지 않았기 때문에 보증금이 얼마인지도 알 수 없습니다. 보증금이 얼마인지 모르기 때문에 입찰하면 안 되는 걸까요? 아닙니다. 채○○ 씨는 대항력 없는 임차인이기 때문에 보증금이 얼마가 됐든 신경 쓸 필요 없습니다. 낙찰자가 물어줄 필요가 없기 때문입니다.

그렇다면 대항력 없는 임차인이 못 받는 보증금은 누가 책임져줄까요? 아무도 책임져주지 않습니다. 전 집주인이었던 채무자 겸 소유자 역시 경매라는 절차를 거치면서 법적으로 책임질 의무를 벗었기 때문입니다.

점유목록 ❓	임차인	점유부분/기간	전입/확정/배당	보증금/차임	대항력	분석	기타
1	채	주거용	전입:2021-08-02 확정:미상 배당:없음	보:미상	없음	배당금 없음	임차인

🏠 임차인 현황   말소기준일(소액):2016-05-31   배당요구종기일:2023-11-13

기타사항
* 해당 아파트에서 만난 정■■는 해당 아파트의 소유자겸 채무자는 자신의 사위이고, 해당 아파트는 자신의 부부가 임차하여 거주하고 있다고 함. 전세보증금 등 임차 내역에 대해서는 밝히길 거부함. 한편 전입세대확인서 등에 의하면 해당 아파트는 채■■을 세대주로 하고, 위 정■■는 세대원으로 전입되어 있음.
* 해당 아파트에서 만난 정■■는 자신의 부부가 살고 있다고 하며, 자신은 해당 아파트의 소유자의 장모라고 하며 임대보증금 등 구체적인 임대차관계는 밝히길 거부함. 임대차관계는 전입세대열람내역서 등에 기재된 내용에 의하여 작성함.

그림 3-13 대항력 없는 임차인 사례   ⓒ 탱크옥션

대항력 발생 시점은 '전입신고일의 다음 날 오전 0시'

임차인의 대항력 발생 시점이 전입신고일의 다음 날 오전 0시라고 몇 번이나 강조했는데, 여기에는 다 이유가 있습니다.

'오전 0시는 뭐지? 그냥 무시하고 전입신고일이라고 생각하자.'

그러다가 큰코다칩니다. '다음 날 오전 0시'를 꼭 기억해야 해요!

서산시의 한 아파트가 경매로 나왔습니다(〈그림 3-14〉 참조). 임차인이 임대차계약을 맺을 때는 등기사항전부증명서가 깨끗했습니다. 자신보다 앞서는 권리가 하나도 없었다는 뜻입니다. 그런데도 이 사람은 대항력이 없는 임차인이 되고 말았습니다. 전세보증금 1억 3,300만 원 중에서 1억 가까운 돈을 돌려받지 못했습니다. 도대체 어떻게 된 일일까요?

그림 3-14 서산시 아파트의 경매정보   © 탱크옥션

점유목록?	임차인	점유부분/기간	전입/확정/배당	보증금/차임	대항력	분석	기타
			말소기준일(소액): 2020-03-16 배당요구종기일: 2023-09-04				
1	엄○○	주거용 전부 2022.03.16.~2024.03.15.	전입:2020-03-16 확정:2020-03-16 배당:2023-06-16	보:133,000,000원	없음	순위배당 있음	임차권등기자 [보:금 133,000,000원 (2021. 12. 27.자 계약으로 15,000,000원 증액), 2차확:2022. 3. 17.]
1	주○○○○ ○○○	주거용 전부 2022.03.16.~2024.03.15.	전입:2020-03-16 확정:2022-03-17 배당:2023-08-31	보:133,000,000원	없음	순위배당 있음	임차인

기타사항
* 주택도시보증공사: 임차인 엄██의 임대차보증금채권 양수인임.
* 현지에 방문하였으나 아무도 만나지 못하였고(폐문부재, 안내문 부착), 전입세대확인서 및 주민등록표와 같이 소유자 이외에 등재된 사람(2020. 3. 16. 전입)이 있어 이를 임차인으로 추정하고 등록하므로, 그 점유관계 등은 별도의 확인을 요함.
* 주택도시보증공사: 임차인 엄██의 임대차보증금반환채권양수인임.

그림 3-15 서산시 아파트의 임차인 현황　　　　　　　　　© 탱크옥션

임차인 현황을 보겠습니다(〈그림 3-15〉 참조). 맨 위에 말소기준일이 2020년 3월 16일이라고 적혀 있습니다. 임차인의 전입일자도 2020년 3월 16일이라고 적혀 있어 두 날짜가 같으니 이 세입자는 대항력이 있는 임차인일까요?

아니요, 대항력이 없는 임차인입니다. 임차인의 대항력이 발생하는 시점은 '전입일자 다음 날 오전 0시'이기 때문입니다. 16일에 전입신고를 했으니 대항력은 17일 오전 0시에 발생합니다. 그런데 말소기준일이 16일인 걸 보면 임차인 외에 근저당 같은 다른 권리가 그날 발생했으리라고 추정할 수 있죠.

경매물건을 검색하다 보면 종종 이렇게 말소기준일과 임차인의 전입일자가 같은 물건을 발견하게 됩니다. 이런 경우는 집주인이 자신의 투자금을 최소화하기 위해 임차인의 전세보증금만이 아니라 대출까지 활용했을 가능성이 매우 큽니다. 대출이 있는 집엔 임차인이 들어오지 않을 테고 임차인이 있는 집이라면 은행에서 대출을 해주지 않기 때문에, 임차인이 이사 들어오

는 날 은행에서 집을 담보로 대출을 받는 겁니다.

　임차인으로 들어갈 때 이런 일을 당하지 않으려면 어떻게 해야 할까요? 부동산의 대부분 문제는 등기사항전부증명서에서 답을 찾을 수 있습니다. 이사를 들어가기 전 잔금을 치러야 하는데, 잔금을 보내기 전에 직접 등기사항전부증명서를 떼보는 겁니다. 만약 집주인이 은행에 이 집을 담보로 대출을 받은 상태라면 변동사항이 있어서 발급하지 못한다는 문구가 뜹니다. 이런 상황이면 잔금을 보내지 말고 중개사무소에 연락해 그 집에서 변동되는 사항이 무엇인지를 확인해야 합니다. 변동사항이 말소기준권리가 될 수 있는 일곱 가지에 속한다면 절대 이사를 들어가면 안 됩니다.

　이런 일을 조금이라도 방지하기 위해서는 임대차계약서를 쓸 때 등기사항전부증명서 유지특약을 넣는 게 안전합니다. 특약으로 '계약 당시의 등기사항전부증명서 상태를 유지하고 추가적인 권리를 발생시키지 않는다'라는 문구를 넣어야 해요. 그리고 집주인이 이를 지키지 않았을 땐 손해배상을 한다는 내용까지 추가합니다. 임대차계약을 할 때는 이 부분 꼭 체크해서 소중한 재산을 지키기 바랍니다.

🏠 임차인이 보증금을 지키려면 무엇을 해야 하나요?

임차인이 보증금을 지킬 수 있는지 없는지는 전입신고를 하는 날 결정됩니다. 다음 세 가지만 확인하세요.

첫째, 등기사항전부증명서에 말소되지 않은 권리가 있는지 확인합니다. 가장 안전한 건 등기사항전부증명서에 현재 소유자의 소유권이전과 관련된 내용

외에 아무것도 없는 것입니다. 그런데 원래부터 다른 사람이 전세로 살고 있던 집이 아니라면 대부분 집주인이 대출을 끼고 이 집을 샀을 겁니다. 대출은 등기사항전부증명서에 근저당권으로 표기됩니다. 말소기준권리가 될 수 있는 일곱 가지 중 하나죠. 따라서 집을 살 때 설정된 근저당권은 말소기준권리가 되며, 이런 집에 전입신고를 하면 나는 대항력이 없는 임차인이 됩니다. 만약 이 집이 경매로 넘어간다면 보증금을 전액 돌려받지 못할 수도 있습니다.

둘째, 대출이 있는 집에 전세로 들어갈 때는 계약에 꼭 특약을 넣으세요. 현재 등기사항전부증명서가 깨끗하다면 이를 유지한다는 특약을 넣고, 만약 다른 권리들이 있다면 나의 전세보증금으로 지금 등기사항전부증명서에 있는 모든 채권을 말소시킨다는 특약을 넣습니다. 임차인은 무조건 말소기준권리보다 앞서게 전입신고가 돼 있어야 안전합니다.

셋째, 계약 시 국세완납증명서와 지방세완납증명서를 요구하세요. 해당 집에 직접적으로 부과되는 세금을 당해세(3장 '08. 당해세 막힘없이 이해하기' 참조)라고 하는데, 당해세가 있는 집이라면 내가 대항력이 있는 임차인이더라도 경매로 넘어가 배당을 받을 때 당해세보다 순서가 뒤이기 때문입니다. 그러면 대항력 있는 임차인은 결국 낙찰자가 따로 물어주겠지만, 대항력 없는 임차인은 보증금을 다 돌려받지 못해도 하소연할 데가 없습니다.

04
권리분석에서 가장 중요한 '매각물건명세서'

매각물건명세서는 권리분석을 할 때 가장 중요하게 살펴봐야 하는 서류입니다. 경매가 시작되기 전 집행관이 현황조사를 하러 경매물건지에 직접 가보는데, 이때 조사한 자료와 임차인이 제출한 서류를 토대로 작성하는 것이 매각물건명세서입니다. 경매물건과 관련해 중요한 정보들을 한 장으로 정리한 서류죠. 경매 진행 주체인 법원에서 작성한 것이므로 가장 신뢰할 수 있는 정보들이 담겨 있습니다.

　매각물건명세서 상단을 보면 사건번호, 작성일자, 최선순위설정, 배당요구종기 등이 기재돼 있습니다(〈그림 3-16〉 참조). 이 중에서 가장 먼저 체크해야 하는 것이 '최선순위설정'입니다. 최선순위설정은 말소기준권리와 같은 말로, 이 날짜를 기준으로 제반 권리가 낙찰자 인수 또는 소멸사항으로 구분됩니다.

서 울 북 부 지 방 법 원

매각물건명세서

사 건	2023타경■■■ 부동산임의경매	매각물건번호	1	작성일자	2024.04.07	담임법관(사법보좌관)	이현숙	(인)
부동산 및 감정평가액 최저매각가격의 표시	별지기재와 같음	최선순위 설정		2016.11.11. 근저당권		배당요구종기	2023.10.25	

부동산의 점유자와 점유의 권원, 점유할 수 있는 기간, 차임 또는 보증금에 관한 관계인의 진술 및 임차인이 있는 경우 배당요구 여부와 그 일자, 전입신고일자 또는 사업자등록신청일자와 확정일자의 유무와 그 일자

점유자 성 명	점유 부분	정보출처 구 분	점유의 권 원	임대차기간 (점유기간)	보증금	차 임	전입신고 일자·외국인 등록(체류지 변경신고)일 자·사업자등 록신청일자	확정일자	배당 요구여부 (배당요구일자)
손■■	102동 2203호	현황조사	미상 임차인	미상	미상	미상	2021.02.22	미상	
	전부	권리신고	주거 임차인	2021.02.22.부터 2023.10.현재까지	550,000,000		2021.02.22.	2021.01.14.	2023.10.16

〈비 고〉

※ 최선순위 설정일자보다 대항요건을 먼저 갖춘 주택·상가건물 임차인의 임차보증금은 매수인에게 인수되는 경우가 발생 할 수 있고, 대항력과 우선변제권이 있는 주택·상가건물 임차인이 배당요구를 하였으나 보증금 전액에 관하여 배당을 받지 아니한 경우에는 배당받지 못한 잔액이 매수인에게 인수되게 됨을 주의하시기 바랍니다.

등기된 부동산에 관한 권리 또는 가처분으로 매각으로 그 효력이 소멸되지 아니하는 것

매각에 따라 설정된 것으로 보는 지상권의 개요

비고란

주1 : 매각목적물에서 제외되는 미등기건물 등이 있을 경우에는 그 취지를 명확히 기재한다.
2 : 매각으로 소멸되는 가등기담보권, 가압류, 전세권의 등기일자가 최선순위 저당권등기일자보다 빠른 경우에는 그 등기일자를 기재한다.

그림 3-16 매각물건명세서

© 탱크옥션

　　두 번째로 중요한 것은 '작성일자'입니다. 매각물건명세서는 신건 매각기일 7일 전에 공개되는데, 처음 공개된 매각물건명세서가 낙찰이 될 때까지 대부분 유지됩니다. 그런데 유찰이 되면서 중간에 바뀌는 경우도 있습니다. 예를 들어 이 사례에서는 작성일자가 '2024.04.07'로 되어 있습니다. 만약 이 일자가 신건 매각기일 이후라면, 이 물건은 경매가 진행되는 과정에서 낙

찰자의 인수사항이 변경되었을 확률이 높습니다. 물론 매각물건명세서가 변경되었어도 입찰자에게 큰 상관은 없습니다. 현재 법원에서 공개한 매각물건명세서를 기준으로 권리분석을 하면 됩니다.

중간 부분을 보겠습니다. 해당 부동산에 임차인이 있다면 임차인의 성명, 점유기간, 임차금액, 전입신고일자, 확정일자, 배당요구일자 등이 기재돼 있습니다. 이 중 전입신고일자와 앞서 본 최선순위설정 일자를 비교해 대항력이 있는지 확인합니다. 그런 다음 확정일자와 배당요구일자가 있는지를 체크해 배당을 받을 수 있는 임차인인지 확인합니다.

하단에는 낙찰자가 주의해야 하는 사항들이 기재됩니다. 여러 칸으로 나뉘어 있는데, 특히 주의해서 봐야 하는 것이 〈비고〉와 비고란입니다. 낙찰자가 인수해야 하는 사항들을 적는 칸이기 때문입니다. 유치권, 법정지상권, 분묘기지권처럼 등기사항전부증명서를 봐도 알 수 없는 인수사항들이 이곳에 표기됩니다. 만약 이런 내용이 표기되지 않았다면 낙찰을 받은 후 불허가 신청을 할 수 있습니다. 단, 〈비고〉와 비고란이 비워져 있더라도 낙찰자 인수사항이 없는 물건이라고 확신해서는 안 됩니다. 대항력 있는 임차인이 있는 물건인데 별도로 알려주지 않는 경우도 있기 때문입니다. 따라서 임차인의 대항력 문제는 입찰자가 스스로 분석할 줄 알아야 합니다.

임차인의 배당 순서는 어떻게 될까?

앞에서 임차인의 대항력 문제를 자세히 다뤘습니다. 그런데 임차인이 대항력을 갖추면 보증금을 배당받을 수 있고, 대항력이 없으면 배당을 한 푼도

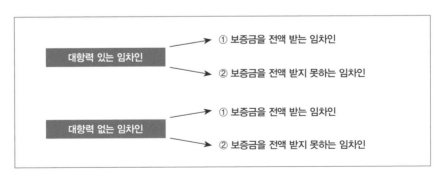

그림 3-17 대항력에 따른 임차인 구분

180만 원 월급쟁이 이주임은 어떻게 경매 부자가 됐을까

못 받는다고 혼동하는 사람들이 의외로 많습니다. 사실은 그렇지 않습니다. 대항력이 있는데 배당을 한 푼도 못 받을 수 있고, 대항력이 없는데 보증금 전액을 받을 수도 있습니다. 대항력 유무와 배당을 받느냐 못 받느냐는 별개의 문제입니다.

임차인이 배당을 받는 걸 '우선변제'라고 합니다. 경매물건에 근저당권자, 저당권자, 가압류채권자 등이 있을 때 이들은 등기접수일 순서에 따라 배당을 받습니다. 이때 임차인도 채권자들 사이에 끼어서 배당을 받습니다. 그러면 임차인의 배당 순서는 어떻게 될까요? 바로 그 기준이 우선변제권입니다.

임차인의 우선변제권은 대항력 발생 시점과 확정일자 중 늦은 날이 기준이 됩니다. 포항시 아파트의 경매물건을 예로 들어 설명하겠습니다(〈그림 3-18〉 참조).

최선순위설정이 2021년 11월 15일 근저당이고, 임차인이 2명 있는데 그 아래 〈비고〉에 표시된 내용에 따르면 이들은 부부입니다. 결국 임차인을 1명으로 볼 수 있고, 이들의 임차료도 1,000만 원에 월세 50만 원이라고 할 수 있습니다. 임차인의 전입신고가 2022년 11월 7일이기 때문에 대항력 발생 시점은 2022년 11월 8일 오전 0시가 됩니다. 최선순위설정일보다 후순위죠. 따라서 이들은 대항력이 없는 임차인입니다. 임차인이 보증금 전액을 배당받지 못하더라도 낙찰자가 책임질 사항이 아니라는 뜻입니다.

이제 임차인의 우선변제권을 보겠습니다. 확정일자를 받은 날짜가 2022년 11월 7일이니 대항력 발생 시점보다 이르죠. 따라서 둘 중 늦은 날인 2022년 11월 8일이 기준이 됩니다.

등기사항전부증명서를 정리해둔 '건물등기'에는 현재 소유자가 소유권이

대구지방법원 포항지원

2023타경▓▓▓▓

매각물건명세서

사 건	2023타경▓▓▓▓ 부동산임의경매		매각물건번호	1	작성일자	2024.04.18	담임법관(사법보좌관)	이상기	〔인〕
부동산 및 감정평가액최저매각가격의 표시	별지기재와 같음		최선순위설정		2021.11.15. 근저당		배당요구종기	2023.09.27	

부동산의 점유자와 점유의 권원, 점유할 수 있는 기간, 차임 또는 보증금에 관한 관계인의 진술 및 임차인이 있는 경우 배당요구 여부와 그 일자, 전입신고일자 또는 사업자등록신청일자와 확정일자의 유무와 그 일자

점유자성 명	점유부분	정보출처구 분	점유의권 원	임대차기간(점유기간)	보증금	차 임	전입신고일자·외국인등록(체류지변경신고)일자·사업자등록신청일자	확정일자	배당요구여부(배당요구일자)
윤▓	1001호전체	현황조사	주거점유자	2022.11-	10,000,000	월 50만원	2022.11.07.	확정일자받았다고 함.	
조▓	전부	권리신고	주거임차인	2022.11.05.-2024.11.04.	10,000,000	500,000	2022.11.07.	2022.11.07	2023.09.05

〈비고〉
조▓:윤▓은 조▓의 배우자임.

※ 최선순위 설정일자보다 대항요건을 먼저 갖춘 주택·상가건물 임차인의 임차보증금은 매수인에게 인수되는 경우가 발생 할 수 있고, 대항력과 우선변제권이 있는 주택·상가건물 임차인이 배당요구를 하였으나 보증금 전액에 관하여 배당을 받지 아니한 경우에는 배당받지 못한 잔액이 매수인에게 인수되게 됨을 주의하시기 바랍니다.

등기된 부동산에 관한 권리 또는 가처분으로 매각으로 그 효력이 소멸되지 아니하는 것
해당사항없음

매각에 따라 설정된 것으로 보는 지상권의 개요
해당사항없음

비고란

그림 3-18 포항시 아파트의 매각물건명세서 ⓒ 탱크옥션

전을 한 2021년 11월 15일부터 2023년 8월 28일 가압류까지 접수일 순서대로 적혀 있습니다(〈그림 3-19〉 참조). 여기서 임차인의 우선변제권 기준일자인 2022년 11월 8일을 다른 채권들의 접수일 사이에 집어넣습니다. 2021년 11월 15일 근저당과 2023년 7월 18일 임의경매개시 사이가 되죠. 즉, 임차인의 보증금은 근저당 다음으로 배당을 받을 수 있습니다.

임차인은 얼마를 배당받을 수 있을까요? 건물등기에 따르면 임의경매를

그림 3-19 포항시 아파트의 건물등기
© 탱크옥션

순서	접수일	권리종류	권리자	채권금액	비고	소멸
갑(5)	2021-11-15	소유권이전	김○○		매매 거래가액:92,000,000원	
을(8)	2021-11-15	근저당권설정	한○○○○○○○○	81,600,000	말소기준등기	소멸
갑(6)	2023-07-18	임의경매	한○○○○○○○○	청구금액 69,883,617	2023타경	소멸
갑(7)	2023-08-28	가압류	경○○○○○○○○ ○○○○○○○○	34,981,196	2023카단 (인용 🔒)	소멸

(채권합계금액:116,581,196원)

신청한 채권자가 근저당을 설정한 한○○○○○○○○이고, 임의경매의 청구 금액이 69,883,617원입니다. 낙찰금이 98,000,000이라고 할 때 근저당권자가 배당받는 69,883,617원을 제하면 28,116,383원이 남습니다. 따라서 그다음 배당 순서인 임차인은 보증금 10,000,000원을 전액 배당받을 수 있습니다.

또 다른 우선변제권 사례

대항력이 없는데 보증금 전액을 배당받은 진주시 아파트의 사례를 보겠습니다(〈그림 3-20〉 참조). 임차인 현황을 보면 말소기준일이 2004년 12월 20일이고 임차인 정○○ 씨의 전입일자가 2011년 2월 28일입니다(〈그림 3-21〉 참조). 대항력 발생 시점이 말소기준일보다 늦기 때문에 대항력이 없는 임차인입니다.

그래도 배당을 받는 임차인인지 확인은 해야 합니다. 이 임차인은 전입일

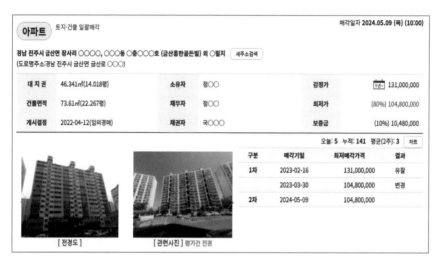

그림 3-20 진주시 아파트의 경매정보   © 탱크옥션

🏠 임차인 현황   말소기준일(소액) : 2004-12-20   배당요구종기일 : 2022-07-04

점유목록 ?	임차인	점유부분/기간	전입/확정/배당	보증금/차임	대항력	분석	기타
1	정○○	주거용 104동 ▮▮▮▮▮ 2011.02.12.~	전입:2011-02-28 확정:2011-03-11 배당:2022-06-20	보:80,000,000원		전세권자로 순위배당 있음	전세권등기자 [전세권등기설정일:20 11.2.22]

기타사항
* 본건 전입신고된 정▮▮은 임차인임.
* 정▮▮ 면담함.

🏠 건물등기   (채권합계금액:156,381,267원)

순서	접수일	권리종류	권리자	채권금액	비고	소멸
갑(5)	2004-12-20	소유권이전	김○○		매매	
율(2)	2004-12-20	근저당권설정	국○○○○○○○ ○○○○○○○○○ ○○○○○	46,800,000	말소기준등기	소멸
갑(6)	2005-11-28	소유권이전	정○○		협의분할에의한 상속	
율(10)	2011-02-22	전세권설정	정○○	80,000,000	존속기간: 2011.03.10 ~ 2013.03.09 범위:전부	소멸
갑(11)	2019-08-01	가압류	서○○○○○○○	7,148,258	2019카단▮▮▮	소멸
갑(12)	2019-08-09	가압류	오○○○○○○○	9,956,649	2019카단▮▮▮	소멸
갑(13)	2019-10-23	가압류	서○○○○○○○○ ○○○○○○○○○ ○○○○	12,476,360	2019카단▮▮▮	소멸
갑(14)	2022-04-12	임의경매	국○○○○○○○○ ○○○○○○○○○	청구금액 10,958,830	2022타경▮▮▮	소멸

그림 3-21 진주시 아파트의 임차인 현황과 건물등기   © 탱크옥션

180만 원 월급쟁이 이주임은 어떻게 경매 부자가 됐을까

자도 있고 확정일자도 받았고 배당요구종기일 전에 배당신청도 했습니다.

우선변제권은 대항력 발생 시점과 확정일자 중 늦은 날인 2011년 3월 11일입니다. 등기사항전부증명서에서 몇 번째로 배당을 받을 수 있는지 보니 2004년 12월 20일 근저당권과 2019년 8월 1일 가압류 사이, 즉 두 번째로 배당을 받을 수 있어요. 이 임차인의 우선변제권 날짜보다 앞에 '갑(5) 소유권이전'과 '을(10) 전세권설정'이 있지만, 소유권이전은 채권이 아니기 때문에 무시하면 되고 을(10) 전세권은 임차인 정○○ 씨 자신의 것이니 넘어가도 됩니다.

건물등기를 자세히 보면, 임의경매를 신청한 채권자가 첫 번째 근저당권자인 '을(2)'이고 채권금액은 46,800,000원입니다. 이 채권자가 임의경매를 통해 청구한 금액은 맨 끝에 나타나 있는데 '갑(14)'의 10,958,830원입니다. 따라서 현재 최저가 104,800,000원에 낙찰이 된다고 가정하면 경매집행비용과 근저당권자의 청구 금액을 제하고도 임차인은 보증금 80,000,000원을 모두 배당받는다는 걸 알 수 있습니다.

🏠 **임차인이 우선변제권으로 배당을 받으려면 어떻게 해야 하나요?**

다음과 같은 세 가지 요건이 필요합니다.

- 전입신고
- 확정일자
- 배당요구종기일 전에 배당신청

임차인이 배당을 받기 위해서는 전입신고를 해야 하고, 확정일자를 받아야 하며, 배당요구종기일 전에 배당신청을 해야 합니다. 우선변제권 기준이 대항력 발생 시점과 확정일자 중 늦은 날이기 때문에 둘을 비교할 수 있으려면 전입신고와 확정일자가 필수적으로 존재해야 하는 겁니다.

그러면 배당요구종기일 전에 배당신청을 해야 한다는 세 번째 조건이 남습니다. 매각물건명세서를 보면 제일 우측에 배당요구종기일이 적혀 있어요. 해당 경매물건에 대해서 배당을 받으려는 채권자들은 여기 적혀 있는 날짜까지 배당신청을 해야 합니다. 임차인도 마찬가지입니다. 대항력이 있고 배당 순서에 따라 배당을 받을 수 있다면, 배당요구종기일 전에 배당신청을 해야 합니다.

경매물건을 검색하다 보면 배당요구종기일보다 며칠 늦게 배당신청을 한 임차인을 종종 볼 수 있습니다. 이런 경우는 배당신청을 하지 않은 것과 같아서 다른 채권자들보다 제일 먼저 받을 수 있는 자격이 되더라도 배당을 한 푼도 못 받습니다.

입찰자는 이런 물건을 조심해야 합니다. 배당요구종기일을 넘겨 배당신청을 했더라도 배당신청을 한 날짜만 적혀 있어서 자세히 보지 않으면 배당금을 받을 수 있는 것처럼 보이기 때문입니다. 만약 대항력이 있는 임차인인데 배당요구종기일 전에 배당신청을 하지 않았다면 그의 보증금 전액을 낙찰자가 물어줘야 합니다.

가장 먼저 배당되는 것은 경매집행비용

앞서 배당은 채권자들 순서대로 받아간다고 했는데, 채권자들보다 먼저 배당을 받는 곳이 있습니다. 바로 법원입니다. 경매를 진행할 때 법원은 해당 물건과 관련이 있는 이해관계인들에게 '이 물건은 경매로 진행될 예정입니다'라고 고지해야 합니다. 이때 등기 송달 비용이 들어갑니다. 그리고 경매를 진행하기 위해서는 감정평가사에게 감정평가를 의뢰해야 하는데, 이때도 비용이 들어갑니다.

이런 비용은 경매를 신청한 채권자가 먼저 내고 나중에 배당을 받습니다. 이를 '경매집행비용'이라고 하는데, 물건의 감정평가 금액에 따라 차이가 납니다. 그래서 입찰자가 정확한 금액을 계산할 순 없고, 금액을 확인하기 위해서는 유료 경매정보 사이트를 활용해야 합니다. 사이트마다 제공하는 '예상배당표'를 보면 됩니다.

〈그림 3-22〉를 보면, 이 물건의 경매집행비용은 2,239,000원이네요. 이 물건의 배당 순서를 정확히 정리하면, '경매집행비용 → 주택소액임차인 → 근저당권 → 가압류'가 됩니다. 예상배당표에서 누가 얼마를 배당받는지도 확인할 수 있습니다.

혼자서 권리분석을 하다가 헷갈리는 부분이 있을 때는 유료 경매정보 사이트에서 제공하는 정보와 내 분석 결과가 일치하는지 확인해보면 됩니다. 다만 유료 사이트는 참고하는 정도로 활용해야 합니다. 가끔 오류가 발생하기도 하기 때문입니다.

사례를 들어 설명하겠습니다(〈그림 3-23〉 참조). '임차인 현황'이 비어 있으

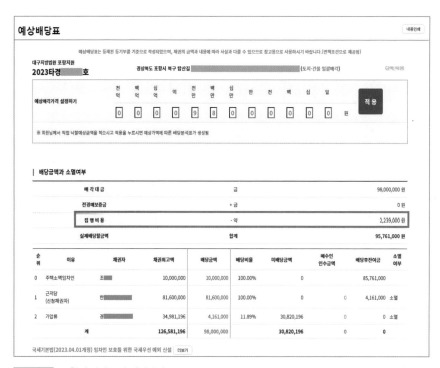

그림 3-22 포항시 아파트의 예상배당표

© 탱크옥션

예상배당표

내용인쇄

예상배당표는 등록된 등기부를 기준으로 작성되었으며, 채권의 금액과 내용에 따라 사실과 다를 수 있으므로 참고용으로 사용하시기 바랍니다.(연책조건으로 제공됨)

대구지방법원 포항지원

2023타경   호   경상북도 포항시 북구 탑산길   (토지·건물 일괄매각)   금액:단위(원)

예상배각가격 설정하기	천억	백억	십억	억	천만	백만	십만	만	천	백	십	일	
	0	0	0	0	9	8	0	0	0	0	0	0	원

적용

※ 회원님께서 직접 낙찰예상금액을 적으시고 적용을 누르시면 예상가액에 따른 배당분석표가 생성됨

| 배당금액과 소멸여부

매 각 대 금	금		98,000,000 원
전경매보증금	+ 금		0 원
집 행 비 용	- 약		2,239,000 원
실제배당할금액	합계		95,761,000 원

순위	이유	채권자	채권최고액	배당금액	배당비율	미배당금액	매수인인수금액	배당후잔여금	소멸여부
0	주택소액임차인	조■■	10,000,000	10,000,000	100.00%	0		85,761,000	
1	근저당(신청채권자)	한■■	81,600,000	81,600,000	100.00%	0	0	4,161,000	소멸
2	가압류	경■■	34,981,196	4,161,000	11.89%	30,820,196	0	0	소멸
	계		126,581,196	98,000,000		30,820,196	0	0	

국세기본법(2023.04.01개정) 임차인 보호를 위한 국세우선 예외 신설 더보기 ▶

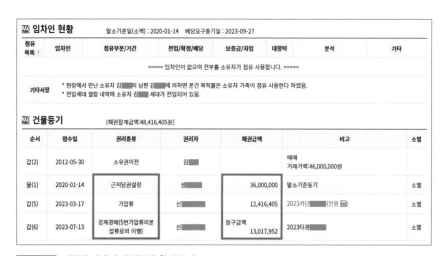

그림 3-23 건물등기에서 채권금액 확인하기

© 탱크옥션

임차인 현황   말소기준일(소액) : 2020-01-14   배당요구종기일 : 2023-09-27

점유목록 ?	임차인	점유부분/기간	전입/확정/배당	보증금/차임	대항력	분석	기타
		===== 임차인이 없으며 전부를 소유자가 점유 사용합니다. =====					

기타사항	* 현장에서 만난 소유자 김■■의 남편 김■■에 의하면 본건 목적물은 소유자 가족이 점유 사용한다 하였음. * 전입세대 열람 내역에 소유자 김■■ 세대가 전입되어 있음.

건물등기   (채권합계금액:48,416,405원)

순서	접수일	권리종류	권리자	채권금액	비고	소멸
갑(2)	2012-05-30	소유권이전	김■■		매매 거래가액:46,000,000원	
을(1)	2020-01-14	근저당권설정	성■■	36,000,000	말소기준등기	소멸
갑(5)	2023-03-17	가압류	신■■	12,416,405	2023카단■■(인용 📄)	소멸
갑(6)	2023-07-13	강제경매(5번가압류의본압류로의 이행)	신■■	청구금액 13,017,952	2023타경■■	소멸

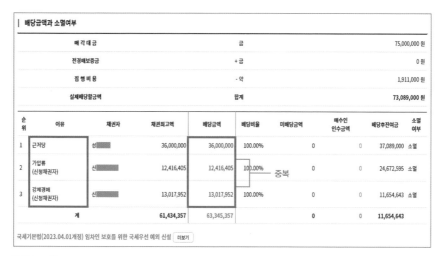

	배당금액과 소멸여부									

	매 각 대 금		금						75,000,000 원
	전경매보증금		+ 금						0 원
	집 행 비 용		- 약						1,911,000 원
	실제배당할금액		합계						73,089,000 원

순위	이유	채권자	채권최고액	배당금액	배당비율	미배당금액	매수인 인수금액	배당후잔여금	소멸 여부
1	근저당	성▓▓▓▓	36,000,000	36,000,000	100.00%	0	0	37,089,000	소멸
2	가압류 (신청채권자)	신▓▓▓▓	12,416,405	12,416,405	100.00%	0	0	24,672,595	소멸
3	강제경매 (신청채권자)	신▓▓▓▓	13,017,952	13,017,952	100.00%	0	0	11,654,643	소멸
	계		61,434,357	63,345,357		0	0	11,654,643	

중복

국세기본법(2023.04.01개정) 임차인 보호를 위한 국세우선 예외 신설 [더보기]

그림 3-24 유료 사이트에서 제공한 예상배당표 ⓒ 탱크옥션

니 이 경매물건에는 임차인이 없습니다. 따라서 낙찰금이 채권자들에게 배당되는데, 건물등기를 보니 근저당과 가압류, 강제경매가 잡혀 있습니다.

유료 사이트에서 제공한 예상배당표를 보니 낙찰금에서 집행비용이 빠지고 이어 근저당, 가압류, 강제경매가 배당을 받아 총 63,345,357원이 배당으로 나간다고 돼 있습니다(〈그림 3-24〉 참조).

하지만 중복 계산된 채권이 있습니다. 채권 중에서 강제경매는 가압류권자가 신청한 것이기 때문에 가압류와 강제경매는 하나로 봐야 합니다. 즉 가압류 금액이 두 번 계산됐다는 얘기입니다. 가압류 채권금액이 12,416,405원인 데 비해 강제경매 청구 금액은 13,017,952원인 이유는 가압류 채권금액에 이자를 더했기 때문입니다.

그런데 이를 모르는 입찰자는 예상배당표만 보고 채권자가 3명이라고 생각하기 쉽습니다. 그 때문에 수익 계산에서 1억 2,000여만 원의 차이가 발생

합니다. 따라서 유료 사이트에 전적으로 의존하지 말고 직접 배당 순서를 정할 줄 알아야 하며, 누가 얼마를 배당받는지도 분석할 줄 알아야 합니다.

전세보증금이 증액된 경우

전세 계약을 하면 짧게는 2년을 살다가 이사를 갑니다. 그런데 대부분은 2년마다 이사하기가 번거롭기 때문에 재계약 시점에 시세에 맞춰 재계약을 하죠. 몇 년 전까지만 해도 전세가가 계속해서 올랐기에 재계약을 할 때 증액하는 경우가 많았습니다. 그러면 이 집이 경매로 나왔을 때 증액한 보증금은 어떻게 될까요?

처음 계약 당시의 보증금과 증액한 보증금은 별개로 봐야 합니다. 처음 보증금은 대항력 발생 시점이 전입신고 다음 날 오전 0시이고, 우선변제권은 대항력 발생 시점과 확정일자 중 늦은 날이 기준이 됩니다. 그런데 증액분에 대해서는 증액한 날짜가 대항력 유무의 기준이 됩니다. 증액한 날짜가 말소기준일보다 이르면 증액분에 대해서도 대항력이 생깁니다. 즉 임차인이 증액분을 배당받지 못한다면 낙찰자 인수사항이 되는 겁니다. 반대로 증액한 날짜가 말소기준일보다 늦으면 증액분은 대항력이 없으며, 임차인이 배당을 받지 못하더라도 낙찰자 인수사항이 아닙니다.

최초 보증금과 증액분의 우선변제권도 별개로 봐야 하는데, 증액분의 우선변제권은 어떻게 분석해야 할까요? 보증금을 늘릴 때 임차인은 새로운 임대차계약서를 작성할 텐데, 이 계약서에도 확정일자를 따로 받아야 합니다.

그러면 이 임차인이 가진 확정일자는 총 2개가 됩니다.

증액분의 대항력 발생 시점은 증액을 한 날입니다. 전입신고가 이미 돼 있는 만큼, 그 날짜와 비교할 때 증액한 날이 더 뒤인 게 당연하니까요. 이 날짜와 확정일자를 비교했을 때 둘 중 늦은 날이 증액분에 대한 우선변제권의 기준일이 됩니다. 이 날짜와 다른 채권자들 등기접수일자를 비교해 순서에 맞게 줄을 서서 배당을 받게 되는 거예요.

창원시 아파트의 경매물건을 보면서 좀 더 자세히 설명하겠습니다(〈그림 3-25〉 참조). 이 물건에는 임차인 정○○ 씨가 있는데, 전입신고일자(2018년 5월 2일)가 최선순위설정일(2020년 11월 11일)보다 이르기 때문에 대항력이 있습니다. 그리고 확정일자가 2020년 12월 15일로 대항력 발생 시점보다 늦기 때문에 우선변제권의 기준일이 2020년 12월 15일이 됩니다. 배당요구종기일이 2023년 10월 18일인데 그 전인 2023년 8월 16일에 배당신청도 했습니다.

〈비고〉라고 적힌 부분을 보니 "임차인 정○○ '보증금 2천만 원 중 1천만 원은 2022. 4. 1. 증액되었으며, 증액된 부분에 대한 확정일자는 2022. 5. 3.임'"이라고 적혀 있습니다. 임차인이 처음 이사를 들어와 전입신고를 하고 확정일자를 받았을 땐 보증금이 1,000만 원이었고, 2022년 4월 1일에 1,000만 원을 증액했다는 뜻입니다. 이 증액분에 대한 확정일자는 2022년 5월 3일에 받았고요.

임차인이 처음 계약한 1,000만 원에 대해서는 평소처럼 권리분석을 하면 됩니다. 대항력 발생 시점이 최선순위설정일보다 이르기 때문에 대항력이 있고, 배당을 받지 못할 경우 낙찰자 인수사항이 됩니다. 그리고 증액한

창 원 지 방 법 원

2023타경▩▩

매각물건명세서

사 건	2023타경▩▩ 부동산임의경매	매각물건번호	1	작성일자	2024.03.15	담임법관(사법보좌관)	한▩
부동산 및 감정평가액 최저매각가격의 표시	별지기재와 같음	최선순위 설정			2020.11.11. 근저당권	배당요구종기	2023.10.18

부동산의 점유자와 점유의 권원, 점유할 수 있는 기간, 차임 또는 보증금에 관한 관계인의 진술 및 임차인이 있는 경우 배당요구 여부와 그 일자, 전입신고일자 또는 사업자등록신청일자와 확정일자의 유무와 그 일자

점유자 성 명	점유 부분	정보출처 구 분	점유의 권 원	임대차기간 (점유기간)	보증금	차 임	전입신고일자·외국인등록(체류지변경신고)일자·사업자등록신청일자	확정일자	배당요구여부 (배당요구일자)
정▩	전부	현황조사	주거 임차인	2022.0.4.01 ~	2000만원	30만원	2018.05.02	2022.05.03	
	전부	권리신고	주거 임차인	2020.12.01.부터 현재까지 (2022.04.01. 재계약)	2000만원	30만원	2018.05.02	2020.12.15.	2023.06.16

〈비고〉
정▩▩:재계약 및 보증금 변동 사실이 있음. 각 확정일자 2020.12.15., 2022.05.03.
정▩▩:임차인 정▩ "보증금 2천만 원 중 1천만 원은 2022. 4. 1. 증액되었으며, 증액된 부분에 대한 확정일자는 2022. 5. 3.임"
2차 계약 대항력 발생 시기 2022.4.1 ◀——   ——▶ 우선변제권 2022.5.3

※ 최선순위 설정일자보다 대항요건을 먼저 갖춘 주택·상가건물 임차인의 임차보증금은 매수인에게 인수되는 경우가 발생 할 수 있고, 대항력과 우선변제권이 있는 주택·상가건물 임차인이 배당요구를 하였으나 보증금 전액에 관하여 배당을 받지 아니한 경우에는 배당받지 못한 잔액이 매수인에게 인수되게 됨을 주의하시기 바랍니다.

등기된 부동산에 관한 권리 또는 가처분으로 매각으로 그 효력이 소멸되지 아니하는 것

매각에 따라 설정된 것으로 보는 지상권의 개요

비고란

-대항력있는 임차인 있을 수 있음

주1 : 매각목적물에서 제외되는 미등기건물 등이 있을 경우에는 그 취지를 명확히 기재한다.
 2 : 매각으로 소멸되는 가등기담보권, 가압류, 전세권의 등기일자가 최선순위 저당권등기일자보다 빠른 경우에는 그 등기일자를 기재한다.

그림 3-25 창원시 아파트의 매각물건명세서

© 탱크옥션

180만 원 월급쟁이 이주임은 어떻게 경매 부자가 됐을까

1,000만 원에 대한 계약은 2022년 4월 1일에 했고, 최선순위설정일보다 늦기 때문에 대항력이 없습니다.

처음 계약한 1,000만 원의 우선변제권은 대항력 발생 시점(2018년 5월 3일 오전 0시)과 확정일자(2020년 12월 15일) 중 늦은 날인 2020년 12월 15일이 기준일이 됩니다. 증액분은 증액한 날(2022년 4월 1일)과 확정일자(2022년 5월 3일) 중 늦은 날인 2022년 5월 3일이 기준이 되고요.

등기사항전부증명서의 건물등기상 현재 살아 있는 등기는 접수일자 순서대로 근저당, 임의경매, 가압류 등 3개입니다(〈그림 3-26〉 참조). 임차인 정○○ 씨의 최초 보증금 우선변제권 발생일이 2020년 12월 15일이므로 접수일자가 2020년 11월 11일인 을(6) 근저당권 다음으로 배당을 받을 수 있습니다. 증액한 1,000만 원에 대한 우선변제권 발생일은 2022년 5월 3일이므로 첫 보증금 1,000만 원 다음 순서로 배당받습니다. 이보다 날짜가 늦은 가압류는 그다음 순서로 배당받게 되죠.

TANK 건물등기	(채권합계금액:127,045,054원)					
순서	접수일 (접수번호) +	권리종류	권리자	채권금액	비고	소멸
갑(15)	2020-11-11	소유권이전	이○○		매매 거래가액:193,800,000원	
을(6)	2020-11-11	근저당권설정	진○○○○○○	118,800,000	말소기준등기	소멸
갑(16)	2023-07-18	임의경매	진○○○○○	청구금액 107,042,247	2023타경████	소멸
갑(17)	2023-09-18	가압류	서○○○○○○	8,245,054	2023카단████ (인용)	소멸

그림 3-26 **창원시 아파트의 건물등기**　　　　　　　　　　　　ⓒ 탱크옥션

🏠 임차인이 대항력을 갖춘 물건을 낙찰받아도 될까요?

오히려 그런 물건을 공략하는 것이 입찰을 잘 받는 노하우가 될 수 있습니다. 처음 입찰하러 갔는데 경쟁자가 몇십 명이나 돼서 놀랐다는 사람들이 많습니다. 경매에서 낙찰을 받기가 그만큼이나 어려운 걸까요?

대항력을 갖추지 못한 임차인이 있거나, 채무자 겸 소유자가 직접 거주해서 애초에 임차인이 없는 아파트는 경쟁자가 보통 20명이 넘습니다. 경매 초보자들은 대항력을 갖춘 임차인이 있다면 혹시 내가 모르는 낙찰자 인수사항이 있지 않을까 싶어서 입찰을 피하게 됩니다. 그러고는 대항력 없는 임차인이나 임차인이 없는 물건만 찾죠.

하지만 앞서 임차인의 배당 순서를 따져봤듯이, 대항력이 있는 임차인이더라도 낙찰금에서 배당을 다 받는다면 낙찰자가 신경 쓰지 않아도 됩니다. 대항력이 있고 보증금 전액을 배당받는 물건에 입찰해보세요. 다른 물건보다 경쟁자가 덜하므로 낙찰받을 기회가 더 많을 겁니다. 그 대신 배당에 대한 내용을 100% 숙지해야 합니다. 자칫 잘못 계산했다가는 추가로 인수해야 하는 금액이 발생할 수도 있기 때문입니다.

06

소액임차인에 대한 배당

배당 순서에서 뒤쪽이라고 해도 모든 채권자를 제치고 제일 먼저 배당을 받는 임차인이 있습니다. 이를 소액임차인이라고 하는데, 글자 그대로 보증금이 소액인 임차인을 말합니다. 소액임차인은 가장 먼저 배당을 받는 '최우선변제권'을 가집니다. 다만 여기에도 조건이 있는데, 다음 세 가지를 모두 충족해야 합니다.

- 보증금이 소액이어야 한다.
- 경매개시결정기입등기일 이전에 전입신고를 해야 한다.
- 배당요구종기일 전에 배당신청을 해야 한다.

최우선변제권을 받을 수 있는 세 가지 조건

|

🏠 보증금이 소액이어야 한다

소액이라면 얼마나 적은 금액을 말할까요? 100만 원? 1,000만 원? 사람마다 생각하는 액수가 다르겠죠. 그래서 정부가 기준을 정해줍니다. 단, 해당 경매 물건의 등기사항전부증명서에 말소되지 않고 살아 있는 근저당 중 가장 일찍 접수된 근저당권의 접수일자와 물건의 주소지에 따라 기준이 달라집니다. 예를 들어 2023년 2월 21일 이후 근저당이 설정된 서울에 있는 주택은 1억 6,500만 원, 경기도 중에서 수도정비계획법 중 과밀억제권역에 해당하는 주택은 1억 4,500만 원 이하일 때 소액이라고 인정해줍니다.

🏚 과밀억제권역이란?

국토를 효율적으로 개발하기 위해 인구와 산업이 집중된 지역을 과밀억제권역으로 규정해 규제하는데 수도정비계획법 중 과밀억제권역이란 다음을 말합니다.

- 서울특별시, 의정부시, 구리시, 하남시, 고양시, 수원시, 성남시, 안양시, 부천시, 광명시, 과천시, 의왕시, 군포시

- 인천광역시[강화군, 옹진군, 서구 대곡동, 불로동, 마전동, 금곡동, 오류동, 왕길동, 당하동, 원당동, 인천경제자유구역(경제자유구역에서 해제된 지역 포함) 및 남동 국가산업단지는 제외]

- 남양주시(호평동, 평내동, 금곡동, 일패동, 이패동, 삼패동, 가운동, 수석동, 지금동,

180만 원 월급쟁이 이주임은 어떻게 경매 부자가 됐을까

도농동만 해당)

- 시흥시[반월특수지역(반월특수지역에서 해제된 지역 포함)은 제외]

　　대한민국 법원 인터넷등기소 사이트에서 그 금액의 기준을 볼 수 있습니다. 메인 화면에서 오른쪽 하단을 보면 '소액임차인의 범위 안내' 메뉴가 있습니다. 이 메뉴로 들어가면 지도가 나오는데 내가 분석하려는 경매물건지를 클릭하면 됩니다. 그러면 표가 나오는데, 첫 번째 칸에 '기준시점'이라고 적혀 있어요. 이를 임차인이 전입신고한 날짜라고 착각하는 사람이 많습니다. 하지만 실제로는 해당 물건의 등기사항전부증명서에 가장 일찍 접수됐고 현재 살아 있는 근저당권의 접수일자가 기준이 됩니다.

　　세종시 아파트의 경매물건을 사례로 설명하겠습니다(〈그림 3-27〉 참조). 경

임차인 현황

말소기준일(소액) : 2021-04-22　　배당요구종기일 : 2023-11-16

점유목록	임차인	점유부분/기간	전입/확정/배당	보증금/차임	대항력	분석	기타
1	유○○	주거용 전부 2021.11.20.~2023.11.20.	전입:2021-11-26 확정:2022-01-20 배당:2023-09-19	보:20,000,000원 월:800,000원	없음	소액임차인 Go 주임법에 의한 최우선변제 액 최대 3,400만원 순위배당 있음	임차인

기타사항　* 임차인 유███(2021.11.26.)에게 문의한 바, 본인세대가 점유중이라고 함

건물등기

(채권합계금액:693,600,000원)

순서	접수일	권리종류	권리자	채권금액	비고	소멸
갑(4)	2020-12-30	소유권이전	조○○		매매 거래가액:650,000,000원	
을(7)	2021-04-22	근저당권설정	(주)공○○○	693,600,000	말소기준등기 확정채권양도전:예███	소멸
갑(7)	2023-08-14	임의경매	(주)공○○○	청구금액 665,641,384	2023타경███	소멸

그림 3-27 세종시 아파트의 임차인 현황과 건물등기　　　　ⓒ 탱크옥션

매정보지 중 임차인 현황을 보니 임차인이 있는데, 보증금은 2,000만 원이고 월세는 80만 원입니다. 그리고 가장 이르게 잡혀 있는 근저당설정 날짜는 2021년 4월 22일입니다.

　이제 인터넷등기소에서 소액임차인 범위 표를 보고 근저당권 접수일자가 기준시점 어디에 해당하는지 찾아봅니다(〈그림 3-28〉 참조). 근저당설정 날짜 2021년 4월 22일은 구간별로 볼 때 2018년 9월 18일부터 2021년 5월 11일 사이이기 때문에 '2018. 9. 18~'에 해당합니다. 이 구간의 '임차인 보증금 범위'는 '1억 원 이하'라고 적혀 있으니 보증금 2,000만 원은 소액에 해당합니다. 소액임차인이 되기 위한 요건 중 첫 번째는 충족한 겁니다.

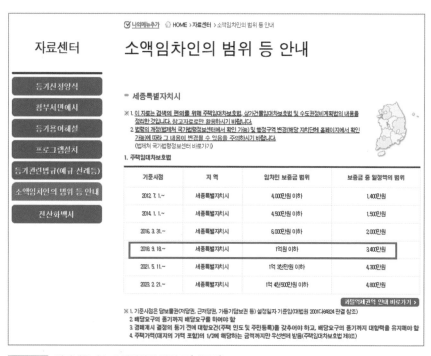

그림 3-28 인터넷등기소 소액임차인 범위 표(세종시)　　　　　ⓒ 인터넷등기소

180만 원 월급쟁이 이주임은 어떻게 경매 부자가 됐을까

참고로, '임차인 보증금 범위' 오른쪽 칸에 '보증금 중 일정액의 범위'가 3,400만 원이라고 적혀 있습니다. 이 둘의 차이를 이해해야 합니다. '임차인 보증금 범위'에 속하면 소액임차인으로 인정받는데, 다른 채권자들보다 가장 먼저 배당해주는 최우선변제 금액은 따로 정해져 있습니다. 그게 바로 '보증금 중 일정액의 범위'에 적혀 있는 금액입니다. 이 사례의 임차인은 보증금이 2,000만 원이지만 예를 들어 9,000만 원으로 소액임차인에 속했다면, 3,400만 원까지가 최우선변제 대상이라는 뜻입니다.

🏠 경매개시결정기입등기일 이전에 전입신고를 해야 한다

부동산이 경매로 나오면 등기사항전부증명서에 경매개시결정기입등기가 표시됩니다. '임의경매' 또는 '강제경매'라고 적히는데, 법원에서 이 집의 경매가 진행 중임을 알려주는 것입니다. 이걸 본 대부분 임차인은 임대차계약을 맺으려고 하다가도 위험한 집이라는 걸 알고 중지할 겁니다. 그런데도 임대차계약을 하는 사람이 있다면 법적으로 보호를 받지 못합니다. 법원으로서는 분명히 경고를 했으니까요. 그래서 경매개시결정기입등기 이후에 계약한 임차인은 아무리 소액이어도 최우선변제를 받지 못합니다.

이유가 한 가지 더 있습니다. 만약 경매개시결정기입등기 이후에 전입신고한 임차인도 최우선변제를 받을 수 있게 해준다면 모든 경매물건에 소액임차인이 생겨날 겁니다. 자기 집이 경매로 넘어갈 상황임을 알게 된 채무자가 지인들에게 소액으로 전입신고를 하게 해서 배당금을 빼돌리는 식으로 악용할 수 있다는 얘깁니다. 이런 일을 방지하기 위해 소액임차인 중에서도 경매개시가 되기 전에 전입신고를 한 임차인만 인정해주는 겁니다.

🏠 배당요구종기일 전에 배당신청을 해야 한다

앞서 우선변제권을 설명할 때 배당요구종기일 전에 배당신청을 해야 요건을 충족한다고 했는데, 최우선변제권도 마찬가지입니다. 일반 임차인은 우선변제권, 소액임차인은 최우선변제권으로 구분할 수 있지만 배당신청을 해야 하고 그것도 배당요구종기일 전에 해야 한다는 점은 똑같습니다.

배당요구종기일과 배당신청일이 중요한 이유

입찰자 입장에서는 특히 대항력 있는 임차인이 배당요구종기일 전에 배당신청을 했는지 꼭 확인해야 합니다. 임차인이 배당신청을 하지 않았다면 보증금 전액이 낙찰자 인수사항이 되기 때문입니다.

마포구 다세대주택 경매물건을 사례로 설명하겠습니다(〈그림 3-29〉 참조). 3회 유찰된 후 4차 매각기일에 누군가가 단독입찰을 했습니다. 최저가가 약 3,900만 원인데 입찰가를 거의 2배인 6,000만 원에 써서 낙찰받았습니다. 그런데 결국 잔금을 납부하지 않았네요. 이유가 뭘까요?

임차인 현황을 보니 임차인 우○○ 씨가 있습니다(〈그림 3-30〉 참조). 임차인의 전입신고일자가 2017년 11월 21일이니 다음 날인 22일 오전 0시에 대항력이 발생합니다. 말소기준일이 2019년 3월 5일이니까 대항력이 있는 임차인입니다.

그리고 확정일자가 2017년 10월 27일이고 이날보다 대항력 발생하는 시점이 늦으므로 대항력 발생 시점인 2017년 11월 22일에 우선변제권이 발생

다세대주택 토지·건물 일괄매각 위반건축물/대항력 있는 임차인

매각일자 2024.01.30 (화) (10:00)

서울 마포구 마포동 ○○○, 지○층 비○○호 (마포동,강변빌리지) 외 ○필지   새주소검색
(도로명주소:서울 마포구 마포대로○다길 ○○-○○)

대지권	10.016㎡(3.03평)	소유자	김○○	감정가	78,000,000
건물면적	17.63㎡(5.333평)	채무자	김○○	최저가	(13.4%) 10,469,000
개시결정	2021-02-03(임의경매)	채권자	조○○○○○	매각가	(45%) 34,739,000

건략보기 ▲ 오늘: 2 누적: 1,836 평균(2주): 0   차트

구분	매각기일	최저매각가격	결과
1차	2022-12-13	78,000,000	유찰
2차	2023-01-17	62,400,000	유찰
3차	2023-02-21	49,920,000	유찰
4차	2023-03-28	39,936,000	
	매각 60,000,000원 (76.92%) / 1명 / 미납		
5차	2023-06-13	39,936,000	유찰
6차	2023-07-18	31,949,000	유찰
7차	2023-08-22	25,559,000	유찰
8차	2023-09-26	20,447,000	유찰
9차	2023-10-31	16,358,000	유찰
10차	2023-12-05	13,086,000	유찰
11차	2024-01-30	10,469,000	

매각 34,739,000원 (44.54%) / 입찰 13명 / 대전시 노■■■

(2위금액 17,977,700원)

매각결정기일 : 2024-02-06 - 매각허가결정

[전경도] 목적물 전경   [전경도] 목적물 전경(후면)   1 / 12

📷 사진▼   📍 지도▼

그림 3-29 마포구 다세대주택의 경매정보   ⓒ 탱크옥션

임차인 현황   말소기준일(소액) : 2019-03-05   배당요구종기일 : 2021-04-19

점유목록 ?	임차인	점유부분/기간	전입/확정/배당	보증금/차임	대항력	분석	기타
1	우○○	주거용 비01호 전부 2017.11.21~	전입:2017-11-21 확정:2017-10-27 배당:2021-07-05	보:80,000,000원 월:200,000원	있음	배당금 없음 보증금 전액 매수인 인수 배당종기일 후 배당신청	임차인, 경매신청인

기타사항
* 목적물에 대하여 현황조사차 방문하였으나 폐문부재로 소유자 및 점유자를 만나지 못하여 점유관계를 확인하지 못함. `안내문`을 부착함.
* 동 주민센터에서 확인한 전입세대열람 결과, 임차인세대가 전입되어 있음. 그 점유관계 등은 별도의 확인을 요함.
* 우■■: 선행사건인 2021타경■■■부동산임의경매 사건의 배당요구종기인 2021.04.19.까지 배당요구를 한 바 없고, 위 배당요구 종기 이후인 2021.07.05. 에 서울서부지법 2020가단■■■■임대차보증금 사건의 판결(이 사건 매각물건인 비01호에 대한 임대차보증금의 반환을 명함)을 집행권원으로 하여 후행 이 중경매인 2021타경■■■ 강제경매를 신청하였으므로 배당에서는 제외되나, 대항력있는 임대차이므로 매수인은 위 임대차를 인수하게 됨. 위 임대차 내역은 2021타경■■■호의 경매신청서, 임대차계약서, 2021타경■■■호의 현황조사서를 참고하여 작성함

건물등기   (채권합계금액:30,000,000원)

순서	접수일	권리종류	권리자	채권금액	비고	소멸
갑(7)	2016-10-24	소유권이전	김○○		매매	
을(6)	2019-03-05	근저당권설정	조○○	30,000,000	말소기준등기	소멸
갑(17)	2021-02-05	임의경매	조○○	청구금액 20,000,000	2021타경■	소멸
갑(18)	2021-07-16	강제경매	우○○	청구금액 90,760,548	2021타경■	소멸

그림 3-30 마포구 다세대주택의 임차인 현황과 건물등기   ⓒ 탱크옥션

합니다. 우선변제권 발생 시점이 말소기준권리인 근저당 날짜보다 이르니까 이 임차인은 배당을 받을 수 있습니다. 이상의 내용을 보면 낙찰자 인수사항 이 없는 것 같은데 낙찰자는 왜 잔금을 납부하지 않았을까요?

결론적으로, 임차인은 배당을 한 푼도 못 받게 됐습니다. 임차인이 순서에 맞게 배당을 받기 위해서는 전입신고를 해야 하고, 확정일자를 받아야 하고, 배당요구종기일 전에 배당신청을 해야 합니다. 〈그림 3-30〉을 다시 보면 임차인 현황 표 중 '전입/확정/배당' 칸에 날짜가 다 적혀 있긴 합니다. 그런데 배당신청을 한 날짜가 2021년 7월 5일로 배당요구종기일인 2021년 4월 19일보다 늦습니다.

아마도 낙찰자는 세 가지 날짜가 다 적혀 있으니 임차인이 보증금 중 일부에 대해 배당을 받을 것으로 착각했을 겁니다. 임차인이 배당신청을 했다면 보증금 8,000만 원 중 6,000만 원은 낙찰금으로 배당받을 테고, 나머지 2,000여만 원을 더 낸다고 하더라도 시세보다 저렴하겠다고 생각하고 입찰한 거겠죠. 그런데 감정가 7,800만 원짜리 주택을 1억 4,000만 원에 매수하게 생겼으니 미납을 할 수밖에 없었을 겁니다.

당신이 만약 임차인이라면 배당요구종기일을 꼭 지켜야 하고, 경매에 입찰하려는 입장이라면 배당신청일을 꼼꼼히 확인해야 합니다.

최우선변제 이후 남은 금액 우선변제

경기도 파주시에 있는 도시형생활주택이 경매로 나왔습니다(〈그림 3-31〉 참조). 보증금이 1,500만 원인 임차인이 전입해 있고, 이 물건의 근저당권설정 날짜는 2013년 8월 13일입니다(〈그림 3-32〉참조). 인터넷등기소의 구분에 따르면, 지역은 경기도 중에서도 '위 ①및②를 제외한 경기도 전역'에 해당합니다(①은 '수도권정비계획법에 따른 과밀억제권역'을 말하고, ②는 안산시·용인시·김포시·광주시를 가리킴, 〈그림 3-33〉참조). '2010. 7. 26.~' 구간에서 소액임차인이 될 수 있는 기준이 4,000만 원 이하이므로, 이 임차인은 소액에 해당합니다. 그리고 최우선변제를 받을 수 있는 금액은 1,400만 원으로 되어 있습니다.

임차인의 보증금이 1,500만 원인데, 최우선변제를 받을 수 있는 금액은 1,400만 원입니다. 이럴 때 차액 100만 원은 어떻게 될까요?

전입신고일자가 2020년 6월 12일이기 때문에 임차인 정○○ 씨의 대항력 발생 시점은 2020년 6월 13일 오전 0시입니다. 매각물건명세서상 최선순위

그림 3-31 파주시 도시형생활주택의 경매정보 1   © 탱크옥션

임차인 현황

임차인 현황 말소기준일(소액) : 2013-08-13 배당요구종기일 : 2023-04-06

점유목록 ?	임차인	점유부분/기간	전입/확정/배당	보증금/차임	대항력	분석	기타
5	정○○	주거용 전부 2020.06.11.부터 현재	전입:2020-06-12 확정:2020-06-02 배당:2023-01-31	보:15,000,000원	없음	소액임차인 Ko 주임법에 의한 최우선변제 액 최대 1,400만원 순위배당 있음	임차인

기타사항
* 현장 방문시 아무도 만나지 못하였고, 주민등록표 등본에 임차인으로 조사한 정█████이 동재되어 있으므로, 점유관계 등은 별도의 확인을 요함.
* 주민등록표 등본상 동재지임

건물등기

건물등기 (채권합계금액:270,000,000원)

순서	접수일	권리종류	권리자	채권금액	비고	소멸
갑(2)	2013-08-13	소유권이전	김○○		매매 거래가액:65,000,000원	
을(1)	2013-08-13	근저당권설정	위○○○	270,000,000	말소기준등기	소멸
갑(3)	2023-01-11	임의경매	연○○○	청구금액 220,855,212	2023타경████	소멸

그림 3-32 파주시 도시형생활주택의 임차인 현광과 건물등기   © 탱크옥션

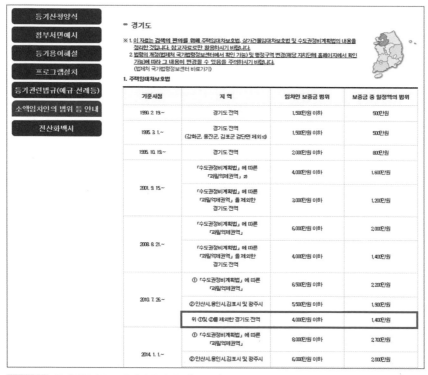

그림 3-33 인터넷등기소 소액임차인 범위 표(경기도)   © 인터넷등기소

180만 원 월급쟁이 이주임은 어떻게 경매 부자가 됐을까

가 '2013년 8월 13일 근저당'이므로 임차인의 대항력 발생 시점이 최선순위 설정일보다 늦습니다. 대항력이 없는 임차인이며, 배당을 한 푼도 받지 못한다고 하더라도 낙찰자 인수사항이 아닙니다.

그래도 이후 명도 계획을 세우는 데 필요하니 임차인이 배당을 받는지, 받는다면 얼마를 받는지 확인해야 합니다. 이 임차인에게는 최우선으로 변제받을 수 있는 금액 1,400만 원이 경매집행비용 다음으로 배당됩니다. 나머지 100만 원의 우선변제권은 대항력 발생 시점과 확정일자 중 늦은 날인 2020년 6월 13일에 발생합니다. 건물등기에 2013년 8월 13일 소유권이전, 2013년 8월 13일 근저당권설정, 2023년 1월 11일 임의경매라고 적혀 있습니다. 따라서 임차인의 우선변제권은 근저당권설정과 임의경매 사이로 들어갑니다.

이 물건의 배당 순서를 정리하면 '경매집행비용 → 임차인의 최우선변제금(1,400만 원) → 근저당권 → 임차인의 우선변제금(100만 원)'이 됩니다. 따라서 낙찰자가 임차인의 보증금에 대해 져야 하는 책임은 없다고 판단할 수 있습니다.

경매 낙찰금이 현저히 적은 경우

소액임차인의 최우선변제권에서 한 가지 더 확인해야 할 게 있습니다. 소액임차인이 최우선변제로 배당을 받을 수 있는 금액은 낙찰금의 2분의 1이 한도입니다. 앞서의 사례에서 임차인이 소액임차인에 해당하고 최우선변제를 받을 수 있는 금액이 1,400만 원이라고 했는데, 이 물건은 2,310만 원에 낙찰됐습니다(〈그림 3-34〉 참조). 최우선변제를 받을 수 있는 금액이 아무리 높더라도 낙찰금의 2분의 1인 1,155만 원까지만 최우선으로 배당을 받을 수 있게 된 겁니다.

배당 순서를 다시 정리하자면 '경매집행비용 → 임차인의 최우선변제금 (1,155만 원) → 근저당권 → 임차인의 우선변제금(345만 원)'이 됩니다.

보다시피, 임차인이 최우선으로 배낭을 받을 수 있는 금액이 크게 줄었습니다. 이 건에서는 임차인이 대항력을 갖추지 못했기 때문에 최우선변제금이 줄어들더라도 낙찰자 인수사항이 발생하지 않았습니다. 하지만 대항력 있는 임차인이 소액임차인으로서 최우선변제를 전액 받는 줄 알았다가 실제

그림 3-34 파주시 도시형생활주택의 경매정보 2   ⓒ 탱크옥션

180만 원 월급쟁이 이주임은 어떻게 경매 부자가 됐을까

내가 분석한 액수보다 적게 받는다면, 나머지 금액은 낙찰자 인수사항이 됩니다. 이 점 꼭 유의해야 합니다.

근저당권이 없을 경우

소액임차인을 구분할 때 기준이 되는 날짜가 근저당권 접수일자라고 했는데, 모든 경매물건에 근저당이 설정돼 있는 건 아닙니다. 가압류나 압류만 등재돼 있는 물건들도 있어요. 그러면 이런 물건들에서 소액임차인 여부를 확인하기 위해서는 무엇을 기준으로 봐야 할까요? 바로 배당일입니다.

배당일은 낙찰자가 잔금을 납부한 금액으로 해당 물건의 채권자들이 순서대로 배당을 받는 날을 말합니다. 그런데 우리가 권리분석을 하는 물건은 아직 입찰이 진행되지도 않았고, 따라서 낙찰을 받은 사람도 없을뿐더러 낙찰자가 잔금납부도 하지 않았죠. 배당일이 아직 없다, 즉 미래의 일이라는 뜻입니다. 그렇기에 소액임차인의 범위 표에 있는 '기준시점' 중에서 맨 마지막 구간을 기준으로 '임차인 보증금 범위'와 '보증금 중 일정액의 범위(즉 최우선변제금 상한)'를 확인해야 합니다.

경북 포항시 경매물건을 예로 설명하겠습니다(〈그림 3-35〉 참조). 등기사항전부증명서 갑구에 가압류, 압류, 강제경매개시결정만 있고 을구에는 임차권설정만 등재돼 있습니다.

경매물건의 주소가 경북 포항시니까 인터넷등기소의 지도에서 경상북도를 클릭합니다. 근저당권이 없는 물건이므로 기준시점을 배당일로 잡아야

1. 소유지분현황 (갑구)

등기명의인	(주민)등록번호	최종지분	주　　　　　소	순위번호
강███ (소유자)	460808-*******	단독소유	경상북도 포항시 북구 ████████	4

2. 소유지분을 제외한 소유권에 관한 사항 (갑구)

순위번호	등기목적	접수정보	주요등기사항	대상소유자
5	가압류	2019년7월2일 제44559호	청구금액　금34,800,000 원 채권자　경████	강███
6	압류	2020년3월11일 제18416호	권리자　국████	강███
7	압류	2020년10월23일 제74005호	권리자　국████	강███
8	가압류	2020년11월17일 제80494호	청구금액　금40,070,479 원 새변사　현█████████	강███
9	가압류	2021년1월5일 제438호	청구금액　금13,236,004 원 채권자　서███████	강███
12	가압류	2021년11월11일 제80342호	청구금액　금21,713,668 원 채권자　신████	강███
13	강제경매개시결정	2023년8월17일 제47253호	채권자　서████	강███

3. (근)저당권 및 전세권 등 (을구)

순위번호	등기목적	접수정보	주요등기사항	대상소유자
14	임차권설정	2022년5월25일 제33526호	임차보증금　금65,000,000원 임차권자　한████	강███

그림 3-35 근저당 없는 등기사항전부증명서 사례　　　ⓒ 인터넷 등기소

합니다. 맨 마지막에 있는 '2023.7.1.~' 구간을 보면 됩니다. 소액임차인 범위가 7,500만 원 이하로 적혀 있는데, 이 물건의 임차인 보증금은 6,500만 원입니다. 소액임차인에 해당하죠. 그리고 경매개시결정기입등기 이전에 전입신고를 했고, 배당요구종기일 전에 배당신청도 했습니다. 최우선변제권의 세 가지 요건을 충족했어요. '보증금 중 일정액의 범위'가 2,500만 원이므로 이 임차인은 그 금액까지 최우선변제로 배당을 받을 수 있습니다. 나머지 4,000만 원은 우선변제로 다른 채권자들 사이에서 배당을 받게 됩니다.

07

주택도시보증공사가
대항력을 포기한 물건

주택도시보증공사(HUG)는 주거복지와 관련하여 보증을 비롯해 다양한 사업을 수행하는 시장형 준공기업입니다. 개인을 대상으로 하는 사업 중에는 집이 경매로 넘어가 집주인이 보증금을 돌려주지 못할 때 임차인의 권리를 승계하고 보증금을 선지급하는 것이 있는데, 그 경매물건을 아무도 낙찰받지 않으면 돈을 회수하기가 어려워집니다. 그래서 빨리 낙찰될 수 있도록 일부 물건에서는 '변경' 조치를 취하기도 합니다.

서울 동작구의 빌라 경매물건을 보겠습니다(〈그림 3-36〉 참조). 감정평가 금액이 2억 3,800만 원인데, 13차까지 유찰되면서 그 6%인 1,635만 5,000원까지 떨어졌어요. 여기서 한 번 더 유찰이 되는 듯했지만 '변경'이라는 표시가 생기고 14차부터는 애초의 감정평가 금액으로 경매가 재개됐습니다. '변경'이라고 표시된 건 해당 물건이 경매로 진행되는 동안 무언가가 변경됐음

다세대주택　토지·건물 일괄매각 위반건축물/임차권등기/대항력 있는 임차인/HUG 임차권 인수조건변경

서울 동작구 상도동 ○○○-○○, ○층○○○호 (상도동,동산휴그린타운) 외 ○필지　새주소검색
(도로명주소:서울 동작구 국사봉○○길 ○○)

대지권	16.1㎡(4.87평)	소유자	홍○○	감정가	238,000,000
건물면적	23.84㎡(7.212평)	채무자	홍○○	최저가	(51.2%) 121,856,000
개시결정	2022-02-07 (강제경매)	채권자	주○○○○○○○	매각가	(61%) 145,200,000

건략보기 ▲　　　　오늘: 1　누적: 1,327　평균(2주): 6　차트

[전경도] 해당부동산 건물 전경

[전경도] 도로명 주소 및 건물 출입구
1 / 15

구분	매각기일	최저매각가격	결과
1차	2022-10-18	238,000,000	유찰
2차	2022-11-22	190,400,000	유찰
3차	2023-01-10	152,320,000	유찰
4차	2023-02-14	121,856,000	유찰
5차	2023-03-21	97,485,000	유찰
6차	2023-04-25	77,988,000	유찰
7차	2023-05-30	62,390,000	유찰
8차	2023-07-04	49,912,000	유찰
9차	2023-09-12	39,930,000	유찰
10차	2023-10-31	31,944,000	유찰
11차	2023-11-21	25,555,000	유찰
12차	2024-01-09	20,444,000	유찰
13차	2024-02-20	16,355,000	유찰
	2024-03-26	13,084,000	변경
14차	2024-04-30	238,000,000	유찰
15차	2024-06-11	190,400,000	유찰
16차	2024-07-09	152,320,000	유찰
17차	2024-08-13	121,856,000	

매각 145,200,000원 (61.01%) / 입찰 1명 / 여주시 김■■

매각결정기일 : 2024-08-20 - 매각허가결정

사진 ▼　지도 ▼

그림 3-36 동작구 빌라의 경매정보　　　　　　　　ⓒ 탱크옥션

을 알리는 것으로, 이때는 경매가 일시정지됩니다.

　　매각물건명세서를 보니 임차인 하○○ 씨가 있습니다(〈그림 3-37〉 참조). 전입신고일자가 2019년 5월 3일이고, 최선순위설정일이 2021년 3월 9일이에요. 임차인의 대항력 발생 시점이 2019년 5월 4일 오전 0시이니 최선순위설정일보다 이릅니다. 즉, 말소기준일보다 앞선 것으로, 하○○ 씨는 대항력 있는 임차인입니다. 확정일자도 받았고 배당요구종기일 전에 배당신청까지 했

180만 원 월급쟁이 이주임은 어떻게 경매 부자가 됐을까

그림 3-37　동작구 빌라의 매각물건명세서　　　ⓒ 탱크옥션

서 울 중 앙 지 방 법 원

2022타경▨▨▨

매각물건명세서

사 건	2022타경▨▨▨ 부동산강제경매	매각물건번호	1	작성일자	2024.07.29	담임법관(사법보좌관)	이소영	
부동산 및 감정평가액 최저매각가격의 표시	별지기재와 같음	최선순위 설정	2021.3.9.가압류			배당요구종기	2022.04.20	

부동산의 점유자와 점유의 권원, 점유할 수 있는 기간, 차임 또는 보증금에 관한 관계인의 진술 및 임차인이 있는 경우 배당요구 여부와 그 일자, 전입신고일자 또는 사업자등록신청일자와 확정일자의 유무와 그 일자

점유자 성 명	점유 부분	정보출처 구 분	점유의 권 원	임대차기간 (점유기간)	보증금	차임	전입신고 일자·외국인 등록(체류지 변경신고)일 자·사업자등 록신청일자	확정일자	배당 요구여부 (배당요구일자)
하▨▨	403호 전부	등기사항 전부증명 서	주거 임차권자	2019.05.03.-	210,000,000		2019.05.03.	2019.05.03.	
	403호	권리신고	주거 임차권자	2019.05.03.-	210,000,000		2019.05.03.	2019.05.03.	2022.03.16

〈비고〉

하▨▨ : 등기사항증명서 을구 순위 3번 참조

본건 신청채권자인 주택도시보증공사가 임차인 권리승계함

※ 최선순위 설정일자보다 대항요건을 먼저 갖춘 주택·상가건물 임차인의 임차보증금은 매수인에게 인수되는 경우가 발생 할 수 있고, 대항력과 우선변제권이 있는 주택·상가건물 임차인이 배당요구를 하였으나 보증금 전액에 관하여 배당을 받지 아니한 경우에는 배당받지 못한 잔액이 매수인에게 인수되게 됨을 주의하시기 바랍니다.

등기된 부동산에 관한 권리 또는 가처분으로 매각으로 그 효력이 소멸되지 아니하는 것

을구 순위 3번 임차권등기(2021.6.22.등기) 있음

매각에 따라 설정된 것으로 보는 지상권의 개요

비고란

- 집합건축물대장(전유부,갑)상 위반건축물로 등재
- 2024.3.20. 주택도시보증공사 확약서 제출(우선변제권만 주장, 대항력 포기, 임차권등기말소 동의)

주1 : 매각목적물에서 제외되는 미등기건물 등이 있을 경우에는 그 취지를 명확히 기재한다.
　 2 : 매각으로 소멸되는 가등기담보권, 가압류, 전세권의 등기일자가 최선순위 저당권등기일자보다 빠른 경우에는 그 등기일자를 기재한다.

그림 3-37　동작구 빌라의 매각물건명세서　　　ⓒ 탱크옥션

으므로 다른 채권자들 사이에서 배당을 받을 수 있습니다.

등기사항전부증명서 '2. 소유지분을 제외한 소유권에 관한 사항(갑구)' 중 '5'에 압류가 있습니다(〈그림 3-38〉 참조). 권리자가 '강서구(서울특별시)'인 것으로 보아 당해세일 가능성이 있습니다(당해세는 뒤에서 자세히 다룹니다). 이

주요 등기사항 요약 (참고용)

[주 의 사 항]

본 주요 등기사항 요약은 증명서상에 말소되지 않은 사항을 간략히 요약한 것으로 증명서로서의 기능을 제공하지 않습니다.
실제 권리사항 파악을 위해서는 발급된 증명서를 필히 확인하시기 바랍니다.

고유번호 1101-2018-███

[집합건물] 서울특별시 동작구 상도동 301████████

1. 소유지분현황 (갑구)

등기명의인	(주민)등록번호	최종지분	주 소	순위번호
홍██ (소유자)	7███-*******	단독소유	서울특별시 강서구 강서로████	2

2. 소유지분을 제외한 소유권에 관한 사항 (갑구)

순위번호	등기목적	접수정보	주요등기사항	대상소유자
3	가압류	2021년3월9일 제40974호	청구금액 금95,000,000 원 채권자 유██	홍██
4	강제경매개시결정	2022년2월7일 제17872호	채권자 주택도시보증공사	홍██
5	압류	2023년6월26일 제89881호	권리자 강서구(서울특별시)	홍██

3. (근)저당권 및 전세권 등 (을구)

순위번호	등기목적	접수정보	주요등기사항	대상소유자
3	임차권설정	2021년6월22일 제121729호	임차보증금 금210,000,000원 임차권자 하██	홍██
4	근저당권설정	2024년3월5일 제39105호	채권최고액 금96,000,000원 근저당권자 은██	홍██

[참 고 사 항]

그림 3-38 동작구 빌라의 주요 등기사항 요약(참고용) ⓒ 탱크옥션

압류 때문에 대항력 있는 임차인임에도 낙찰자가 보증금을 내줘야 할 수도 있어서 감정평가 금액의 6%가 됐는데도 아무도 입찰하지 않았던 겁니다.

매각물건명세서를 다시 보면 〈비고〉라고 해서 '본건 신청채권자인 주택도시보증공사가 임차인 권리승계함'이라는 내용이 있습니다. 주택도시보증공사가 임차인에게 먼저 보증금을 돌려줬고, 해당 경매 사건에서 임차인의 권리를 승계받았다는 뜻입니다. 그리고 맨 아래에 있는 '비고란'에 '2024.3.20. 주택도시보증공사 확약서 제출(우선변제권만 주장, 대항력 포기, 임차권등

기말소 동의)'라고 기재돼 있습니다. 임차인이 배당을 받을 수 있는 금액만큼만 배당을 받고 대항력을 포기하겠다는 뜻입니다. 즉 배당으로 충족되지 않는 나머지 보증금을 낙찰자에게 요구하지 않겠다는 얘기로, 낙찰자가 인수할 사항이 없어진 겁니다.

주택도시보증공사에서 확약서를 제출한 날짜는 2024년 3월 20일입니다. 13차 매각기일 2024년 2월 20일과 그다음 매각기일 3월 26일 사이인데, 3월 26일에는 경매가 진행되지 않고 '변경'이라고 표시됐습니다. 주택도시보증공사가 대항력을 포기하겠다는 확약서를 제출하면서 해당 물건에 대한 낙찰자 인수사항이 변경돼 이런 표시가 뜬 겁니다.

주택도시보증공사가 대항력을 포기한 물건들은 매각물건명세서 '비고란'에서 확인할 수 있습니다. 사건마다 문구는 조금씩 다른데 우선변제권만 주장하고 대항력은 포기하겠다는 내용이 공통적으로 담깁니다. 대표적인 예를 들면 다음과 같습니다.

- 주택도시보증공사 확약서 제출(우선변제권만 주장, 대항력 포기, 임차권등기말소 동의)
- 특별매각 조건: 채권자는 매수인에 대해 배당받지 못하는 잔액에 대한 임대차보증금 반환청구권을 포기하고, 임차권등기를 말소하는 것을 조건으로 매각
- 특별매각 조건: 임차승계인 주택도시보증공사는 매수인에 대하여 배당받지 못하는 잔액에 대한 임대차보증금 반환청구권을 포기하고, 임차권등기를 말소하는 것을 조건으로 매각함

이런 문구가 적혀 있는 물건은 임차인 보증금에 대한 낙찰자 인수사항이 없다는 것이니, 다른 인수사항이 없고 시세보다 저렴한 수준까지 유찰됐다면 입찰해도 좋습니다. 최근 주택도시보증공사가 대항력을 포기하는 물건이 많아지면서 유료 경매정보 사이트의 검색 조건에 'HUG 임차권 인수조건변경'이 추가됐습니다. 이를 체크하고 검색하면 주택도시보증공사에서 대항력을 포기한 물건들만 추려서 볼 수 있어요.

얼마 전 직장인 워킹맘 수강생이 조원들과 입찰하러 갔습니다. 두 번째 입찰 도전 만에 낙찰을 받았습니다. 낙찰가가 1억 8,010만 원이었고 2억 2,000만 원에 매도해서 세금과 비용을 다 제하고도 순수익 약 2,700만 원을 거뒀습니다. 이런 경매물건은 주택도시보증공사에서 사전에 임차인에게 보증금을 줬기 때문에 해당 주택에 임차인이 살고 있지 않을 확률이 높습니다. 수강생이 낙찰받은 집도 빈집이었고, 낙찰받고 주택도시보증공사에 전화하니 잔금을 납부하면 바로 비밀번호를 알려주겠다고 했답니다. 경매 초보자들이 가장 두려워하는 게 명도인데, 그런 걱정을 할 필요가 없는 물건인 겁니다.

08

당해세 막힘없이 이해하기

경매 공부를 조금이라도 해본 사람이라면 '당해세'라는 단어를 들어봤을 겁니다. 요약하자면 '경매를 통해 낙찰받은 물건에 부과돼 있는 세금'입니다. 이전 소유자가 체납해서 쌓여 있는 세금이라는 의미입니다. 이를 국세와 지방세로 나눌 수 있는데, 국세로는 종합부동산세·양도세·증여세·상속세 등이 있고 지방세로는 취득세·재산세·등록세 등이 있습니다. 당해세는 소액임차인 다음으로 배당을 받습니다. 소액임차인보다는 늦지만 다른 채권자들과 일반 임차인보다는 앞서서 배당을 받는 거죠.

'압류'와 '대항력 있는 임차인'이 함께 있는 물건은 피하자

당해세는 '압류'라고 표기되지만, 압류가 모두 당해세인 건 아닙니다. 입찰자는 해당 물건에 잡혀 있는 압류가 당해세인지 아닌지 알 방법이 없습니다. 그러니 등기사항전부증명서에 '압류'라고 적혀 있으면 무조건 당해세라고 생각하고 권리분석을 해야 합니다.

앞서 말했듯이, 당해세는 소액임차인의 최우선변제권 다음으로 배당을 받기 때문에 대항력 있는 임차인보다 배당 순위가 앞섭니다. 물론 낙찰금에서 압류가액을 배당하고 나서도 대항력 있는 임차인이 보증금 전액을 배당받을 수 있다면 낙찰자 인수사항이 없는 겁니다. 여기서 문제가 있습니다. 등기사항전부증명서를 보면 압류에는 채권금액이 나와 있지 않습니다. 체납 금액이 얼마인지 알 수가 없다는 얘기입니다.

그러므로 대항력 있는 임차인과 압류가 같이 있는 물건은 입찰을 피하는 것이 상책입니다. 대항력 있는 임차인이 배당을 받을 수 있는지, 못 받는다면 얼마를 못 받는지 정확히 알 수 없기 때문입니다. 그러다가 유찰이 계속돼 내가 산정한 입찰가와 대항력 있는 임차인의 보증금을 합해도 시세보다 싸다면 그땐 입찰해도 됩니다.

보증금이 1억 7,000만 원이고 대항력을 갖춘 임차인이 있는 물건입니다 (〈그림 3-39〉 참조). 등기사항전부증명서를 보니 압류가 있는데, 채권금액 칸이 비어 있습니다. 이럴 때는 낙찰금을 전부 압류가 배당받아 간다고 생각해야 합니다. 임차인의 보증금 전액을 낙찰자가 인수해야 한다고 가정하고 입찰가를 산정해야 하는 겁니다.

임차인 현황

말소기준일: 2020-03-24   소액기준일: 2024-07-10   배당요구종기일: 2021-10-06

점유 목록	임차인	점유부분/기간	전입/확정/배당	보증금/차임	대항력	분석	기타
1	윤○○	주거용 501호 전부 2018.06.01~2020.05.31	전입:2018-06-04 확정:2018-05-23 배당:2021-07-30	보:170,000,000원	있음	순위배당 있음 미배당 보증금 매수인 인수	임차권등기자,경매신 청인

기타사항
* 현지 방문시 본건 채권자 겸 임차인인 윤██의 배우자 김██를 만나 부동산강제경매 개시결정된 취지를 알리고 경매현황조사 안내문을 교부하였음.
* 임차사항에 대해 권리신고서 명확히 할 것을 안내함.
* 윤██ : 경매신청채권자임. 보증금중 채권압류및추심명령에 의하여 추심한 금액(13,015,286원)을 제외한 금156,984,714원을 배당요구함.

건물등기

(채권합계금액:2,178,000,000원)

순서	접수일	권리종류	권리자	채권금액	비고	소멸
갑(2)	2016-06-28	소유권이전	김○○		매매	
갑(3)	2020-03-24	압류	서○○○○○○○		말소기준등기	소멸
을(3)	2020-09-07	주택임차권	윤○○	170,000,000	범위:전부 전입:2018.06.04 확정:2018.05.23	인수
갑(5)	2021-02-16	가압류	주○○○○○○○○ ○○○○○○○○○○ ○○○○	2,008,000,000	2021카단███	소멸
갑(6)	2021-07-07	강제경매	윤○○	청구금액 170,000,000	2021타경███	소멸
갑(7)	2021-12-01	압류	강○○○○○			소멸

그림 3-39 **압류의 채권금액이 빈칸인 사례**   © 탱크옥션

이 빌라의 적정 시세가 2억 2,000만 원이라고 가정해보겠습니다. 이 물건을 시세보다 3,000만 원 더 싸게 낙찰받을 생각이라면 입찰가로 2,000만 원을 써내야 합니다. 그래야 낙찰금 2,000만 원과 대항력 있는 임차인의 보증금 1억 7,000만 원을 합한 금액인 1억 9,000만 원에 매수하는 셈이 되기 때문입니다.

참고로, 압류는 경매를 통해 소멸되는 사항입니다. 예를 들어 체납액이 많아 낙찰금으로 전액 충당하지 못한다고 해도 낙찰자가 인수해야 하는 사항이 아닙니다. 다만 그럴 경우 대항력 있는 임차인이 보증금을 돌려받지 못하니 낙찰자가 내줘야 합니다. 따라서 압류만 보고 무조건 피할 것이 아니라 압류와 대항력 있는 임차인이 같이 있을 때는 반드시 피하되, 여러 차례 유

찰됐을 때 수익 계산을 다시 해보면 됩니다.

당해세 우습게 봤다간 큰일 납니다!

|

제 수업 시간엔 당해세를 자세히 다룹니다. 그런데 수업을 마치고 질의응답을 할 때 압류와 대항력 있는 임차인이 같이 있는 물건을 보여주면서 관심이 있다고 말하는 수강생이 종종 있습니다. "제가 이런 물건은 피해야 한다고 말씀드렸잖아요"라고 하면 대개 이렇게 말합니다. "그런데 선생님, 감정가가 1억 2,000만 원인데 세금을 체납해봤자 얼마나 했겠어요? 그냥 낙찰받으면 안 될까요?"

그렇게 생각했다간 정말 큰일 날 수 있어요! 압류는 소멸된다고 해도 임차인의 보증금을 인수해야 하기 때문에 이런 물건은 유찰이 많이 됩니다. 앞의 몇몇 사례에서도 봤듯이, 유찰이 계속돼 경매가 10차를 넘어가기도 하죠. 그러면 최저가가 정말 저렴해서 매력적으로 보일 수도 있습니다. 그런데 실제로 낙찰을 받아보니 압류 체납 금액이 너무 많다면 어떻게 해야 할까요? 뾰족한 수가 없습니다. 전적으로 낙찰자의 책임이니까요.

얼마 전 수강생 한 분이 1억대에 빌라를 낙찰받았는데 낙찰을 받고 나서 사건열람을 해보니 체납액이 3억을 넘었다고 합니다. 해당 물건에는 대항력 있는 임차인이 없었기 때문에 그분이 인수해야 하는 금액이 없긴 했습니다. 대항력 있는 임차인이 없는 건에서도 이렇게 난감한 상황이 발생하는데, 낙찰금을 압류가 몽땅 배당받아 가고 임차인 보증금을 전액 내가 내줘야 하는 건이라면 리스크가 너무 큰 겁니다.

　압류 금액은 누구도 예측할 수 없습니다. 안전한 투자를 하기 위해서는 내가 입찰표에 적는 금액을 압류가 모두 가져간다고 생각하고 입찰가를 산정해야 합니다.

🏠 당해세 금액을 입찰 전에 확인할 방법은 없나요?

압류 체납 금액을 미리 알 수 있다면 남들이 모르는 정보를 나만 알기 때문에 시세보다 훨씬 더 싸게 주택을 취득할 기회가 될 수 있습니다. 하지만 체납 금액은 낙찰을 받고 나서야 알 수 있습니다. 해당 물건을 낙찰받음으로써 이해관계인이 되기 때문입니다. 낙찰을 받고 나서 체납액을 확인해보니 내가 생각했던 것보다 많다면 잔금을 미납해야 하고, 결국 입찰보증금은 법원에 몰수당합니다.

미리 알 방법이 전혀 없을까요? 해당 물건과 관련된 사람들, 즉 이해관계인인 임차인이나 채권자 등은 매각이 되기 전에 금액을 확인할 수 있습니다. 그러니 임장을 갔을 때 임차인을 만날 수 있다면 등기사항전부증명서에 잡혀 있는 압류가 당해세인지 물어보고, 당해세라면 금액이 얼마인지도 물어보는 겁니다. 물론 이 말을 100% 믿으면 안 됩니다. 낙찰이 되길 바라는 마음에 금액을 줄여서 얘기할 수도 있기 때문입니다. 압류와 대항력을 갖춘 임차인이 같이 있는 물건을 위험을 무릅쓰고라도 낙찰받고 싶다면 이런 방법이 있다는 점만 참고하기 바랍니다.

미진한 법 개정

당해세는 대항력 있는 임차인보다 앞서 배당을 받는다고 했는데요. 그러면 대항력 있는 임차인 입장에서는 너무 억울할 겁니다. 전세 계약을 할 때 등기사항전부증명서를 보고 근저당도 없고 압류도 없어서 문제 될 게 없었다고 생각했는데, 막상 집이 경매로 넘어가 배당을 받으려고 보니 압류에 밀려 보증금을 한 푼도 돌려받지 못할 수도 있으니까요.

2020년부터 공시가격 현실화 계획으로 공시가격이 급등했습니다. 종합부동산세(종부세)는 공시가격을 기준으로 세금이 부과되는데, 공시가격이 올라가니 납부해야 하는 종부세도 늘어났습니다. 종부세는 매년 6월 1일 기준으로 보유 중인 부동산에 대해 소유자에게 부과되는 세금입니다(보유 주택 공시가격 합 9억 이하, 1세대 1주택은 12억 이하 공제). 그런데 공시가격이 급등하면서 납부해야 하는 금액도 증가하니 집주인들이 세금을 내지 못하게 됐습니다. 세금 체납으로 등기사항전부증명서에 압류가 잡혔고 경매에 부쳐지는 물건도 증가했습니다. 부동산을 100채, 200채 소유한 집주인이 종부세를 내지 못해 모든 집에 압류가 걸리고, 그 집에 살고 있던 임차인들은 하루아침에 보증금을 날리는 일도 있었고요. 대항력 있는 임차인인데도 임대인의 세금 체납 때문에 보증금을 돌려받지 못하는 일들이 생긴 겁니다.

그즈음 전세 사기 이슈도 불거졌습니다. 전세 사기는 다양한 수법으로 이뤄졌는데, 예컨대 빌라는 시세를 정확히 확인하기가 어렵기 때문에 매매가보다 높은 전세가로 임차인을 맞추고 차액을 챙기는 수법이 대표적이었습니다. 전세 사기가 이슈화되면서 많은 사람이 대항력 있는 임차인보다 압류가 먼저 배당을 받는다는 사실을 알게 됐고, 문제를 제기하는 사람들이 많아졌습니다.

이에 정부에서 전세 사기 피해를 예방하기 위해 국세기본법과 지방세기본법을 개정했습니다. 임차인과 관련된 일이라면 주택임대차보호법이 개정돼야 할 것 같지만, 당해세 관련 내용이 국세기본법과 지방세기본법에 있기 때문입니다.

국세기본법 제35조(국세의 우선) 제3항에는 '해당 재산에 대하여 부과된 상속세, 증여세 및 종합부동산세는 같은 호에 따른 채권 또는 임대차보증금반환채권보다 우선하며', '해당 재산에 대하여 부과된 종합부동산세는 같은 호에 따른 채권 또는 임대차보증금반환채권보다 우선한다'라고 돼 있습니다. 여기까지만 보면, 당해세는 임차인의 보증금뿐만 아니라 다른 채권보다 일찍 배당을 받는다는 것입니다.

그런데 2022년 12월 같은 조에 제7항이 신설됐습니다. '제3항에도 불구하고 … 대항요건과 확정일자를 갖춘 임차권에 의하여 담보된 임대차보증금반환채권 또는 … 주거용 건물에 설정된 전세권에 의하여 담보된 채권은 … 경매 절차 등을 통하여 매각되어 그 매각금액에서 국세를 징수하는 경우 그 확정일자 또는 설정일보다 법정기일이 늦은 해당 재산에 대하여 부과된 상속세, 증여세 및 종합부동산세의 우선 징수 순서에 대신하여 변제', '해당 재산에 대하여 부과된 상속세, 증여세 및 종합부동산세를 우선 징수하는 경우에 배분받을 수 있었던 임대차보증금반환채권등의 변제액에는 영향을 미치지 아니한다'라는 내용입니다.

그리고 2023년 5월에는 지방세기본법 제71조(지방세의 우선 징수)에 6항이 신설됐습니다.

'대항요건과 확정일자를 갖춘 임차권에 의하여 … 경매·공매 절차를 통하여 매각되어 그 매각금액에서 지방세를 징수하는 경우 그 확정일자 또는 설정일보다 법정기일이 늦은 해당 재산에 대하여 부과된 … 지방세의 우선 징수 순서에 대신하여 변제될 수 있다'라는 내용입니다.

쉽게 풀어서 이야기하자면, 우선 대항요건과 확정일자를 갖춘 임차인에게만 해당하는 내용이라는 겁니다. 대항요건을 갖추려면 임자인이 실제로 섬유하고 전입신고까지 돼 있어야 합니다. '대항력 있는 임차인'과는 다른 의미입니다. 대항력이 없더라도 점유를 하고 전입신고를 했다면 대항요건을 갖춘 임차인이 되는 거죠. 대항요건을 갖추고 확정일자를 받은 임차인인 경우, 그 확정일자보다 당해세의 법정기일이 더 늦다면 임차인의 보증금보다 당해세가 늦게 배당을 받겠다는 얘기입니다. 여기서 당해세의 법정기일은 납세고지서의 발송일을 말합니다.

그렇다면 압류의 법정기일이 대항력 있는 임차인의 확정일자보다 늦다면 입찰해도 될까요? 한 가지 문제가 있습니다. 임차인의 확정일자는 매각물건명세서에서 확인하면 됩니다. 그렇지만 압류의 법정기일은 알 수가 없습니다. 등기사항전부증명서에 적혀 있는 압류의 접수일자는 법정기일이 아니며, 말 그대로 압류 등기를 접수한 날짜일 뿐입니다. 전세 사기 피해를 예방하고자 국세기본법과 지방세기본법이 개정되긴 했지만, 우리는 여전히 압류의 법정기일을 알 수 없습니다. 즉 임차인의 보증금이 압류보다 먼저 배당을 받는지를 확인할 수 없다는 얘기입니다. 따라서 결론은 대항력 있는 임차인과 압류가 같이 있는 물건은 입찰을 피하는 것입니다.

🏠 전세 계약을 할 때 당해세와 관련해서 특히 주의할 점이 있나요?

법이 개정되면서 임차인은 내가 전세로 들어간 집이 경매로 넘어가고 압류가 걸려 있다고 하더라도 보증금을 배당받을 길이 열렸습니다. 그런데 당해세와 대항력 있는 임차인이 같이 있는 물건은 입찰자들이 꺼리기 때문에 낙찰되기가 어렵습니다. 5억짜리 아파트가 몇천만 만 원이 될 때까지 유찰될 수도 있습니다. 누군가가 낙찰을 받아야 내 보증금을 돌려받을 수 있는데, 아무도 낙찰을 받지 않으니 내 돈은 여전히 법원에 묶여 있는 거죠.

이런 일을 사전에 막으려면 전세계약서를 작성하기 전에 공인중개사를 통해 임대인의 세금 체납 여부를 확인하는 것이 좋습니다. 국세·지방세 완납증명서를 보여달라고 하면 되는데, 임대인이 세금을 체납했다면 계약을 해선 안 됩니다. 그렇지만 이 방법으로 완벽하게 보증금을 지킬 수 있는 건 아닙니다. 계약서를 쓰기 전엔 체납 사실이 없었는데, 내가 들어가 사는 동안 세금을 내지 않아 압류가 걸리고 경매로 넘어갈 수도 있기 때문입니다.

보증금을 가장 안전하게 지키는 방법은 주택도시보증공사의 전세보증보험에 가입하는 겁니다. 부동산이 경매로 넘어간 후 매각되기까지는 오랜 시간이 걸리는데, 그동안 임차인은 보증금을 받을 수 있을지 걱정이 돼서 일상에 지장을 받습니다. 그런데 전세금에 대해서 주택도시보증공사의 보험을 들어두면 경매를 통해 매각이 되기 전에 보증금을 받을 수 있습니다. 안전하고 더 빠르게 보증금을 회수하는 방법입니다. 해당 물건의 낙찰자가 나오면 주택도시보증공사가 임차인의 배당 순서에 맞게 배당을 받습니다.

09

10초 만에
권리분석 끝내기

유료 경매정보 사이트에서 권리분석을 할 땐 필요한 부분만 체크하면서 입찰할 만한 물건인지 아닌지 확인해야 합니다. 권리분석을 신속히 할 수 있다면 더 많은 물건을 검토할 수 있으니 기회를 더 많이 만날 수 있습니다. 익숙해지면 10초 만에 끝내 수 있는 권리분석 노하우를 소개합니다.

1. 경매정보 확인

첫째, 경매정보를 확인합니다(〈그림 3-40〉 참조). 물건 리스트에서 관심 있는 물건을 클릭했을 때 연결되는 화면입니다. 경매물건의 주소와 토지면적, 건물면적, 소유자, 채무자 등 기본 사항들을 나타내줍니다. 사진을 클릭하면 감

그림 3-40 경매정보

ⓒ 탱크옥션

정평가사가 찍어놓은 사진들을 자세히 볼 수 있습니다.

2. 임차인 현황과 건물등기

경매정보 화면에서 밑으로 내려보면 임차인 현황과 건물등기를 볼 수 있습니다(〈그림 3-41〉 참조). 임차인 현황에서는 임차인이 있는지, 있다면 대항력이 있는지 확인합니다. 그리고 건물등기에서는 말소기준권리보다 이른 선순위 등기가 있는지 확인합니다. 임차인의 우선변제권(임차인이 다른 채권자들 사이에

임차인 현황   말소기준일(소액):2022-03-21   배당요구종기일 : 2023-04-21

점유 목록 ⑦	임차인	점유부분/기간	전입/확정/배당	보증금/차임	대항력	분석	기타
1	이○○	주거용 전부 2022.01.24~2024.01.23	전입:2022-04-22 확정:2022-01-24 배당:2023-04-18	보:60,000,000원	없음	소액임차인 ⑥ 주임법에 의한 최우선변제 액 최대 2,300만원 순위배당 있음	임차인 [보:4억원(6,000만원)]

| 기타사항 | * 전입세대확인서 및 주민등록표 동본에 임차인 이▮▮▮ 및 그 가족이 등재되어 있음.
* 현황조사시 만난 임차인 이▮▮▮의 배우자 배▮▮▮에게 현황조사에 대하여 설명하고 현황조사 안내문 교부하였으며 임차인 이▮▮▮의 배우자 배▮▮▮ 진술에 의
하면 본 건 부동산은 임차인 이▮▮▮ 및 그 가족이 거주하고 있다고 함.
* 이▮▮▮ : 임차인의 보증금 4억 원 중 실제 보증금으로 지급한 돈은 6천만 원이므로 6천만 원만 배당요구함. |

건물등기   (채권합계금액:440,000,000원)

순서	접수일	권리종류	권리자	채권금액	비고	소멸
갑(2)	2022-03-21	소유권이전	진○○		매매 거래가액:419,427,000원	
을(1)	2022-03-21	근저당권설정	하○○○○○○○○○ ○○○○○	440,000,000	말소기준등기	소멸
갑(4)	2022-05-16	소유권이전청구권가등기	이○○		매매예약	소멸
갑(5)	2023-01-30	임의경매	하○○○○○○○○○ ○○○○○	청구금액 409,196,954	2023타경▮▮▮	소멸

그림 3-41 임차인 현황과 건물등기   ⓒ 탱크옥션

서 순서대로 배당받는 권리)과 최우선변제권(소액임차인이 다른 채권들보다 일찍 배당
받는 권리)을 확인합니다. 임차인이 몇 번째로 배당을 받고, 얼마를 배당받을
수 있는지 확인하는 겁니다.

3. 사건내역

경매정보 화면에서 우측을 보면 기다란 메뉴바가 있습니다(〈그림 3-40〉 참조).
권리분석은 이 메뉴들을 하나씩 체크하는 것이라고 생각하면 됩니다. 가장
상단에 있는 메뉴가 '사건내역'입니다(〈그림 3-42〉 참조). 사건내역을 클릭해서
아래로 쭉 내려가면 '당사자내역'이 있는데, 해당 경매 사건과 연관된 사람

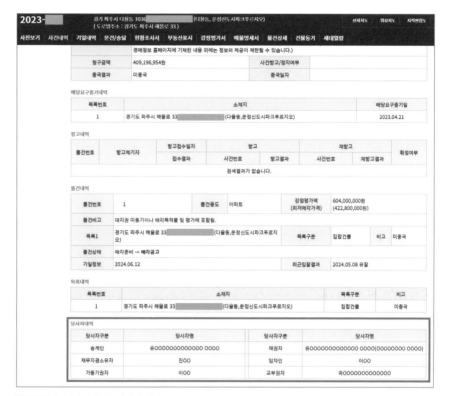

| 2023- | 경기 파주시 다율동 1036 (다율동, 운정신도시파크푸르지오) | | | | 전자지도 | 위성지도 | 지적편집도 |

[도로명주소 : 경기 파주시 해올로 33]

사진보기 | 사건내역 | 기일내역 | 문건/송달 | 현황조사서 | 부동산표시 | 감정평가서 | 매물명세서 | 물건상세 | 건물등기 | 세대열람

경매정보 홈페이지에 기재된 내용 외에는 정보의 제공이 제한될 수 있습니다.)

| 청구금액 | 409,196,954원 | | 사건항고/정지여부 | |
| 종국결과 | 미종국 | | 종국일자 | |

배당요구종기내역

목록번호	소재지	배당요구종기일
1	경기도 파주시 해올로 33 (다율동,운정신도시파크푸르지오)	2023.04.21

항고내역

물건번호	항고제기자	항고접수일자	항고		재항고		확정여부
---	---	접수결과	사건번호	항고결과	사건번호	재항고결과	
			검색결과가 없습니다.				

물건내역

물건번호	1		물건용도	아파트	감정평가액 (최저매각가격)	604,000,000원 (422,800,000원)		
물건비고	대지권 미등기이나 매각목적물 및 평가에 포함됨.							
목록1	경기도 파주시 해올로 33 (다율동,운정신도시파크푸르지 오)				목록구분	집합건물	비고	미종국
물건상태	매각준비 -> 매각공고							
기일정보	2024.06.12				최근입찰결과	2024.05.08 유찰		

목록내역

목록번호	소재지	목록구분	비고
1	경기도 파주시 해올로 33 (다율동,운정신도시파크푸르지오)	집합건물	미종국

당사자내역

당사자구분	당사자명	당사자구분	당사자명
승계인	유0000000000 0000	채권자	유0000000000000 0000(00000000 0000)
채무자겸소유자	진OO	임차인	이OO
가등기권자	이OO	교부권자	국0000000000

그림 3-42 사건내역 중 당사자내역   ⓒ 탱크옥션

들이 적히는 곳입니다. 어떤 권리를 가지고 있고, 이름은 무엇인지가 나타나 있습니다. 여기서 임차인이라는 글자가 있는지 확인합니다. 만약 앞서 본 임차인 현황에서는 임차인이 없었는데 여기에는 기재돼 있다면 숨어 있는 임차인인지 확인해야 합니다. 그리고 임차인 현황에서 임차인이 이ㅇㅇ이었다면, 당사자내역에도 임차인도 이ㅇㅇ으로 적혀 있어야 합니다.

4. 문건/송달

문건/송달은 해당 경매 사건이 진행되면서 이해관계인들에게 도달된 서류
나 제출된 서류가 있다면 언제 제출됐는지 볼 수 있는 곳입니다(〈그림 3-43〉
참조). 문건/송달에서도 당사자내역과 같이 임차인이 있는지 없는지, 있다면
성이 같은지 확인해야 합니다. 임차인만 확인하면 되고, 일일이 읽으면서 어
떤 서류가 제출 또는 송달됐는지 확인할 필요는 없습니다. 첫 단어만 읽어
내려가면서 '임차인'이라는 단어가 있는지 보면 됩니다.

그림 3-43 문건/송달 ⓒ 탱크옥션

180만 원 월급쟁이 이주임은 어떻게 경매 부자가 됐을까

5. 현황조사서

현황조사서는 집행관이 해당 물건 현장에 직접 나가 조사한 사실을 적은 서류로, 대한민국 법원 법원경매정보 사이트에 있는 문서를 유료 사이트에서 정리한 것입니다(〈그림 3-44〉 참조). 현황조사서에서는 이 집을 누가 점유하고 있는지 참고하기 위해 '1. 부동산의 점유관계'를 봅니다. 현황조사서는 법적 효력이 있는 건 아니기 때문에 참고사항으로 봐야 합니다. 실제로 낙찰받고 명도를 진행하다 보면 현황조사서에 적혀 있는 점유자와 다른 사람이 살고 있는 경우도 종종 있습니다. 이럴 때는 실제 점유자와 명도를 진행해야 합니다.

그림 3-44 현황조사서 ⓒ 탱크옥션

6. 감정평가서

감정평가서에서는 '구분건물 감정평가요항표'를 집중적으로 보면 됩니다
(〈그림 3-45〉, 〈그림 3-46〉 참조). 요항표에서는 주변 환경, 교통 상황 등 부동산

D230131-2-002

구분건물 감정평가요항표

Page : 1

(1) 위치 및 주위환경　　(2) 교통상황　　(3) 건물의 구조　　(4) 이용상태
(5) 설비내역　　　　　　(6) 토지의 형상 및 이용상태　　　(7) 인접 도로상태 등
(8) 토지이용계획 및 제한상태　(9) 공부와의 차이　　(10) 기타참고사항(임대관계 및 기타)

(1) 위치 및 주위환경

본건은 경기도 파주시 다율동 소재 "다율초등학교" 남측 인근에 위치하고, 주위는 대규모
아파트단지, 각급학교, 근린생활시설 등이 혼재하는 지역으로 제반입지 여건은 양호함.

(2) 교통상황

본건까지 차량 진·출입 가능하며, 인근에 노선버스정류장이 소재하는 등 대중교통의
편의성은 보통임.

(3) 건물의 구조

철근콘크리트구조 (철근)콘크리트지붕 27층 건내 제11층 ▓▓▓▓▓로서,
(사용승인일 : 2021. 12. 15.)
외벽 : 몰탈위 페인트 마감 등,
내벽 : -,
창호 : 샷시창호 등임.

(4) 이용상태

아파트로 이용중이며 이용상황 등은 후첨 내부구조도 참조 바람.

(5) 설비내역

기본적인 급·배수설비, 위생설비, 소방설비 및 승강기설비 등을 갖추고 있음.

그림 3-45 구분건물 감정평가요항표 1　　　　　　　　　　　　ⓒ 법원경매정보

D230131-2-002

구분건물 감정평가요항표

Page : 2

(1) 위치 및 주위환경 (2) 교통상황 (3) 건물의 구조 (4) 이용상태
(5) 설비내역 (6) 토지의 형상 및 이용상태 (7) 인접 도로상태 등
(8) 토지이용계획 및 제한상태 (9) 공부와의 차이 (10) 기타참고사항(임대관계 및 기타)

(6) 토지의 형상 및 이용상태

본건은 대체로 등고평탄한 부정형의 토지로서, 아파트 건부지로 이용중임.

(7) 인접 도로상태등

본건은 단지내 도로를 통해 외곽공도에 접하고 있음.

(8) 토지이용계획 및 제한상태

지적 미정리 상태로 "토지이용계획확인서"의 발급이 불가한 상태임.

(9) 공부와의 차이

-

(10) 기타참고사항(임대관계 및 기타)

임대관계 : 미상임.
대지권 미정리 상태임.

※ (11)번은 없어야 합니다

그림 3-46 구분건물 감정평가요항표 2

ⓒ 법원경매정보

의 환경과 상태에 대한 내용이 요약돼 있습니다. 그중에서 눈여겨봐야 할 곳은 (9)번과 (11)번입니다.

'(9) 공부와의 차이'는 해당 부동산과 관련된 서류(등기사항전부증명서, 건축물대장, 건축도면 등)와 실제 현장 간에 다른 점이 있을 때 기재됩니다. 예를 들어 건축도면에는 엘리베이터 기준으로 오른쪽이 1001호인데, 현황은 왼쪽이 1001호로 돼 있을 때 기재됩니다. (9)번 항목에 뭔가가 적혀 있다면 낙찰 후 매도할 때 복잡할 수 있으니 주의해야 합니다.

(11)번은 사례에는 나와 있지 않은데, 주변에 혐오시설이 있을 때 기재됩니다. 따라서 (11)번은 적혀 있지 않은 게 좋습니다.

7. 매각물건명세서

권리분석을 할 땐 매각물건명세서가 가장 중요합니다(〈그림 3-47〉 참조). 앞의 임차인 현황에서 임차인의 대항력 유무를 확인했지만 매각물건명세서를 통해 한 번 더 임차인에 대한 권리분석을 해야 합니다.

그리고 아래쪽에 따로 기재된 사항이 있는지를 꼭 확인해야 합니다. 이 사례에서는 〈비고〉라고 해서 '이○○: 임차인은 보증금 4억 원 중 실제 보증금으로 지급한 돈은 6천만 원이므로 6천만 원만 배당요구함'이라고 적혀 있습니다. 매각물건명세서에는 보증금이 4억으로 돼 있지만 실제 지급한 보증금은 6,000만 원이라는 겁니다. 어떤 사정에서 그렇게 됐는지는 알 수 없지만, 매각물건명세서에 적혀 있는 이상 임차인에게 나가야 하는 배당금은 6,000

의정부지방법원 고양지원

2023타경▨

매각물건명세서

사 건	2023타경▨부동산임의경매	매각물건번호	1	작성일자	2024.04.24	담임법관(사법보좌관)	김▨	(인)
부동산 및 감정평가액 최저매각가격의 표시	별지기재와 같음	최선순위 설정	2022.03.21.근저당권			배당요구종기	2023.04.21	

부동산의 점유자와 점유의 권원, 점유할 수 있는 기간, 차임 또는 보증금에 관한 관계인의 진술 및 임차인이 있는 경우 배당요구 여부와 그 일자, 전입신고일자 또는 사업자등록신청일자와 확정일자의 유무와 그 일자

점유자 성 명	점유 부분	정보출처 구 분	점유의 권 원	임대차기간 (점유기간)	보증금	차임	전입신고 일자·외국인 등록(체류지 변경신고)일 자·사업자등 록신청일자	확정일자	배당 요구여부 (배당요구일자)
이▨		현황조사	주거 임차인				2022.04.22		
	전부	권리신고	주거 임차인	2022.01.24~2024.01.23	400,000,000 (60,000,000)		2022.04.22	2022.01.24	2023.04.18

＜비고＞

이▨ : 임차인은 보증금 4억 원 중 실제 보증금으로 지급한 돈은 6천만 원이므로 6천만 원만 배당요구함.

※ 최선순위 설정일자보다 대항요건을 먼저 갖춘 주택·상가건물 임차인의 임차보증금은 매수인에게 인수되는 경우가 발생 할 수 있고, 대항력과 우선변제권이 있는 주택·상가건물 임차인이 배당요구를 하였으나 보증금 전액에 관하여 배당을 받지 아니한 경우에는 배당받지 못한 잔액이 매수인에게 인수되게 됨을 주의하시기 바랍니다.

등기된 부동산에 관한 권리 또는 가처분으로 매각으로 그 효력이 소멸되지 아니하는 것

매각에 따라 설정된 것으로 보는 지상권의 개요

비고란

대지권 미등기이나 매각목적물 및 평가에 포함됨.

주:1 : 매각목적물에서 제외되는 미등기건물 등이 있을 경우에는 그 취지를 명확히 기재한다.
2 : 매각으로 소멸되는 가등기담보권, 가압류, 전세권의 등기일자가 최선순위 저당권등기일자보다 빠른 경우에는 그 등기일자를 기재한다.

그림 3-47 매각물건명세서

© 탱크옥션

만 원이라고 생각하면 됩니다.

만약 실제 보증금이 6,000만 원이 아니고 4억이라는 사실을 낙찰받고 나서 알게 된다면 매각불허가신청을 할 수 있습니다. 법원이 잘못된 정보를 제공한 것이니까요. 다만 이때도 임차인의 대항력이 발생하는 시점에 따라 이야기가 달라집니다. 임차인의 대항력 발생 시점이 최선순위설정일보다 늦는

다면 대항력이 없는 임차인이죠. 대항력이 없는 임차인이라 보증금 전액을 못 받더라도 낙찰자 인수사항이 아니기 때문에 신경 쓸 필요가 없습니다.

8. 등기사항전부증명서

등기사항선부승명서에서 확인해야 하는 것은 크게 두 가지입니다. 첫 번째는 '표제부'에 있는 건물면적입니다(〈그림 3-48〉 참조). 여기에 적혀 있는 면적이 유료 사이트 경매정보 화면에 나와 있는 건물면적과 같은지 확인해야 합니다. 간혹가다 표제부에는 $84.82\,m^2$라고 적혀 있는데, 사이트 경매정보에는 $42.41\,m^2$라고 적혀 있는 물건도 있습니다. 이를 '지분경매'라고 합니다. 하나의 부동산을 여러 명이 소유하고 있는데 그중 1명의 지분만 경매로 나온 것

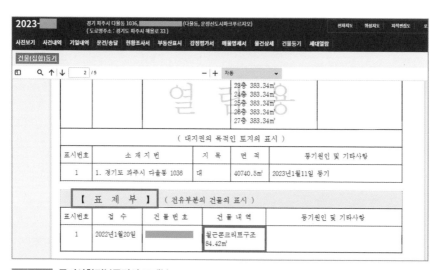

그림 3-48 등기사항전부증명서 표제부

© 탱크옥션

180만 원 월급쟁이 이주임은 어떻게 경매 부자가 됐을까

으로, 해당 부동산의 소유권을 100% 취득하는 방식이 아닙니다. 지분경매로 나온 물건을 낙찰받을 경우 임차를 맞추거나 매도할 때 공유자와 의논해서 진행해야 합니다. 의견 충돌이 있다면 수익실현을 하는 데 어려움을 겪을 수 있으니 초보라면 피하는 것이 좋습니다.

두 번째로 확인해야 하는 것은 맨 마지막 장에 있는 '주요 등기사항 요약 (참고용)'입니다(〈그림 3-49〉 참조). 앞에서 건물등기를 보고 말소기준권리보다 접수일자가 이른 선순위가 있는지 확인했는데, 요약본을 보면서 한 번 더

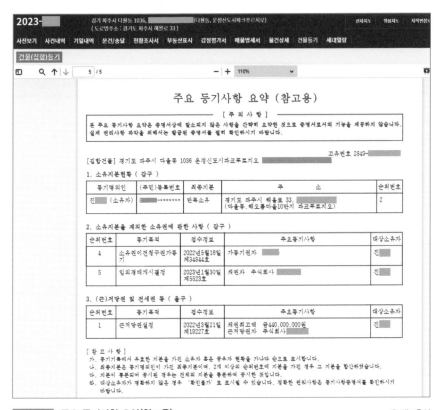

그림 3-49 주요 등기사항 요약(참고용)

ⓒ 탱크옥션

체크하는 겁니다. 여기 적힌 등기들이 앞서 본 건물등기 부분에 다 적혀 있는지 확인하면 됩니다.

9. 세대열람

마지막으로 세대열람 메뉴에서 전입세대확인서를 봅니다(〈그림 3-50〉 참조). 매각물건명세서에 적혀 있는 임차인의 전입일자와 전입세대확인서에 적혀 있는 전입일자가 같은지 확인합니다. 여기서 주의해야 할 점이 있습니다. '동

그림 3-50 전입세대확인서(동거인포함)

© 탱크옥션

180만 원 월급쟁이 이주임은 어떻게 경매 부자가 됐을까

거인 사항'에 '동거인'이라고 적힌 것을 보고 왼쪽에 적혀 있는 사람이 동거인이라고 생각하기 쉬운데, 왼쪽에 적혀 있는 성명과 전입일자는 '세대주'에 포함되는 사항입니다. '동거인'은 오른쪽 칸에 표시됩니다(이 사례에서는 비어 있음). 대부분 사이트에서 제공하는 전입세대확인서에는 세대주만 표기돼 있습니다.

유료 사이트를 이용하면 지금까지 살펴본 모든 서류를 한자리에서 볼 수 있으니 권리분석을 신속하게 할 수 있습니다. 처음에는 익숙하지 않아서 시간이 좀 걸리겠지만, 연습 삼아 서너 번만 해봐도 다음 서류에선 무엇을 봐야 하는지 저절로 눈이 갈 겁니다. 권리분석에서 최대한 시간을 벌고 관심 물건을 최대한 찾아놓는다면 임장을 다닐 시간을 더 많이 확보하고 기회도 더 많이 만날 수 있습니다. 10초 만에 끝내는 권리분석, 꼭 도전해보세요.

☑ 1. 말소기준권리 일곱 가지

- 압류
- 가압류
- 저당권
- 근저당권
- 담보가등기
- 경매개시결정기입등기
- 전세권*
  * 전세권이 말소기준권리가 될 수 있는 조건 두 가지
  – 전세권이 전체 면적에 설정돼 있어야 한다.
  – 전세권자가 배당요구종기일 전에 배당을 신청하거나 경매를 직접 신청해야 한다.

☑ 2. 말소기준권리 찾는 법

- 등기사항전부증명서 요약본에서 접수일자가 가장 이른, 말소기준권리가 될 수 있는 권리를 찾는다.
- 매각물건명세서에서 최선순위설정 칸을 확인한다.

☑ 3. 후순위라도 소멸하지 않는 여섯 가지 권리

- 건물철거 및 토지인도청구에 의한 가처분등기
- 소유자의 진정한 소유권을 다투는 것을 목적으로 하는 가처분등기
- 예고등기
- 대항력 있는 임차인의 임차권등기
- 유치권
- 법정지상권

☑ 4. 임차인의 대항력

- 임차인의 대항력 발생 시점: 전입신고 다음 날 오전 0시
- 대항력 있는 임차인: 말소기준권리보다 대항력 발생 시점이 더 이르다.
  (대항력 있는 임차인의 미배당 보증금은 낙찰자 인수사항임)
- 대항력 없는 임차인: 말소기준권리보다 대항력 발생 시점이 더 늦다.
  (대항력 없는 임차인의 미배당 보증금은 낙찰자 인수사항이 아님)

☑ 5. 임차인의 우선변제권 기준일

대항력 발생 시점(전입신고 다음 날 오전 0시)과 확정일자 중 늦은 날

☑ 6. 임차인의 우선변제권 조건

- 전입신고
- 확정일자
- 배당요구종기일 전에 배당신청
  - ※ 대항력 없는 임차인도 명도 계획을 위해 배당을 받는지 확인: 대항력 없는 임차인이 배당을 받으려면 낙찰자의 명도확인서와 인감증명서가 필요하다.

☑ 7. 임차인의 보증금 증액분

- 대항력 발생 시점: 증액에 대한 재계약 시점
- 우선변제권 발생 시점: 증액 시점과 증액분에 대한 확정일자 중 늦은 날

☑ 8. 소액임차인의 최우선변제권 조건

- 보증금이 소액이어야 한다.
- 경매개시결정기입등기일 이전에 전입신고를 해야 한다.
- 배당요구종기일 전에 배당신청을 해야 한다.
  - ※ 매각대금의 2분의 1까지만 최우선변제를 받을 수 있다.
  - ※ 소액보증금을 확인하는 기준시점은 근저당 접수일자다.
  - ※ 근저당이 없는 물건이라면 배당일이 기준이 된다.
  - ※ 배당일은 아직 오지 않은 날짜이므로, 인터넷등기소 소액임차인 범위 표에서 맨 마지막 구간을 기준시점으로 확인하면 된다.

☑ 9. 주택도시보증공사가 대항력을 포기한다는 문구(매각물건명세서 '비고란')

- 주택도시보증공사 확약서 제출(우선변제권만 주장, 대항력 포기, 임차권등기말소 동의)
- 특별매각 조건: 채권자는 매수인에 대해 배당받지 못하는 잔액에 대한 임대차보증금 반환청구권을 포기하고, 임차권등기를 말소하는 것을 조건으로 매각
- 특별매각 조건: 임차승계인 주택도시보증공사는 매수인에 대하여 배당받지 못하는 잔액에 대한 임대차보증금 반환청구권을 포기하고, 임차권등기를 말소하는 것을 조건으로 매각함

☑ 10. 당해세가 있는 물건의 입찰

- 당해세(압류)와 대항력 있는 임차인이 같이 있는 물건은 입찰을 피해야 한다. 압류만 있는 경우 또는 대항력 있는 임차인만 있는 경우가 아니라 2개가 같이 있는 물건을 말한다.
- 당해세와 대항력 있는 임차인이 같이 있는 물건 중 유일하게 입찰해도 괜찮은 것이 주택도시보증공사가 인수 조건을 변경한 물건이다. 매각물건명세서 비고란에 임차인이 대항력은 포기하고 우선변제권(배당)만 받는다고 적혀 있다면 임차인의 보증금에 대해서는 낙찰자 인수사항이 없는 물건이 된다.

3부
실전편

성공률을
높이는
2주 전략

4장

임장 가서는
이것만 기억하자

01

아파트·빌라 경매물건: 환경 파악부터 명도 힌트까지

부동산 투자를 시작하면 건너뛸 수 없는 게 바로 임장입니다. 다만 어떤 물건에, 어떤 계획으로 투자하느냐에 따라 임장하는 방법이 조금씩 다릅니다. 예를 들어 장기 투자를 하기 위해 저평가된 아파트를 찾는다면 관심 둔 지역을 다 돌아다녀야 합니다. A 지역에 관심이 있다면 비슷한 가격대를 형성하고 있는 B·C 지역에도 임장을 가서 가격이 가장 비싼 아파트의 특징을 파악합니다. 대부분은 학군이 좋거나 지하철역과 가깝거나 신축 아파트일 텐데, 그 밖의 장점을 발견할 수도 있어요. 그 정보를 기반으로 A 지역에서 비슷한 특징을 가진 아파트가 어디인지 찾습니다. B·C 지역 대장 아파트의 특징을 지닌 아파트인데 가격이 저렴하다면, A 지역 아파트는 아직 저평가돼 있다고 판단할 수 있습니다. 아파트 장기 투자는 이런 물건을 찾는 방식으로 이뤄집니다.

상가 임장을 갈 때는 주목해서 봐야 할 점이 약간 다릅니다. 주변에 배후 세대가 얼마나 있는지, 어떤 상가를 중심으로 상권이 형성돼 있는지, 어떤 업종이 들어와 있는지, 상가 엘리베이터 이용자가 얼마나 많은지, 공실은 없는지 등이 핵심입니다.

다만 우리는 한 달 만에 경매로 내 집을 마련하는 것이 목표이므로, 그에 맞는 임장 방법이 필요합니다. 우선, 경매로 나온 아파트의 임장을 갈 때는 저평가 상태인지 확인하기 위해 전국을 돌아다닐 필요가 없습니다. 이미 저평가된 금액으로 살 수 있는 것이 경매물건이기 때문입니다. 경매물건 임장에서 체크해야 하는 사항을 설명하겠습니다.

우편함부터 보자

아파트와 빌라 경매물건 임장은 큰 틀에선 같습니다. 집에 사람이 살고 있는지, 집수리를 어느 정도로 해야 할지 힌트를 얻는 게 가장 중요합니다. 저는 물건지에 도착하면 우편함을 먼저 봅니다. 여기서 여러 가지 힌트를 얻을 수 있는데, 우편함이 깨끗이 비어 있다면 사람이 살고 있을 확률이 높습니다. 반면 우편물이 수북하게 쌓여 있다면 정리할 사람이 없다는 것이므로 빈집일 가능성이 큽니다. 우편물 중에 관리비 납부통지서가 있고 펼쳐볼 수 있게 돼 있다면, 전기 사용량이 갑자기 줄진 않았는지 확인합니다. 전기 사용량이 급감했다면 이전에는 누군가가 살았는데 현재는 빈집인 거라고 추정할 수 있습니다.

그리고 권리분석을 할 때 미심쩍은 점이 있었다면 우편함을 통해 답을 찾을 수도 있습니다. 예를 들어 매각물건명세서와 현황조사서에 적혀 있는 임차인 이름이 다를 때 실제 점유자가 누구인지 의심이 드는 경우가 그렇습니다.

서울 광진구에 있는 아파트가 하나의 사례입니다(〈그림 4-1〉 참조). 감정평가액이 14억 9,000만 원이고, 5회 유찰되면서 최저가가 6억 1,000여만 원으로 떨어졌습니다. 이 아파트는 낙찰될 당시 시세가 13억대였습니다.

임차인 현황을 보니 말소기준일(2021년 7월 22일)보다 임차인의 대항력 발생 시점(2014년 2월 14일 오전 0시)이 훨씬 이릅니다(〈그림 4-2〉 참조). 따라서 대항력 있는 임차인입니다. 그런데 이 임차인은 배당신청을 하지 않았어요. 언제 확정일자를 받았는지도 알 수 없고, 보증금이 얼마인지도 모르는 상태입

그림 4-1 광진구 아파트의 경매정보 © 탱크옥션

임차인 현황 | 말소기준일(소액): 2021-07-22 | 배당요구종기일: 2022-09-28

점유목록	임차인	점유부분/기간	전입/확정/배당	보증금/차임	대항력	분석	기타
1	이○○	주거용 102호 미상	전입:2014-02-13 확정:미상 배당:없음	보:미상		배당금 없음 보증금 전액 매수인 인수 대항력 여지 있음(전입일 빠름)	임차인
기타사항							

* 전입세대 열람내역서 및 주민등록표 등본 상 이▮▮세대가 등재되어 있으며, 현장 방문조사 당시 만난 임▮▮(이▮▮의 배우자)에 의하면 본인의 가족이 전부 점유하여 거주하고 있다고 함
* 2022.10.27.자 신청채권자 오케이저축은행이 이 사건 부동산 임차인(이▮▮) 임대차 사실확인서(임대차 보증금 450,000,000원)를 제출하였으나 사실관계 여부는 불분명함.

그림 4-2 광진구 아파트의 임차인 현황

니다. 대항력 있는 임차인이기 때문에 배당받지 못하는 보증금 전액, 즉 얼마인지도 모르는 보증금을 낙찰자가 다 떠안아야 하는 물건인 겁니다.

이처럼 미상 임차인이 있는 물건일 때는 임장을 가서 우편함에 고지서가 누구 명의로 발송됐는지 확인합니다. 소유자의 이름이 적혀 있다면 임차인이 없을 가능성이 있습니다. 다만 내용물을 확인하겠다고 우편물을 뜯어선 안 됩니다. 이미 뜯겨 있는 것은 볼 수도 있지만 내가 뜯어서는 절대 안 됩니다. 우편물이 누구한테 왔는지 이름 정도만 확인하는 게 좋습니다.

그런데 요즘 신축 아파트는 외부인이 출입하기가 어렵습니다. 20년 이상 된 아파트들은 별다른 통제 없이 각 층으로 올라갈 수 있지만, 요즘 아파트는 1층에 유리문이 설치돼 비밀번호를 눌러야 들어갈 수 있는 곳이 대부분입니다. 이럴 때는 어떻게 해야 할까요?

누군가는 주민이 지나가길 기다렸다가 문이 열리는 순간 따라 들어간다고도 하던데, 그렇게 들어갔다가 문제가 생길 수도 있습니다. 그래서 저는 떳떳하게 들어갑니다. 출입문 비밀번호를 입력하는 곳을 보면 '경비실 호출'이 있어요. 이 버튼을 누르고 경매로 나온 아파트의 동과 호수를 밝히면서 경매

물건 보러 왔다고 이야기하면 열 곳 중 여덟 곳은 열어줍니다.

현관문을 중심으로 복도와 섀시 상태를 살피자

입구를 통과했다면 해당 물건으로 갑니다. 우선은 현관문 앞에서 사람이 살고 있는지 힌트를 찾습니다. 신축 아파트는 전기계량기가 집 내부에 설치돼 있는데, 5년 이상 된 아파트는 대부분 복도에 있습니다. 만약 사람이 살고 있다면 냉장고가 있을 테고, 그러면 전기계량기가 느리게나마 돌아갑니다. 계량기가 멈춰 있다면 빈집일 가능성이 있다는 얘기입니다.

또 현관문 앞에 짐이 쌓여 있는지도 확인합니다. 짐이 비정상적으로 많다면 명도가 순조롭지 않을 수도 있습니다. 밖에 나와 있는 짐뿐 아니라 현관문이나 창문으로 안을 볼 수 있다면 내부의 살림도 확인하는 것이 좋습니다. 살림을 보면 어떤 사람이 점유하고 있는지 추측할 수 있습니다.

한번은 수강생들과 함께 임장을 갔습니다. 여느 때와 마찬가지로 우편함을 살핀 후 해당 호수로 향했습니다. 현관문 앞에 우산꽂이가 있는데, 어른이 사용하는 장우산 2개와 유치원생이 사용하는 작은 우산 2개가 있었습니다. 이를 보고 집에 어린아이들이 있다는 걸 알 수 있었습니다. 이런 힌트를 얻으면 명도할 때 어떤 점을 배려해서 진행할지 미리 계획을 짤 수 있습니다.

현관 앞에서 또 살펴봐야 하는 것이 계단과 복도의 청소 상태입니다. 아파트 자체에서 관리를 잘하는지 보는 겁니다. 만약 아파트 관리가 잘 안되는 곳이라면 나중에 매도할 때 어려움을 겪을 수도 있습니다. 같은 맥락에서 주차장도 확인합니다. 지하주차장으로 내려가는 계단이 깨끗한지, 주차장에 누수는 없는지 체크합니다. 더불어 주차 공간은 여유로운지도 확인합니다. 만약 평일 낮에 임장을 갔는데 꽉 차 있다면 저녁엔 주차 전쟁이 벌어질 게 분명하죠.

그리고 밖으로 나가 경매물건의 창문을 보면서 새시(흔히 '샷시'라고 하죠)가 돼 있는지 확인합니다. 집을 수리할 때 가장 비용이 많이 드는 게 새시이기 때문입니다. 갈색 알루미늄 새시로 돼 있다면 낙찰 후 새시까지 교체해야 할 수도 있으니 권리분석을 하면서 생각했던 금액에서 1,000~2,000만 원은 낮춰 입찰해야 합니다.

이렇게 밖에서 보면 안에 사람이 살고 있는지 아닌지 결정적인 힌트를 얻을 수 있습니다. 바로 에어컨 실외기인데, 만약 실외기가 없다면 짐까지 다 빠진 빈집이라고 짐작할 수 있습니다. 하루는 임장을 갔는데 1층에서 경매물건을 바라보니 창문이 모두 활짝 열려 있었습니다. 내부의 짐이 보이지 않았고 실외기도 없었기에 빈집임을 알게 됐습니다.

빈집인지 아닌지 왜 확인해야 할까요? 빈집이면 명도 때문에 골치 썩일 일이 없기 때문입니다. 낙찰을 받고 소유자와 연락이 돼서 비밀번호를 받으면 하루 만에 명도를 끝낼 수도 있습니다. 다만 집이 완전히 빈 게 아니라 짐이 몇 개 남아 있다면 주의해야 합니다. 마음대로 그 집에 들어가서 짐을 치웠다가는 주거침입이 될 수 있습니다. 잔금납부까지 해서 소유권이 나한테 있는데도 주거침입이냐고 의아해할 수도 있지만, 사람이 없더라도 짐이 있는 건 아직 점유를 하고 있는 겁니다. 이런 점유자는 연락을 피하거나 짐을 가져가길 차일피일 미루는 식으로 애를 먹이기도 하는데, 그럴 때는 강제집행을 통해 합법적으로 짐을 꺼내야 합니다.

미납 관리비를 꼭 확인하자

|

아파트 임장에서 마지막으로 들러야 할 곳이 있는데, 바로 관리사무소입니다. 경매물건 호실에 미납 관리비가 있는지 확인하기 위해서입니다. 관리사무소는 경매로 나온 집의 미납 관리비가 있는지에 대한 질문에 의무적으로 대답해주게 돼 있습니다. 간혹 개인정보라서 알려줄 수 없다고 하는 곳도 있는데, "경매나 공매로 나온 물건은 미납 관리비가 얼마인지 알려주는 게 의무입니다"라고 이야기하면 됩니다.

점유자가 미납한 관리비는 낙찰자 인수사항인데, 다만 전액을 낙찰자가 내지 않아도 됩니다. 관리비에는 전유부분이 있고 공유부분이 있습니다. 전유부분은 점유자가 개인적으로 사용한 전기요금, 수도요금, 가스요금 등이 포함된 금액으로 입주자대표회의에서 인수해야 합니다. 공유부분은 승강기 운영비, 청소비 등 아파트에서 공통으로 사용하는 부분에 대한 금액입니다. 낙찰자는 최근 3년 이내 미납된 관리비 중에서 공유부분만 인수하면 됩니다. 미납 관리비라고 해서 무시하면 안 되는 것이 적게는 몇백만 원, 많을 땐 몇천만 원까지 될 수도 있기 때문입니다.

미납 관리비는 관리사무소에 직접 가지 않고 전화로도 알아볼 수 있습니다. 인터넷에서 아파트명으로 검색해 관리사무소 전화번호를 확인할 수 있는데, 전화로 물어봐도 알려줍니다. 이때는 "지금 그 집에 사람이 살고 있어요?"라고 물어보는 것도 팁입니다. 대답을 해주지 않는 곳도 있지만, 은근슬쩍 알려주는 곳도 있습니다.

빌라 경매물건에서는 계량기를 주의해서 보자

|

빌라 임장 역시 큰 틀에서는 아파트 임장과 같습니다. 주변 환경을 파악하는 것에 더해 사람이 살고 있는지에 대한 힌트와 명도 계획을 세울 힌트를 얻는 것이 주목적이니까요. 아파트와 큰 차이점이라면, 빌라는 1층 외부에 전기계량기와 도시가스계량기가 있다는 겁니다. 계량기에 호실을 가리키는 숫자가 크게 적혀 있으니 입찰할 호실 번호를 찾아서 확인하면 됩니다.

전기계량기의 숫자가 천천히나마 바뀐다면 내부에 전기를 사용하는 물건이 있다고 추정할 수 있습니다. 도시가스계량기는 겨울에 임장을 갔다면 숫자가 바뀔 경우 사람이 산다고 추정할 수 있는데, 여름에는 힌트를 얻기가 좀 어렵습니다. 조리를 하거나 온수를 사용하지 않는 한 숫자가 그대로일 테니까요.

계량기와 관련해서 확인해야 할 사항이 한 가지 더 있습니다. 계량기가 있는지 없는지부터 봐야 한다는 겁니다. 전기요금이 2개월 이상 미납되면 한전에서 단전 예정일 7일 전에 미납 요금 납부 안내서를 발송합니다. 그날까지 요금이 납부되지 않으면 단전 조치를 취하는데 때로는 계량기를 떼어가기도 합니다. 도시가스 역시 요금이 미납되면 독촉고지서를 발송하고, (사업자마다 차이가 있긴 하지만) 3개월 이상 미납하면 가스 공급 중단 예고서를 발송하며,

예고서 발송 7일 후에도 납부하지 않으면 밸브를 잠그고 풀지 못하게 잠금까지 걸어놓습니다. 이런 집이라면 미납된 공과금이 쌓여 있을 가능성이 큽니다.

참고로, 만약 낙찰을 받은 후 물건지에 가보니 이런 상황이라고 하더라도 당황할 필요는 없습니다. 한전과 도시가스 업체에 전화해서 미납된 공과금을 처리해달라고 요청하면 됩니다. 그리고 각 기관에서 요구하는 서류를 보내면 다시 계량기를 달아주고 전기와 가스를 사용할 수 있게 해줍니다. 공과금은 낙찰자 인수사항이 아니기 때문에 경매 후에도 채무자가 책임져야 합니다. 그 대신 낙찰받고 가만히 있는데 그쪽에서 먼저 '공과금 안 내셔도 됩니다'라고 연락하진 않습니다. 낙찰자가 먼저 전화해서 미납 공과금을 없애달라고 해야 합니다. 다만 소유권이전 후에 발생한 미납 공과금은 낙찰자 인수사항인데, 대부분 소액이기 때문에 크게 문제 될 건 없습니다.

02

집 안을
미리 살펴보려면

경매물건을 낙찰받았다고 해도 명도를 하기 전까지는 집 안으로 들어갈 수가 없습니다. 방이 몇 개인지, 화장실이 몇 개인지 직접 확인할 수가 없는 겁니다. 감정평가서의 내부 구조도를 참고해 방과 화장실의 개수, 실내 구조를 간접적으로 추측하는 것이 전부입니다. 그런데 가끔 감정평가서에 내부 구조도가 첨부되지 않은 경우도 있습니다. 그럴 때 내부 구조를 확인하는 방법에는 세 가지가 있습니다.

첫 번째는 호갱노노 사이트를 활용하는 것입니다. 2장에서 호갱노노를 통해 실거래가를 확인하는 방법을 자세히 설명했는데, 그 화면 하단에서 해당 물건의 내부 구조도를 3D로 볼 수 있습니다(〈그림 4-3〉 참조).

두 번째는 건축물현황도를 발급받는 것입니다. 원래는 감정평가사가 감정평가를 하면서 건축물현황도를 발급받아 평가서에 넣는데, 그 과정을 빠뜨

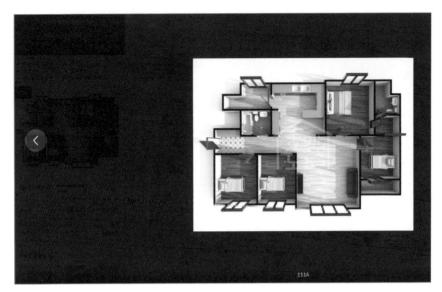

호갱노노에서 제공하는 경매물건의 내부 구조도(3D)　　　　　ⓒ 호갱노노

렸을 때는 직접 발급받으면 됩니다. 건축물현황도는 '건축행정시스템 세움
터(eais.go.kr)' 메인 페이지 '건축물현황도 발급'이라는 메뉴에서 발급할 수
있습니다.

　원래는 본인이 소유한 건물로 한정되지만, 경매·공매로 나온 물건은 누구
나 발급할 수 있습니다. 그 대신 해당 건물이 경매·공매에 부쳐졌다는 증거
로 등기사항전부증명서를 제출해야 합니다. 발급을 신청하고 1~2시간 후에
건축물현황도를 받아볼 수 있습니다.

　세 번째 방법은 물건지 인근의 중개사무소를 방문하는 것입니다. 중개사
무소 소장님들은 집에 많이 들어가 봤기 때문에 구조가 어떤지 잘 알고 있습
니다.

　아파트는 호수가 달라도 평형이나 구조도가 같으니 대강 추측할 수 있고,

빌라 역시 평형이나 건축연도가 같다면 비슷한 구조로 돼 있을 가능성이 큽니다. 운이 좋다면 경매로 나온 그 집을 다녀온 소장님을 만날 수도 있습니다.

얼마 전 수강생들과 함께 임장을 가서 중개사무소에 들렀다가 실제로 그런 경험을 했습니다. 임장 온 그 경매물건이 몇 달 전 매물로 나왔고, 그래서 소장님이 집 안을 들어가 봤다고 합니다. 그러면서 내부를 전부 리모델링한 집이라 바로 되팔아도 다른 집들보다 높은 가격을 받을 수 있다고 귀띔해주셨습니다. 남들은 모르는 귀한 정보를 얻은 겁니다.

임장을 다니다 보면 경매물건의 내부 사진까지 가지고 있는 소장님을 만날 수도 있습니다. 그러니 입찰하기 전에는 꼭 임장을 가서 아파트 주변에 있는 중개사무소를 최대한 많이 방문하는 게 좋습니다. 해당 집에 대한 정보를 하나라도 더 알게 된다면 경쟁자들보다 유리하기 때문입니다.

03
재개발·재건축 경매물건: 추가분담금과 위반건축물 여부

재개발과 재건축 경매물건에서도 입지와 환경을 파악하는 것은 기본적으로 해야 하는 일인데, 여기에 추가로 체크해야 할 사항이 있습니다. 바로 추가분담금과 위반건축물 여부입니다.

흔히 빌라가 많은 지역에서는 재개발, 아파트가 많은 지역에서는 재건축 식으로 생각하는데 이 둘을 구분 짓는 정의는 따로 있습니다. 재개발은 상하수도관이나 도로 같은 기반시설이 열악하고 노후화된 건축물들이 밀집된 구역에서 이뤄지는 사업이고, 재건축은 기반시설은 양호하지만 건축물이 노후화됐을 때 진행되는 사업입니다. 즉, 재개발은 지역 단위로 진행되는 데 비해 재건축은 특정 아파트나 건물에서 진행하죠. 빌라가 많은 구역인데 '재건축'이라는 이름으로 시행되는 사업도 있습니다.

180만 원 월급쟁이 이주임은 어떻게 경매 부자가 됐을까

추가분담금을 확인하자

재개발과 재건축 경매물건을 임장할 때 가장 중요한 일은 추가분담금이 얼마인지를 확인하는 것입니다. 추가분담금이란 재개발·재건축 사업을 통해 헌 주택을 허물고 신축 아파트를 지었을 때, 신축 아파트에 들어가기 위해 조합원들이 추가로 내야 하는 돈을 말합니다. 같은 구역에 있더라도 부동산 물건에 따라서 금액이 달라지므로, 내가 입찰하려는 물건의 추가분담금은 얼마인지 꼭 확인해야 합니다. 낙찰받는 금액과 추가분담금을 더한 가격이 주변 신축 아파트보다 저렴해야 수익을 낼 수 있으니까요. 이 금액이 어느 정도 되는지는 조합사무실이나 구역 내 중개사무소에서 알아볼 수 있습니다.

재건축 구역에서는 신축 아파트로 들어갈 수 있는 '입주권'이 나오는지도 확인해야 합니다. 재개발 구역이라면 동의서를 제출하지 않아도 구역 내에 들어오기만 하면 입주권을 주지만, 재건축은 구역에 포함되더라도 동의서를 제출한 사람들만 입주권을 받을 수 있습니다. 그래서 재건축 구역에 임장을 갔다면 조합사무실에 가서 해당 물건의 소유자가 동의서를 제출했는지, 입주권이 나오는지, 추가분담금은 얼마인지 꼭 체크한 후 입찰해야 합니다.

위반건축물 여부를 확인하자

위반건축물은 건축물과 관련된 법규를 위반해 지어진 건축물을 말합니다.

대표적인 예가 무단 증축과 불법 용도 변경인데, 무단 증축은 건물을 지을 때 제출한 건축도면에 없는 건축물을 지은 것을 말합니다. 도면에는 지붕이 없는 테라스로 돼 있는데 현황에는 그곳에 지붕과 창문을 설치해 실내 공간을 더 넓힌 것이 하나의 예입니다. 불법 용도 변경은 건축물대장에는 용도가 '사무소'라고 적혀 있는데, 현황은 주거로 사용 중인 물건이 대표적입니다.

위반건축물은 입찰을 피해야 합니다. 위반건축물을 낙찰받는다면 매년 이행강제금을 내야 하기 때문입니다. 예전에는 이행강제금을 위반건축물 신고가 된 후 5년 동안만 내면 됐는데, 위반건축을 하면 월세를 더 많이 받을 수 있으니 이행강제금을 내면서까지 무단 증축을 하곤 했습니다. 하지만 2019년 4월부터는 법이 바뀌어서 위반된 건축물을 건축법에 맞게 원상복구할 때까지 매년 이행강제금을 내야 합니다. 게다가 위반건축물은 대출을 받기 어렵습니다. 낙찰자가 잔금납부를 위해 대출을 받기도 어려울 뿐만 아니라 임차인이 전세대출을 받기도 어렵습니다.

위반건축물 여부는 건축물대장에서 확인할 수 있고, 이 서류는 정부24(gov.kr)에서 누구나 무료로 발급받을 수 있습니다(〈그림 4-4〉 참조). 정부24 로그인 후 메인 화면에서 '건축물대장' 메뉴를 클릭한 후 소재지를 입력하고 아파트나 빌라 같은 집합건물이라면 '집합'을 선택합니다. 가장 많이 어려워하는 게 표제부, 전유부 구분인데요. 아파트나 빌라처럼 호실마다 주인이 따로 있는 집합건물의 경우 표제부는 호실 구분 없이 건물 전체에 대한 내용을 보여주고, 전유부는 호실마다 구분해서 보여줍니다. 특정 호실을 분석할 때는 '전유부'를 클릭해서 보면 됩니다. 위반건축물이면 건축물대장 우측 상단에 노란색으로 '위반건축물'이라고 적혀 있습니다(〈그림 4-5〉 참조).

그림 4-4 정부24에서 건축물대장 발급받기

© 정부24

그림 4-5 건축물대장에 '위반건축물'이 표시된 사례

© 정부24

그런데 아직 위반건축물 표시는 없지만, 신고가 접수되면 언제든지 위반건축물 표시가 뜨고 이행강제금을 내야 하는 집도 종종 있습니다. 그러므로 건축물대장에 표시가 없다고 하더라도 입찰하려는 집이 위반건축물인지 아닌지 확인할 줄 알아야 합니다.

건축물대장과 별개로 위반건축물 여부를 확인하는 방법은 두 가지가 있습니다. 첫 번째는 매각물건명세서 비고란에 '제시외 건물'이라고 적혀 있는지 확인하는 것입니다. 이는 허가받은 건축도면 외에 다른 무언가가 설치돼 있다는 뜻입니다. 감정평가서의 도면을 보면 어느 부분이 제시외 건물인지 확인할 수 있습니다.

두 번째는 임장 갔을 때 눈으로 직접 확인하는 것입니다. 건축도면상 테라스로 돼 있는 곳에 패널 지붕이 설치돼 있다면 위반건축물이 되는 겁니다. 사실 패널로 증축된 곳은 철거비를 들여 원상복구를 할 수 있긴 합니다. 그러면 싸게 낙찰받아 철거하면 되는 것 아니냐고 생각할 수도 있는데, 철거만으로 끝나지 않는 경우들이 있습니다. 예를 들어 무단 증축된 곳에 보일러가 설치돼 있다면 대공사로 변하게 됩니다. 그리고 지붕을 철거했는데 테라스에 배수구가 없다면 비 오는 날 물이 찰 거고요. 이런 현황은 실제 집에 들어가야 확인할 수 있기 때문에 낙찰받기 전엔 알 수가 없습니다. 위반건축물만 골라서 낙찰받는 경매 고수들도 있지만 초보라면 위반건축물은 제외하고 입찰하길 권합니다.

• 3주 차 요약 •

☑ 1. 임장 체크리스트

☐ 우편함 확인: 우편함이 깨끗하면 사람이 살고 있다고 추측할 수 있고, 우편물이나 고지서 가 많이 쌓여 있다면 빈집이라고 추측할 수 있다.

☐ 현관문 앞 확인: 복도까지 짐이 나와 있진 않은지 확인한다. 짐이 너무 많은 집이면 명도할 때 어려움을 겪을 수 있다.

☐ 전기계량기와 가스계량기 확인: 계량기가 돌아가고 있는지 확인함으로써 빈집인지 아닌 지 추측할 수 있다.

☐ 새시 수리됐는지 확인: 인테리어 비용 중 새시 비용이 가장 많이 들기 때문이다. 새시가 수 리돼 있다면 조금 더 높은 금액으로 입찰할 수 있다.

☐ 복도 및 계단 청소 상태 확인

☐ 미납 관리비 확인: 아파트는 관리사무소, 빌라는 관리 업체에서 확인할 수 있다.

☐ 중개사무소에서 매도가, 전세가, 월세가 확인

☐ 인테리어 가게에서 예상 수리비 확인

☑ 2. 감정평가서에서 내부 구조도를 확인할 수 없다면?

- 호갱노노 사이트에서 확인한다.
- 건축행정시스템 세움터 사이트에서 건축물현황도를 직접 발급받는다.
- 해당 물건지 주변 부동산을 방문해 문의한다.

☑ 3. 위반건축물 여부 확인

- 건축물대장에 '위반건축물'이라고 표기돼 있는지 확인한다.
- 매각물건명세서 비고란에 '제시외 건물'이라고 적혀 있는지 확인한다.
- 임장을 통해 건축도면과 현황을 직접 비교한다.

5장

(4주 차)

입찰과 명도
똑 부러지게
하는 법

경매법정 도착부터 입찰봉투 제출까지

임장까지 다녀왔으니 이젠 입찰을 하러 갈 차례입니다. 경매에서 가장 큰 단점은 입찰을 하려면 법원에 직접 가야 한다는 것입니다. 직장인이라면 매번 반차나 연차를 써야 한다는 얘기인데, 꼭 그래야 하는 건 아닙니다. 대리입찰이 가능해서 지인이나 입찰을 대리해주는 전문 업체에 맡길 수 있습니다. 대리입찰과 입찰표 작성법은 바로 뒤에서 자세히 다루겠습니다. 여기서는 전반적인 프로세스를 설명하겠습니다.

경매법정에 도착했다면, 입찰표를 작성하기 전에 3단계를 거쳐야 합니다.

입찰표 작성 전 거쳐야 할 3단계

⌂ **1단계: 경매법정 앞 게시판에서 사건번호 찾기**

경매법정 앞에 가면 A4 용지 몇 장이 붙어 있는 게시판을 볼 수 있습니다. 거기에는 사건번호가 나열돼 있는데, 오늘 이 법원에서 경매를 진행하는 사건들입니다. 그중에서 내가 입찰하려는 사건번호를 찾아야 하는데, 보통은 숫자순으로 적혀 있으니 찾기가 어렵진 않습니다.

입찰하고자 하는 물건의 사건번호를 찾은 다음에는 그 옆에 볼펜으로 따로 적힌 게 없는지 확인합니다. 예를 들어 오늘 매각이 취소되고 매각기일이

그림 5-1 경매법정 앞 게시판

변경됐다면 사건번호에 'X' 표시가 돼 있고 '변경'이라는 글자가 적혀 있을 겁니다. 그러면 다음 기일을 기다려야 합니다. 만약 변경이나 취하가 됐는데 게시판을 보지 못하고 입찰표를 작성해 제출했다면, 무효처리가 됨과 함께 입찰보증금을 돌려줍니다.

🏠 2단계: 경매법정 PC에서 관련 서류 재확인하기

법정으로 들어가면 PC가 여러 대 줄지어 있습니다. 각 PC에서 오늘 진행하는 물건들의 매각물건명세서, 현황조사서, 감정평가서, 매각기일공고를 볼 수 있습니다.

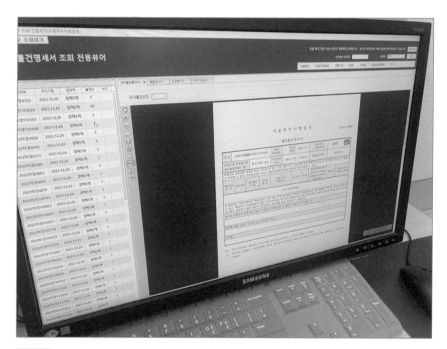

그림 5-2 경매법정의 PC

180만 원 월급쟁이 이주임은 어떻게 경매 부자가 됐을까

이 서류들은 권리분석을 하면서 이미 본 것이지만, 입찰표를 작성하기 전 변경된 사항이 있는지 다시 한번 체크합니다. 만약 임차인이 있는 건이라면 매각물건명세서를 보면서 대항력 유무를 다시 확인하고 비고란에 특이사항이 적혀 있는지 확인합니다. 현황조사서는 전에 본 내용 그대로인지 확인하면 되고, 감정평가서에서는 요항표에 (9)번과 (11)번이 있는지 마지막으로 체크합니다. 그리고 매각기일공고는 참고만 하면 되는데, 오늘 유찰될 경우 다음번 매각일이 언제인지를 알려주는 용도입니다.

🏠 3단계: 기일입찰표, 매수신청보증봉투, 입찰봉투 받기

기일입찰표는 법원에 따라 나눠주는 곳도 있고, 본인이 가져가도록 앞에 준비해두는 곳도 있습니다. 이때는 입찰표만이 아니라 입찰보증금을 넣는 흰색의 작은 봉투인 '매수신청보증봉투', 입찰표와 매수신청보증봉투를 넣어서 제출하는 갈색 대봉투인 '입찰봉투'를 함께 챙깁니다(〈그림 5-3〉, 〈그림 5-4〉 참조).

입찰표 작성 후 제출까지

매수신청보증봉투에는 최저가의 10%인 입찰보증금을 현금 또는 자기앞수표로 딱 맞게 넣습니다. 봉투 앞면에는 사건번호를 적고, 물건번호가 있는 경우에는 물건번호를 적고 물건번호가 없을 때는 비워둡니다(물건번호는 하나의 사건번호에서 2개 이상의 물건이 개별 매각될 때 각각에 붙는 번호입니다. 6장 참조). 그

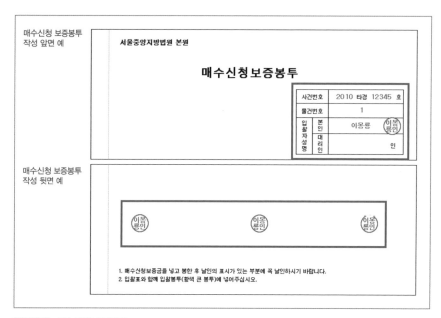

그림 5-3 매수신청보증봉투 ©지지옥션

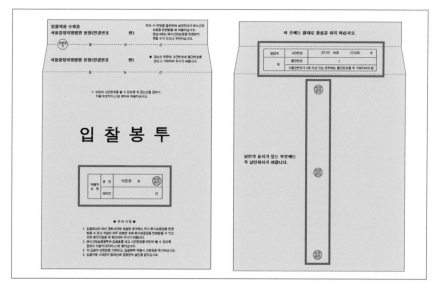

그림 5-4 입찰봉투 ©지지옥션

180만 원 월급쟁이 이주임은 어떻게 경매 부자가 됐을까

리고 입찰자의 이름을 적고 도장을 찍습니다. 뒷면으로 넘겨 날인 표시가 된 세 군데에 모두 도장을 찍습니다. 법원마다 약간 다른데, 날인 표시가 없다면 굳이 도장을 찍지 않아도 됩니다.

입찰봉투는 입찰에 필요한 모든 것을 넣어 제출하는 용도입니다. 앞면에 성명을 적고 도장을 찍은 다음 뒷면의 세 군데에 도장을 찍습니다. 특히 주의해야 하는 점이 봉투 안쪽에 사건번호를 적는 칸이 있다는 것입니다. 여기에 사건번호를 안 적는 사람들이 많아요. 사건번호가 안 적혀 있을 때 어떤 법원은 무효처리하기도 하고, 어떤 법원은 봉투 안의 입찰표를 꺼내서 사건번호를 대신 적어주기도 합니다. 어쨌든 무효처리될 가능성이 있으니 주의하는 것이 좋습니다.

입찰봉투를 제출하면 집행관이 봉투 상단에 있는 '수취증'을 찢어서 줍니다. 수취증은 개찰이 될 때까지 잘 가지고 있어야 합니다. 패찰했을 때 수취증에 적힌 번호와 입찰봉투에 적힌 번호가 일치하는지를 확인하고 보증금을 돌려주기 때문입니다.

입찰표 작성법과 입찰 준비물

앞서 언급한 것처럼 경매에 입찰하고자 한다면 반드시 법정에 가야 합니다. 그 대신 꼭 본인이 아니라 대리인이 가도 되는데, 준비물이 달라집니다.

입찰표 작성하는 방법

먼저 입찰표 작성법부터 설명하겠습니다. 사실 이 단계에 오기까지가 어려운 것이지 입찰표를 작성하는 건 간단합니다. 다만 내가 가격을 제시하는 것이니만큼 어느 때보다 주의를 기울여야 합니다. 〈그림 5-5〉에서 입찰표 양식을 볼 수 있는데, 위에서부터 차례대로 적어나가면 됩니다.

(앞면)

기 일 입 찰 표

지방법원　집행관　귀하　　　　　　　　　입찰기일 :　　년　　월　　일

사 건 번 호		타　경　　　　　호		물 건 번 호	※물건번호가 여러개 있는 경우에는 꼭 기재

입 찰 자	본인	성　명		㉑	전화 번호	
		주민(사업자) 등록번호		법인등록 번　호		
		주　소				
	대리인	성　명		㉑	본인과의 관　계	
		주민등록 번　호		전화번호		－
		주　소				

입찰 가격	천 억	백 억	십 억	억	천 만	백 만	십 만	만	천	백	십	일	원	보증 금액	백 억	십 억	억	천 만	백 만	십 만	만	천	백	십	일	원

보증의 제공방법	□ 현금 · 자기앞수표 □ 보증서	보증을 반환 받았습니다. 　　　　　　　　　입찰자　　　　　　㉑

주의사항.

1. 입찰표는 물건마다 별도의 용지를 사용하십시오, 다만, 일괄입찰시에는 1매의 용지를 사용하십시오.
2. 한 사건에서 입찰물건이 여러개 있고 그 물건들이 개별적으로 입찰에 부쳐진 경우에는 사건번호외에 물건번호를 기재하십시오.
3. 입찰자가 법인인 경우에는 본인의 성명란에 법인의 명칭과 대표자의 지위 및 성명을, 주민등록란에는 입찰자가 개인인 경우에는 주민등록번호를, 법인인 경우에는 사업자등록번호를 기재하고, 대표자의 자격을 증명하는 서면(법인의 등기사항증명서)을 제출하여야 합니다.
4. 주소는 주민등록상의 주소를, 법인은 등기부상의 본점소재지를 기재하시고, 신분확인상 필요하오니 주민등록증을 꼭 지참하십시오.
5. **입찰가격은 수정할 수 없으므로, 수정을 요하는 때에는 새 용지를 사용하십시오.**
6. 대리인이 입찰하는 때에는 입찰자란에 본인과 대리인의 인적사항 및 본인과의 관계 등을 모두 기재하는 외에 본인의 위임장(입찰표 뒷면을 사용)과 인감증명을 제출하십시오.
7. 위임장, 인감증명 및 자격증명서는 이 입찰표에 첨부하십시오.
8. 일단 제출된 입찰표는 취소, 변경이나 교환이 불가능합니다.
9. 공동으로 입찰하는 경우에는 공동입찰신고서를 입찰표와 함께 제출하되, 입찰표의 본인란에는"별첨 공동입찰자목록 기재와 같음"이라고 기재한 다음, 입찰표와 공동입찰신고서 사이에는 공동입찰자 전원이 간인 하십시오.
10. 입찰자 본인 또는 대리인 누구나 보증을 반환 받을 수 있습니다.
11. 보증의 제공방법(현금 · 자기앞수표 또는 보증서)중 하나를 선택하여 ☑표를 기재하십시오.

그림 5-5　기일입찰표　　　　　　　　　　　　　　　　　　　　　ⓒ법원경매정보

- 입찰기일: 입찰하는 날짜를 적습니다.

- 사건번호: 입찰하고자 하는 사건번호를 적습니다.

- 물건번호: 물건번호가 있을 때만 적고 없을 때는 비워둡니다.

- 입찰자 - 본인: 성명, 전화번호, 주민등록번호, 주소를 적습니다.

  ※ 낙찰됐을 때 송달되는 서류들을 받을 수 있는 주소를 적습니다.

  ※ '본인'은 부동산을 취득하는 사람을 말합니다. 낙찰을 받고 나서 다른 사람 명의로 소유권이전이 불가능합니다.

- 입찰자 - 대리인: 대리인이 입찰하러 갈 때는 대리인의 인적 사항을 적습니다.

- 입찰 가격: 자릿수에 맞춰서 아라비아 숫자로 적습니다.

  ※ 입찰 가격은 최저가 이상이어야 합니다.

  ※ 입찰표에서는 입찰 가격이 제일 중요합니다. 제대로 작성했는지 두세 번 확인하세요.

  ※ 입찰 가격은 수정할 수 없습니다. 수정을 하고 싶다면 새로운 용지를 받아 다시 작성해야 합니다.

- 보증 금액: 매수신청보증봉투에 넣은 금액을 넣습니다.

  ※ 입찰보증 금액은 최저가의 10%입니다.

  ※ 낙찰자가 최저가의 10%보다 많은 금액을 넣었을 경우 초과한 금액은 돌려줍니다.

- 보증의 제공 방법: 현금·자기앞수표, 보증서 중에서 자신이 택한 방식을 체크합니다.

- 보증을 반환 받았습니다: 입찰자(본인 또는 대리인)의 이름을 적고 도장

을 찍습니다.

※ 원래는 패찰 후 보증금을 돌려받았을 때 적는 난이지만, 보증금 반환 시간을 효율적으로 하기 위해 보통 사전에 작성합니다.

입찰하러 가는 사람에 따른 준비물

⌂ 본인이 입찰하러 갈 때

본인이 직접 갈 때는 다음 세 가지가 필요합니다.

- 본인 신분증
- 본인 도장
- 보증금(최저가의 10%)

우선 본인임을 증명하기 위해 신분증이 필요하고, 입찰표에 도장을 찍어야 하므로 도장도 가져가야 합니다. 본인이 갔을 때는 막도장이든 인감도장이든 상관이 없고, 서명이나 지장을 허용하는 법원도 있습니다. 그런데 도장을 사용하는 게 가장 빠르고 쉽게 입찰표를 써내는 방법이니 도장을 들고 다니길 추천합니다. 다만, 대리인이 갈 때는 본인의 인감도장을 보내야 합니다.

⌂ 대리인이 입찰하러 갈 때

대리인이 갈 때는 다음 다섯 가지가 필요합니다.

- 대리인 신분증

- 대리인 도장

- 본인 인감도장

- 본인 인감증명서(최근 3개월 이내 발급)

- 보증금(최저가의 10%)

우선 대리인의 신분증이 필요하고, 막도장이든 인감도장이든 상관없이 대리인의 도장이 필요합니다. 그리고 '본인'이 실제로 부동산을 취득하겠다는 의사 표현을 했다는 의미로 입찰표의 본인 날인 칸에 '인감도장'을 찍어야 합니다. 이 인감도장의 진위를 확인시키기 위해서 인감증명서를 제출해야 하는데, 3개월 이내에 발급한 것만 인정됩니다. 앞서 잠깐 언급했듯이, 대리인이 입찰할 때는 입찰표의 '입찰자 – 대리인' 칸을 채워야 합니다. '본인과의 관계'에는 실제 본인과 어떤 관계인지 사실적으로 적으면 됩니다. 지인이면 '지인'이라고 적어도 무방합니다.

대리인이 입찰할 때는 입찰표 뒷면에 있는 위임장을 빠뜨리지 않고 작성해야 합니다(〈그림 5-6〉 참조). 앞면에 적었던 대리인과 본인의 인적사항을 그대로 적으면 됩니다. 중간에 사건번호를 적는 난이 있는데, 글자가 작아서 빼먹을 수 있으니 주의해야 합니다.

이처럼 경매법정에 누가 가느냐에 따라 준비물이 달라집니다. 어느 날은 내가 직접 가고 어느 날은 대리인이 가는 식일 때는 준비물이 무엇인지 헷갈리기도 합니다. 그럴 때는 이것만 기억하면 됩니다.

첫째 경매법정에 가는 사람의 신분증이 필요하고, 둘째 본인이 직접 가지

180만 원 월급쟁이 이주임은 어떻게 경매 부자가 됐을까

(뒷면)

위 임 장

대리인	성 명		직업	
	주민등록번호	-	전화번호	
	주 소			

위 사람을 대리인으로 정하고 다음 사항을 위임함.

다 음

지방법원	타경	호 부동산

경매사건에 관한 입찰행위 일체   → 본인의 인감도장

본인1	성 명		㉑	직 업	
	주민등록번호	-		전 화 번 호	
	주 소				
본인2	성 명		㉑	직 업	
	주민등록번호	-		전 화 번 호	
	주 소				
본인3	성 명		㉑	직 업	
	주민등록번호	-		전 화 번 호	
	주 소				

＊ 본인의 인감 증명서 첨부
＊ 본인이 법인인 경우에는 주민등록번호란에 사업자등록번호를 기재

지방법원 귀중

그림 5-6 위임장   ⓒ법원경매정보

않을 때는 인감도장과 인감증명서가 필요합니다.

경매법정에는 입찰 시간보다 일찍 가자

경매를 하는 사람이라면 입찰표 작성이 중요하다는 걸 누구나 알 테니 설마 여기서 실수하는 사람이 있겠나 싶겠지만, 실제로 법원에 가보면 어이없는 장면을 종종 보게 됩니다. 너무 긴장하거나 서두르다 보면 잘 알고 있던 것에서도 실수가 나올 수 있으니 모든 항목을 제대로 적었는지, 빠뜨린 건 없는지 꼭 확인하기 바랍니다.

대부분 경매는 10시 10분부터 입찰을 시작해 11시 10분에 마감합니다. 그 후 입찰통에 있는 입찰표를 사건별로 분류하고 하나씩 개찰하면서 낙찰자를 호명합니다. 간혹가다 10시 30분에서 11시 30분에 입찰하는 법원도 있으니 입찰하러 가는 법원의 시간을 미리 체크해두는 것이 좋습니다. 법원에 전화해서 물어봐도 되고 유료 경매정보 사이트에서 확인할 수도 있습니다. 예를 들어 탱크옥션에는 경매물건지 상단에 '법원 안내'가 있는데, 클릭하면 해당 물건을 진행하는 법원 정보를 볼 수 있습니다. 법원의 주소는 물론이고 몇 시부터 몇 시까지 입찰하는지, 개찰 방식은 어떤지까지 상세히 적혀 있습니다.

하루는 수강생들과 함께 입찰하러 법원에 갔는데, 해당 물건에는 10명이 입찰했습니다. 개찰이 시작됐고 최고가로 적은 사람의 이름이 불렸습니다. 대리인이 입찰한 건이었는데, 집행관이 갑자기 무효화하겠다는 겁니다. 알

180만 원 월급쟁이 이주임은 어떻게 경매 부자가 됐을까

고 보니 입찰봉투에 인감증명서를 넣지 않았던 거예요. 서류 미비로 무효처리가 돼서 두 번째로 높은 입찰가를 적은 한 부부가 낙찰을 받았습니다. 뜻밖에 낙찰을 하게 된 그 부부는 신이 나서 법정을 나가더군요. 그 물건은 재건축 중이었는데, 그 일이 있고 일주일 뒤 해당 물건과 관련된 기사가 나왔어요. 재건축 사업이 곧 다음 단계로 넘어갈 거라는 내용이었습니다. 낙찰받은 부부는 정말 운이 좋았던 거죠. 낙찰받자마자 호재가 발생해 가격이 상승했으니까요.

또 하루는 입찰 시간이 5분도 남지 않았는데 한 아저씨가 법정으로 헐레벌떡 뛰어 들어왔습니다. 법정에 있던 사람들이 모두 쳐다보는 가운데 입찰표를 받아서 작성하기 시작했어요. 보는 저조차 긴장됐는데, 몇 분 뒤 벨이 울렸습니다. 11시 10분 입찰 마감을 알리는 벨이었습니다. 아저씨는 법정 앞으로 뛰어가면서 입찰표를 받아달라고 외쳤어요. 하지만 집행관은 이미 마감 벨이 울렸기 때문에 받을 수 없다면서 단호하게 거절했습니다. 그 아저씨는 입찰표를 쓰고 있는데 마감을 해버리면 어떡하냐며 소리를 질렀지만, 받아주지 않는 게 맞죠. 규칙은 모두에게 똑같이 적용돼야 공정한 거니까요.

받아주느냐 아니냐와는 별개로, 마감 시간이 얼마 남지 않았을 때 법정에 도착한다면 입찰표를 급하게 써야 하기에 실수를 저지르기가 쉽습니다. 그러니 항상 입찰을 시작하는 시간보다 일찍 법정에 도착하길 바랍니다. 법정 분위기도 느끼고 다른 사람들은 어떻게 하는지 구경도 할 겸 일찍 가는 게 좋습니다.

드디어 맞이한
낙찰의 순간

입찰이 마감되면 제출된 입찰표들을 사건번호별로 분류하는데, 시간은 보통 20분 정도가 걸립니다.

개찰은 어떻게 진행되나

정리가 끝나면 법원 집행관이 개찰할 사건번호를 쭉 불러줍니다. 경매법정 앞의 게시판에 적힌 사건번호가 모두 진행되는 건 아니고 1명이라도 입찰한 사건에서만 개찰을 합니다. 아무도 입찰하지 않은 사건, 즉 유찰 건은 20~30% 낮아진 금액으로 다음 회차를 진행합니다.

"오늘 매각이 진행되는 사건번호를 말씀드리겠습니다. 만약 입찰을 했는데 사건번호를 부르지 않는다면 바로 말씀해주세요. 2020타경1234, 2021타경2343….”

내가 입찰한 사건번호가 불리는지 잘 들어야 합니다. 만약 부르지 않는다면 내가 낸 입찰표가 없어졌을 수도 있고 무효처리될 수도 있으니 꼭 체크해야 합니다.

한번은 제가 수강생들과 경매 입찰 견학을 하러 갔는데, 예전 수강생을 우연히 만났습니다. 입찰을 마치고 개찰을 기다리고 있더라고요. 때마침 개찰할 사건번호를 쭉 불러주는데, 수강생이 자신이 입찰한 사건번호가 들리지 않는다면서 “2023타경xxxx 불러주셨나요?”라고 물었어요. 그랬더니 “네, 불러줬습니다. 한 분 입찰해서 단독낙찰이네요.”라고 답하는 겁니다. 개찰하기 전부터 낙찰받았다는 걸 알게 된 거예요. 그 법정에 있던 모든 사람이 손뼉을 치면서 축하해줬습니다. 수강생이 낙찰받는 현장에 있었던 저도 너무나 뿌듯하고 자랑스러웠습니다.

법원에 따라 입찰을 많이 한 사건부터 개찰하기도 하고 사건번호 순서대로 개찰하기도 하는데, 대부분은 입찰을 많이 한 사건부터 개찰합니다. 내가 입찰한 사건의 순서를 기다리다가 사건번호가 불리면 법정 앞으로 나가야 합니다. 해당 사건에 입찰한 사람들이 모두 나오면 집행관이 입찰자들의 입찰 금액을 불러주는데, 최고가 3위부터 1위까지만 불러주는 곳이 있는가 하면 모든 입찰자의 금액을 불러주는 곳도 있습니다. 제일 마지막에 불리는 사람이 최고가매수신고인이에요.

패찰자와 낙찰자

내가 최고가매수신고인이 아니라면, 즉 패찰했다면 앞서 받은 수취증을 주고 입찰봉투를 받습니다. 봉투 안에 내가 제출한 보증금이 그대로 있는지 확인하고 법원을 나서면 됩니다.

내가 최고가매수신고인이라면, 즉 낙찰했다면 입찰봉투가 아니라 영수증을 받습니다. 이 영수증은 잔금을 납부할 때까지 낙찰자임을 알려주는 증표가 되므로 잘 가지고 있어야 합니다.

낙찰자로서 경매법정을 나서면 경락잔금대출을 연결해주는 상담사들이

그림 5-7 낙찰자가 받는 영수증

몰려와 명함을 줄 겁니다. 잔금납부를 위해 대출을 받아야 하는 상황이라면 이 명함들을 잘 가지고 있어야 합니다.

대출은 최대한 많이 알아볼수록 좋습니다. 경락잔금대출은 2금융에서 주로 해주는데, 1금융에서 아예 취급을 안 하는 건 아니므로 1·2금융 은행을 되도록 많이 방문해 알아봅니다. 은행마다 대출 한도나 금리가 조금씩 다른데, 나의 상황에 맞춰 대출 상품을 고르면 됩니다. 실투자금이 적다면 금리가 조금 더 높더라도 대출이 많이 나오는 상품이 더 나을 것이고, 투자금이 어느 정도 있다면 금리가 낮은 제품이 더 유리하겠죠. 그리고 단기간에 매도하거나 잔금납부 후 바로 전세를 맞출 생각이라면 대출을 받고 3~4개월 후 원금을 갚아야 하므로 중도상환 수수료가 발생하는지도 체크해야 합니다.

은행만이 아니라 신탁사에서도 대출을 받을 수 있습니다. 신탁대출은 은행보다 금리가 높은 대신 대출 가능 금액이 더 많습니다. 신탁대출을 받으면 등기사항전부증명서상 소유권이 신탁사로 넘어가므로 매매나 임대 등의 거래를 할 때 신탁사에 이야기한 후 진행해야 합니다. 그렇다고 신탁사에서 거래를 막는 일은 없으니 대출을 많이 받아야 하는 상황이라면 신탁대출도 적절한 대안입니다. 신탁대출도 똑같이 은행에서 진행되기 때문에 은행에 문의하면 대출 한도와 금리, 중도상환 수수료 문제도 자세히 알려줍니다.

대출을 받을 땐 은행에서 지정해주는 법무사가 소유권이전과 근저당설정을 하는데, 이때 법무사 수수료가 발생합니다. 돈이 나가는 문제인 만큼 대출을 실행하기 전 법무사 견적서부터 받아봐야 합니다. 견적서에는 처음 들어보는 항목들이 많을 텐데, 취·등록세를 제외한 금액은 전부 법무사 수수료라고 보면 됩니다. 부동산 취득가액이 클수록 법무사 수수료도 커집니다. 수수료가 적정한지 인터넷에서 검색해 비교해보고, 터무니없이 큰 금액이라면 은행 및 법무사와 이야기해 조율해야 합니다. 취득가액에 따라 다르겠지만, 최소 몇십만 원은 아낄 수 있을 겁니다.

낙찰자가 가장 먼저 할 일은 '사건열람'

낙찰을 받으면 낙찰자는 해당 사건의 '이해관계인'이 됩니다. 이해관계인이 되면 '사건열람'을 할 수 있습니다. 해당 경매물건과 관련된 서류를 다 볼 수 있다는 뜻입니다. 낙찰 당일부터 사건열람을 할 수 있는 법원도 있긴 하지만, 대부분 법원은 며칠 기간을 둡니다. 내가 낙찰받은 법원은 어떤지 알아보려면 경매계로 가서 낙찰영수증을 보여주고 물어보면 됩니다. "3일 있다가 오세요"라고 한다면 3일째 되는 날 바로 법원에 가서 사건열람을 해야 합니다. 왜냐하면 낙찰받은 날부터 7일 후에 '매각허가결정'이 나기 때문입니다.

매각허가결정이 나기 전까지 권리상 하자가 없는지 확인해야 합니다. 예를 들어 매각물건명세시에는 낙찰자가 인수해야 하는 사항이 없었는데 사건열람을 해보니 인수사항이 있다면 신속하게 '매각불허가신청'을 해야 합니다. 입찰자가 권리분석을 잘못했다면 전적으로 자기 책임이지만, 법원의 실수로 매각물건명세서가 잘못됐다면 불허가신청이 받아들여지고 입찰보증금도 돌려받을 수 있습니다. 불허가신청이 받아들여지는 조건은 크게 세 가지입니다.

- 매각물건명세서에 낙찰자 인수와 관련된 사항이 잘못 기재됐을 때
- 천재지변과 같이 낙찰자가 책임을 질 수 없는 이유로 부동산이 심각하게 훼손됐을 때
- 경매 절차가 잘못됐을 때

사건열람을 했는데 아무 문제가 없을 때는 기다리면 됩니다. 낙찰일로부터 7일 후 매각허가결정이 나고, 그로부터 7일 후에 '매각허가결정확정'이 납니다. 이해관계인들이 아무도 이의제기를 하지 않았다는 뜻이니, 이때가 낙찰이 확정되는 시점이라고 볼 수 있습니다. 그리고 나서 2~3주 후에 입찰

표에 적은 본인 주소로 '잔금납부통지서' 등기가 도착하는데, 통지서에 적힌 기간 내에 잔금을 납부하면 됩니다.

따라서 잔금납부는 낙찰일로부터 한 달 하고 10일 정도 뒤의 시점이 됩니다. 만약 통지서에 명시된 기간까지 잔금을 납부하지 않으면 어떻게 될까요? 잔금이 늦어진다면 이자를 납부해야 합니다. 그리고 만약 낙찰을 포기하고 싶다면 경매계에 잔금을 미납하겠다고 알려야 합니다. 그러면 그 사건은 내가 낙찰받았던 회차의 최저가로 다시 경매가 진행됩니다.

명도는
정말 어려울까?

명도는 사건열람 후 곧바로 시작하자

대항력이 없는 임차인은 낙찰금에서 보증금을 전액 돌려받지 못하더라도 낙찰자가 책임질 사항이 아닙니다. 그렇다고 해서 대항력 없는 임차인이 배당을 받는지 못 받는지 확인하지 않아도 될까요? 아니요, 꼭 확인해야 합니다. 낙찰을 받은 후 명도 계획을 세울 때 필요하기 때문입니다.

낙찰 후 본격적으로 명도를 시작해야 하므로 사건열람을 할 때 서류에서 점유자의 전화번호를 알아내는 것이 좋습니다. 서류를 아무리 뒤져도 전화번호가 나오지 않는다면 낙찰받은 집으로 찾아갑니다. 점유자를 만나면 낙찰자라고 자기소개를 하고 협의를 시작하면 되고, 집에 사람이 없다면 포스트잇에 다음과 같은 내용을 적어서 현관문에 붙여놓습니다.

'안녕하세요. 오늘 낙찰받은 OOO입니다. 부재중이셔서 메모 남겨놓고 갑니다. 저는 사장님을 최대한 도와드리려 합니다. 연락 부탁드립니다.

연락처: 010-XXXX-XXXX'

그러면 대개는 당일 저녁이나 다음 날 연락이 오니 이사 날짜를 협의하면 됩니다. '아직 매각허가결정확정이 난 것도 아닌데 벌써 이사 날짜를 협의해도 되는 건가요?'라고 묻는 사람도 있는데, 그건 걱정할 필요 없습니다. 대부분 점유자들은 저를 낙찰자로 생각하기 때문입니다. 우리의 목표는 잔금을 납부하기 전 명도를 끝내는 것입니다.

대항력도 없고 보증금을 한 푼도 돌려받지 못하는 임차인을 명도해야 할 때는 보통 이사비를 주기도 합니다. 하지만 의무사항이 아니기 때문에 낙찰자가 먼저 이사비 이야기를 꺼낼 필요는 없습니다. 이사비를 안 받고 나가는 임차인도 간혹 있으니, 명도를 진행하다가 임차인이 먼저 이사비 이야기를 꺼냈을 때 협상을 시작하면 됩니다. 경매에 조금이라도 관심 있는 사람이라면 이사비가 500만 원이라는 이야기를 들은 적이 있을 텐데, 유튜브에서 자주 등장하는 금액이기 때문입니다. 그 영향으로 점유자한테 무조건 이사비를 줘야 한다고 생각하는 사람이 많은데, 필수적인 사항은 아닙니다. 점유자가 낙찰금에서 배당을 받는다면 이사비를 주지 않아도 되고, 배당을 한 푼도 못 받는 임차인이거나 소유자일 때는 이사비를 명도의 보조 수단으로 활용할 수 있습니다.

그런데 명도는 '이렇게 하면 됩니다'라고 정형화해서 이야기할 수가 없습니다. 점유자가 어떤 성향이고, 어떤 상황에서 명도를 해야 하는지에 따라 방법이 천차만별이기 때문입니다. 실전에서 경험한 몇 가지 사례를 소개할 테니 내가 처한 상황에서는 어떻게 명도를 해야 하는지 참고하기 바랍니다.

끝까지 버티는 점유자

경매라는 단어를 들으면 그 집에 살고 있는 사람을 억지로 끌어내는 장면을 가장 먼저 떠올리는 사람이 많을 것입니다. 저도 경매를 시작하기 전에 가장 걱정이 됐던 게 '과연 내가 점유자를 내보낼 수 있을까?'였어요. 수강생들도 비슷한 얘기를 많이 합니다. 입찰하고 싶은 물건이 있는데 점유자가 갈 곳이 없다면서 버티면 어떻게 하냐고 말이죠.

실제로 그런 사례도 종종 있습니다. 예전에 서울 강서구 화곡동의 빌라를 낙찰받은 적이 있는데, 대항력이 없는 임차인이 살고 있었어요. 대항력이 없으니 낙찰자인 제가 보증금을 물어주지 않아도 됩니다. 낙찰 후 사건열람을 통해 그 임차인이 채무자의 전 배우자라는 사실을 알게 됐습니다. 법적으로만 이혼한 상태였고 실제로는 같이 살고 있었어요.

열람한 서류 중에서는 채무자와 임차인이 계약한 임대차계약서도 있었는데, 허술한 부분이 많았습니다. 양쪽 주소가 모두 경매로 나온 집의 주소였고, 중개사무소를 끼지 않고 둘이서 계약서를 작성한 것이었어요. 어쨌든, 임대차계약서에 적혀 있는 임차인의 전화번호로 계속 연락을 했지만 전화를 받지 않았습니다. 그래서 채무자에게 전화해 임차인과 연락이 되지 않는다고 말했더니 그가 연락을 해보겠다고 했습니다. 이왕 통화가 된 김에 두 분이 부부 사이냐, 지금도 같이 사시냐 등을 물으니 맞다고 하더라고요.

그 후로는 임차인에게 연락하지 않고 채무자와 이사 날짜를 협의했습니다. 처음엔 이사할 곳을 구하고 있다면서 이사비 명목으로 엄청난 금액을 요구하더군요. 저는 그렇게까지 드릴 수 없다고 했어요. 며칠 동안 이사비와 이사 날짜를 협의하느라 통화를 했는데, 나흘째부터는 아무리 전화를 걸어도 안 받는 겁니다. 저는 이미 인도명령신청을 한 상태였고, 연락이 안 되는 며칠 동안 인도명령 절차는 진행되고 있었습니다.

여전히 연락이 닿지 않은 채 강제집행하는 날이 됐습니다. 인도명령 강제집행이란 집의 문을 강제로 열어서 안에 있는 짐을 모두 끌어내는 걸 말합니다. 강제집행은 낙찰자가 참석해야 하므로 저도 연차를 내고 집행관과 같이 그 집으로 갔습니다. 사실 저는 직접 대면하면 어떻게 해야 할지 두려워서 집에 아무도 없으면 좋겠다고 생각했어요. 그런데 다행인지 불행인지 임차인이 집에 있었습니다.

임차인이 문을 열었고, 집행관들이 상황을 설명한 후 강제집행을 시작했습니다. 짐들을 하나씩 밖으로 꺼내는 걸 보더니 그제야 임차인이 이사 날짜를 협의하겠다고 하는 겁니다. 하지만 이미 인도명령이 시작된 이상 협의를 진행할 순 없었습니다. 제가 멈춰달라고 하면 인도명령이 취하되는데, 임차인이 이사를 나가지 않고 또 애를 먹이면 인도소송으로 진행해야 하니까요. 그렇게 강제집행을 통해 명도를 마쳤습니다.

강제집행으로 끌어낸 짐은 법원에서 연계해준 창고에 다 보관합니다. 점유자가 그 짐을 찾기 위해서는 낙찰자의 확인서가 필요하니 낙찰자에게 연락할 수밖에 없는데, 강제집행과 관련된 추가 비용은 그때 돌려받을 수 있습니다.

방금 소개한 사례는 제가 경매 투자를 하면서 딱 한 번 겪은 일입니다. 흔한 일은 아닙니다.

이사비를 과도하게 요구하는 점유자

그 어렵다는 아파트를 단독낙찰로, 그것도 감정가의 70%에 낙찰받은 수강생 사례입니다(〈그림 5-8〉 참조). 소유자와 채무자가 달랐고, 임차인 현황에 따르면 임차인이 없는 물건이었습니다(〈그림 5-9〉 참조). 그런데 낙찰을 받고 관리사무소에 가서 점유자를 확인해보니 소유자도 아니고 채무자도 아닌 박○

그림 5-8 의정부시 아파트의 경매정보 　　　　　　　　　　　　　　© 탱크옥션

점유 목록 ?	임차인	점유부분/기간	전입/확정/배당	보증금/차임	대항력	분석	기타
===== 임차인이 없으며 전부를 소유자가 점유 사용합니다. =====

Ⓜ 임차인 현황 말소기준일(소액) : 2021-06-09   배당요구종기일 : 2023-02-01

기타사항	* 전입세대열람결과 채무자 김■■ 세대가 등재되어 있음. * 현장 조사시 아무도 만나지 못하여 점유관계 등은 알 수 없으므로 별도의 확인을 요함.

그림 5-9 의정부시 아파트의 임차인 현황

ⓒ 탱크옥션

○라는 제3자의 전입신고가 돼 있었습니다.

명도를 하기 위해서 점유자와 연락을 해야 하는데 박○○ 씨의 전화번호를 알 방법이 없었습니다. 할 수 없이 박○○ 씨에게 내용증명을 보냈더니 다음 날 연락이 왔어요. 알고 보니 점유자 박○○ 씨는 채무자 겸 소유자의 지인이었습니다. 그는 채무자와 명도협의를 하면 된다고 했어요.

그래서 채무자와 이사 날짜를 협의했는데, 이사비를 5,000만 원이나 요구했습니다. 1년 전에 1억을 들여 인테리어 공사를 했다면서 낙찰자가 반을 내면 이사를 나가겠다는 겁니다. 안 그러면 집을 다 부수고 나가겠다고 협박을 했습니다. 사건열람을 할 때도 그 시기에 법원 안내문을 송달했는데 해당 집이 공사 중이라 전달하지 못했다는 내용이 적혀 있었어요.

이런 상황이어도 점유자를 내보낼 수 있습니다. 인도명령을 신청해 합법적으로, 게다가 5,000만 원보다 훨씬 적은 비용으로 명도를 마칠 수 있어요. 그러므로 점유자가 이사비를 요구해도 응할 필요가 없습니다. 점유자 박○○ 씨도 결국 이사를 나갔습니다.

이 사례의 수강생은 평범한 워킹맘으로, 직장에 다니면서 낙찰도 받고 명도까지 진행했습니다. 명도에 대한 두려움은 경매에 입문하는 데 진입장벽으로 작용하는데, 이 두려움을 깰 수 있는 사람에게는 오히려 기회가 됩니다.

05

임차인의 대항력에 따른 명도 방법

대항력은 없지만 보증금을 조금이라도 받는 임차인

대항력 없는 임차인일지라도 우선변제권을 따져서 배당을 전액 또는 일부라도 받을 수 있다면, 임차인은 그 배당을 받기 위해 낙찰자의 명도확인서와 인감증명서를 법원에 제출해야 합니다.

여기서 낙찰자가 주의해야 할 점이 있습니다. 명도를 진행하다 보면 임차인이 이사를 나가지도 않고 명도확인서부터 달라고 하는 경우가 있어요. 절대 먼저 주면 안 됩니다. 명도확인서는 임차인이 짐을 다 뺐고 이사를 나갔음을 법원에 증명해주는 서류거든요. 임차인이 법원에 명도확인서를 제출해 보증금을 배당받고도 이사를 나가지 않는다면 소송으로 진행해야 합니다. 비용과 시간만이 아니라 감정적으로도 힘든 싸움을 해야 하는 겁니다. 임차인이 이사 나가는 날 짐을 다 뺐음을 확인하고, 미납 관리비가 없는지도 꼼꼼하게 체크한 후에 명도확인서와 인감증명서를 내줘야 합니다.

명도확인서에는 낙찰받은 물건의 사건번호, 점유자의 이름, 낙찰받은 물건의 주소를 적습니다(〈그림 5-10〉 참조). 그리고 명도한 날짜를 적고, 매수인

명 도 확 인 서

사건번호 :

이　　름 :

주　　소 :

　위 사건에서 위 임차인은 임차보증금에 따른 배당금을 받기 위해 매수인에게 목적부동산을 명도하였음을 확인합니다.

첨부서류 : 매수인 명도확인용 인감증명서 1통

　　　　　　　　　　　년　　　　　월　　　　　일

　　　　　　　매 수 인　　　　　　　　　　　　(인)
　　　　　　　연락처(☎)

　　　　지방법원　　　　　　　귀중

☞유의사항
1) 주소는 경매기록에 기재된 주소와 같아야 하며, 이는 주민등록상 주소이어야 합니다.
2) 임차인이 배당금을 찾기전에 이사를 하기 어려운 실정이므로, 매수인과 임차인간에 이사날짜를 미리 정하고 이를 신뢰할 수 있다면 임차인이 이사하기 전에 매수인은 명도확인서를 해줄 수도 있습니다.

그림 5-10 명도확인서　　　　　　　　　　　　　　　ⓒ 법원경매정보

(낙찰자) 이름과 연락처를 기재한 다음 '(인)' 부분에 낙찰자의 인감도장을 찍습니다.

그 아래에 유의사항이 있는데 2)번에 '임차인이 배당금을 찾기 전에 이사를 하기 어려운 실정이므로, 매수인과 임차인 간에 이사 날짜를 미리 정하고 이를 신뢰할 수 있다면 명도확인서를 해줄 수도 있다'고 적혀 있습니다. 하지만 저는 명도확인서는 무조건 명도를 끝마친 다음에 건네야 한다고 강조합니다. 유의사항에도 '신뢰할 수 있다면'이라고 적혀 있듯이, 점유자는 우리가 낙찰받고 처음 보는 사람인 데다 좋은 관계로 만난 것도 아니니 신뢰할 수 있는지 아닌지를 알 수가 없습니다. 그저 믿을 만해 보인다는 이유로 명도확인서를 먼저 건네주는 일은 없어야 합니다.

대항력이 없는데 보증금 전액을 배당받을 수 있는 임차인이 있는 물건을 낙찰받은 적이 있습니다. 낙찰받고 나서 사건열람을 해보니 채무자 겸 소유자와 임차인이 계약한 임대차계약서가 있었는데, 거기에 임차인의 전화번호가 적혀 있었습니다. 그 번호로 전화를 해서 낙찰자라고 소개한 다음 이사를 언제 나갈 계획인지 물어봤습니다. 저는 그 집의 경매가 진행 중임을 임차인이 알고 있기 때문에 당연히 이사 준비를 하고 있을 것으로 생각했어요. 하지만 전혀 생각도 하지 않고 있었고, 저는 보통 하듯이 한 달이라는 시간을 주었습니다. 마음먹고 준비하면 한 달이면 충분히 이사할 수 있기 때문입니다. 그런데 화를 내면서 시간이 더 필요하다고 하는 거예요. 그래서 이미 경매로 넘어가는 걸 알고 계셨을 테니 시간을 더 드릴 순 없다고 했어요.

명도를 진행할 때 상대방이 화를 내거나 감정적으로 나온다면 저는 우선 진정시킨 다음 내일 다시 통화하자고 합니다. 그런 상태에서는 제가 아무리 좋은 조건을 제시해도 말이 통하지 않기 때문입니다. 그래서 우선 이사 갈 집 한번 알아보시라 하고 다음 날 다시 전화했습니다. 하루 동안 임차인도 대략 알아본 것 같았고, 한 달은 너무 촉박하니 한 달 반 정도 시간을 달라고 하더군요. 이 정도는 편의를 봐줄 수 있을 것 같다면 상대방의 요청을 들어주는 것도 좋습니다. 저도 임차인에게 그러면 알겠다고 그 날짜에는 꼭 나가주셔야 한다고 했어요.

그러고 나서 2주일 뒤 임차인에게 전화가 왔습니다. 이사할 집을 구했고 이사 날짜도 잡혔다고 합니다. 그런데 명도확인서를 미리 받을 수 없는지 물어보는 거예요. 그 점에 대해서는 딱 잘라서 이야기했습니다.

"명도확인서는 이사 나가시는 날 집 안 다 확인하고 드릴 수 있어요."

"다른 사람들은 명도확인서 먼저 주고 그런다던데…. 계약금 때문에 미리 배당을 받아야 해서요."

"죄송하지만 명도확인서를 드리면 저는 법원에다가 '임차인이 집을 비워 줬습니다'라고 인정하는 것이기 때문에 먼저 드릴 수가 없어요. 이사 가시는 날 바로 드리겠습니다."

이렇게 이야기하면 임차인도 대부분 수긍합니다. 가끔은 배당을 받아야 이사할 집을 찾을 수 있다며 고집부리는 임차인도 있는데, 그렇게 이야기하는 사람 중 정말 이사를 못 나가는 경우는 못 봤습니다. 지인에게 돈을 빌려서라도 결국 이사를 합니다.

이 임차인은 약속한 날짜에 이사를 했고, 그날 집을 방문해 혹시라도 큰 짐을 두고 가진 않는지 확인하기 위해서 집을 살펴봤습니다. 큰 짐을 두고 가면 낙찰자가 처리해야 하는데, 폐기 비용이 들기 때문입니다. 그리고 서류를 건네기 전에 관리비와 공과금을 오늘 날짜로 완납했는지도 확인하고요. 공과금은 낙찰자 인수사항이 아니긴 하지만 혹여나 미납된 금액이 있다면 따로 서류를 제출해야 하는 번거로움이 있기 때문에 확인하는 게 좋습니다. 집 안 상태와 관리비 완납 사실을 확인했다면 임차인에게 명도확인서와 인감증명서를 건네주면 됩니다.

   팁으로, 빌라를 낙찰받았다면 건물에서 빌라를 관리하는 호실이 어딘지도 임차인에게 물어보면 좋습니다. 이왕 온 김에 관리하는 사람을 찾아가 연락처를 남기고 오면 나중에 건물 관리 문제로 소통하기가 편하기 때문입니다.

대항력 없고 보증금을 한 푼도 돌려받지 못하는 임차인

초보자일수록 보증금을 한 푼도 돌려받지 못하는 임차인은 명도하기 까다로울 거라고 생각합니다. 그런데 제가 이때까지 명도를 진행하면서 가장 쉽게 명도를 끝낸 집이 대항력 없고 보증금 1억 4,000여만 원 전부를 돌려받지 못한 임차인이 살던 집이었어요.

   이 물건도 낙찰받고 사건열람을 통해 임차인의 전화번호를 알 수 있었습니다. 임차인에게 처음으로 전화를 걸 때는 항상 떨립니다. 그렇지만 내가 떨고 있다면 아무리 전화상이라고 해도 상대방이 알아챌 거예요. 그래서 저는 심호흡을 하고 긴장을 떨쳐낸 다음 전화 통화를 합니다.

   "여보세요."

   "안녕하세요. xxx호 낙찰받은 xxx입니다."

이사 준비할 기간을 한 달 드리겠다고 이야기했더니 임차인이 이사비 이야기를 꺼내더라고요. 이사비 액수는 법적으로 정해져 있진 않지만 통상 전용면적으로 평당 10만 원을 쳐줍니다. 전용면적이 13평이면 130만 원을 이사비로 주는 거죠. 이 금액은 낙찰받기 전부터 비용으로 포함시켜야 입찰가를 안정적으로 산정할 수 있습니다. 그런데 내가 입찰하기 전 예상한 이사비가 130만 원이라면, 임차인과 이야기할 때는 100만 원부터 시작하는 것이 좋습니다. 상대방이 액수가 너무 적다고 이야기하면 "만약 x월 xx일까지 이사 나가주시면 좀 더 챙겨드릴게요"라고 하면서 날짜 협상을 하는 겁니다.

제가 낙찰받은 이 물건의 임차인과도 그렇게 얘기가 됐습니다. 그런데 3일 뒤 전화가 와서 "아이들 학교 전학 문제가 있어서 그러는데 x월 xx일까지 늦춰주시면 안 될까요?"라고 하는 겁니다. 제가 요청한 날짜에서 1주 정도 뒤였어요. 이사를 안 나가겠다고 하는 것도 아니고 아이들 학교 문제라고 하니까 그렇게 하시라고 했고, 임차인은 그날 약속대로 집을 비워줬습니다.

가끔 보면 점유자를 명도시킬 때 '상대방은 나의 적이다!'라고 생각하고 그가 이야기하는 내용을 전부 부정적으로 생각하는 사람도 있는데, 그러면 감정싸움으로 번질 수밖에 없습니다. 내가 수용할 수 있는 부분이라면 상대방을 배려하면서 명도를 진행하는 것이 서로에게 가장 좋은 방법입니다.

하지만 배려에도 한계가 있죠. 이런저런 이유로 명도가 매끄럽게 되지 않을 때 강제집행을 하는데, 이때 법원에 집행비용을 예납해야 합니다. 그 비용이 대략 전용면적 평당 10만 원이에요. 다시 말하면, 강제집행에 들일 돈을 이사비로 내주는 셈이라고 할 수 있습니다. 만약 점유자가 터무니없는 금액을 요구한다면 이렇게 이야기하세요.

"강제집행을 신청해도 130만 원이면 됩니다. 저는 그 이상의 돈을 드리면서까지 협상할 생각이 없습니다."

대항력 있는 임차인과 소유자

대항력 없는 임차인이 배당을 받기 위해서는 명도확인서와 인감증명서가 있어야 한다고 했는데, 대항력 있는 임차인이나 소유자가 낙찰받은 집을 점유하고 있고 배당을 받는다면 어떻게 해야 할까요?

대항력 있는 임차인이나 소유자가 배당을 받기 위해서는 낙찰자에게 무언가를 받을 필요가 없습니다. 자신의 신분증만 가지고 가면 배당금을 받을 수 있어요. 임차인은 배당을 받을 수 있다는 걸 알지만, 소유자도 배당을 받을 수 있느냐고요? 그렇습니다. 예를 들어 경매물건의 낙찰금이 3억인데 해당 부동산과 연관된 채권자들이 받아야 하는 금액이 2억이라면 남은 1억은 소유자에게 돌아갑니다.

50대 주부인 수강생이 채무자 겸 소유자가 살고 있는 집을 낙찰받았습니다. 이 물건은 낙찰금보다 채무액이 더 컸기 때문에 소유자가 배당을 받을 수는 없었어요. 낙찰 후 음료수를 사서 집으로 찾아갔는데, 아무도 없었습니다. 그래서 옆집 초인종을 누르고 해당 물건에 사람이 사는지 물었더니 사람이 살고 있는 것 같다고 이야기해주었습니다. 수강생은 쪽지를 남기고 집으로 돌아왔고, 저녁에 소유자로부터 연락이 왔습니다.

그가 이사를 못 나가겠다고 하자, 수강생이 이사를 안 나가면 법원에서 이

후 어떤 절차를 밟는지 자세히 설명했습니다. 나가기 싫어도 결국 강제집행으로 나갈 수밖에 없다고 알려준 겁니다. 그 내용을 문자로도 안내하고 내용증명도 보냈어요. 참고로, 내용증명을 법무사에게 의뢰해 수수료를 주고 보내는 사람들이 있는데, 셀프로도 누구나 쉽게 보낼 수 있습니다. 인터넷우체국(epost.go.kr) 메인화면의 '우편 → 증명서비스' 메뉴를 활용하면 됩니다.

그런데 내용증명을 보낼 때는 주의해야 합니다. 낙찰자 입장에서는 구두상 이야기가 된 내용을 남기기 위해 보내는 거지만, 점유자 입장에서는 썩 기분 좋은 일은 아닙니다. 그러니 형식상 보내는 거니 오해 없길 바란다고 사전에 이야기를 해놓는 게 좋습니다.

수강생은 소유자에게 명도를 설명하면서 경기도에서 진행하는 '경기도형 긴급복지 사업'을 안내해줬습니다. 경기도에 있는 집을 낙찰받았다면 명도할 때 이 사업을 활용하면 좋을 듯합니다. '경매·공매로 인한 강제 퇴거 등으로 거주하는 주택 또는 건물에서 생활하기 곤란하게 된 때' 보증금 500만 원까지 지원해준다는 내용이 있으니까요. 긴급복지 핫라인 사이트(gg.go.kr/welfarehotline)에서 자세한 내용을 확인할 수 있습니다. 며칠 후 소유자한테서 집 비었다며 비밀번호를 알려주는 문자가 왔어요. 수강생은 소유자와 한 번도 만나지 않고 이사비도 주지 않고 깔끔하게 명도를 마쳤습니다.

HUG 임차권 인수조건변경 물건의 명도

3장에서 주택도시보증공사가 대항력을 포기한 물건을 소개했는데, 'HUG

임차권 인수조건변경 물건'은 임차인이 이사를 나가서 빈집인 곳들이 많습니다. 점유자가 없는 집은 잔금을 납부한 후 주택도시보증공사에 잔금완납증명서를 팩스로 보내면 도어락 비밀번호를 알려줍니다.

다만 주의해야 할 게 있습니다. 집이 비어 있는 기간이 길었다면 아마 그 집을 관리하는 사람이 없었을 겁니다. 어떤 집에는 현관 주변에 '실태조사 안내문'이라는 것이 붙어 있기도 하는데 '채권자 주택도시보증공사가 신청한 ××××법원의 부동산 강제관리사건에서 선임된 관리인'이라는 내용이 있어요. 문자 그대로 공사의 요청에 따라 법원이 선임한 관리인이 이 집을 관리하긴 합니다. 하지만 집 자체를 관리하는 게 아니라 월세 관리만 할 뿐입니다. 그래서 집 안으로 들어가 보면 보일러가 동파돼 누수가 발생했을 수도 있어요. 임장을 갔을 때 이런 안내문을 보게 되면 집이 얼마나 오랫동안 비어 있었을지 추정하고 그만큼의 수리비를 추가해 입찰가를 산정해야 합니다.

HUG 임차권 인수조건변경 물건이라고 해서 무조건 사람이 살고 있지 않은 건 아닙니다. 주택도시보증공사가 월세를 싸게 맞춰서 경매가 진행되는 기간에 한정해 임대를 하거나 소유자가 다른 사람과 임대차계약을 맺었을 수도 있습니다. 이럴 땐 실제 살고 있는 점유자와 명도협상을 해야 합니다.

그리고 만약 법원 관리인의 실태조사 안내문이 붙여져 있다면 거기 나온 관리자 번호로 전화해서 점유자가 있는지, 비밀번호는 무엇인지 등을 물어보고 명도를 진행하면 됩니다.

06

인도명령신청과 강제집행신청 그리고 강제집행

대항력 없는 임차인이 점유하고 있다면 잔금을 납부하는 동시에 인도명령신청을 해야 합니다. 인도명령신청이 받아들여지면 강제집행을 하므로, 인도명령과 강제집행은 같은 말이라고 생각하면 이해하기 쉽습니다.

인도명령신청

법무사를 통해 잔금을 납부할 경우에는 "잔금납부 때 인도명령신청도 부탁드립니다"라고 이야기하면 됩니다. 내가 직접 신청을 해야 하는 상황이라면 법원에 가서 다음의 서류를 제출합니다.

- 인도명령신청서
- 부동산의 표시
- 주민등록등본
- 수입인지(1,000원)
- 송달료 납부 영수증

🏠 인도명령신청서

법원 안에는 '스마트 민원 서식 발급기'가 있으며, 법원에 제출할 수 있는 여러 신청서의 서식을 프린트할 수 있습니다. 인도명령신청서도 이 발급기에서 바로 프린트할 수 있습니다. 꼭 현장에 가서 발급받아야 하는 건 아니고, 대한민국 법원 법원경매정보 사이트 '경매지식 → 경매서식' 메뉴에서 '부동산인도명령 신청서'를 선택해 다운받을 수 있습니다.

인도명령신청서 작성 방법을 설명하겠습니다(〈그림 5-11〉 참조). 우선 낙찰받은 사건번호를 기재하고, 신청인에는 낙찰자의 인적사항을, 피신청인에는 낙찰받은 부동산을 현재 점유하고 있는 사람의 이름과 낙찰물건의 주소를 적습니다.

🏠 부동산의 표시

'부동산의 표시'는 작성 형식이 정해져 있진 않습니다. 유료 경매정보 사이트에는 경매물건별로 '부동산표시' 탭이 있는데 해당 부분을 인쇄해도 무방합니다.

만약 유료 경매정보 사이트를 사용하지 않는다면 스스로 작성해서 제출

부동산인도명령신청서

사건번호 : 20　　타경　　　　부동산강제(임의)경매

신 청 인 : ○ ○ ○

　　　(주소)

피신청인 : ○ ○ ○

　　　(주소)

신 청 취 지

피신청인은 신청인에게 별지 목록 기재 부동산을 인도하라는 재판을 구합니다.

신 청 이 유

위 사건에 관하여 신청인(매수인)은 20　.　.　. 매각대금을 낸 후 피신청인
(□채무자, □소유자, □부동산 점유자)에게 별지 기재 부동산의 인도를 청구하
였으나 피신청인이 이에 불응하고 있으므로, 민사집행법 제136조 제1항의 규정
에 따른 인도명령을 신청합니다.

20　.　.　.

신청인(매수인)　　　　　　　　(서명 또는 날인)

(전화번호 :　　　　　　　　　　　　　)

○○지방법원 (○○지원) 귀중

❋ 유의사항
1. 매수인은 매각대금을 낸 뒤 6개월 이내에 채무자·소유자 또는 부동산 점유자에 대하여
   부동산을 매수인에게 인도할 것을 법원에 신청할 수 있습니다.
2. 괄호안 네모(□)에는 피신청인이 해당하는 부분을 모두 표시(☑)하시기 바랍니다(예를 들
   어 피신청인이 채무자 겸 소유자인 경우에는 "☑채무자, ☑소유자, □부동산 점유자"로 표
   시하시기 바랍니다).
3. 당사자(신청인+ 피신청인) 수×3회분의 송달료를 납부하시고, 송달료 납부서(법원제출용)를
   제출하시기 바랍니다.

별지

그림 5-11 부동산인도명령신청서　　　　　　　　　　　　　　　　ⓒ 법원경매정보

부동산의 표시

1동의 건물의 표시   ①

[도로명 주소]   ②
전유부분의 건물의 표시
건물의 번호   ③
구   조   ④
면   적   ⑤
대지권의 표시
토지의 표시   ⑥

대지권의 종류 소유권
대지권의 비율   ⑦

그림 5-12 **부동산의 표시 예**   ⓒ 탱크옥션

하면 되는데, 등기사항전부증명서 표제부에 적혀 있는 부동산에 대한 정보를 가져오면 되므로 간단합니다. 형식을 설명하기 위해 〈그림 5-12〉에 각각 번호를 매겼고, 이를 〈그림 5-13〉의 등기사항전부증명서상 어느 부분의 어떤 내용을 가져오면 되는지 번호로 연결했습니다.

① 표제부(1동의 건물의 표시)에 적혀 있는 부동산의 지번 주소
② 표제부(1동의 건물의 표시)에 적혀 있는 부동산의 도로명주소
③ 표제부(전유부분의 건물의 표시)에 적혀 있는 건물번호

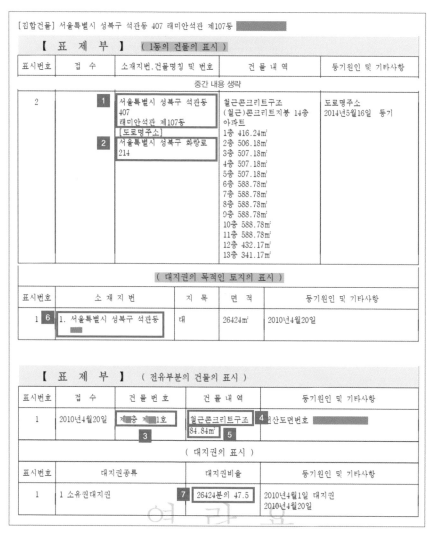

[집합건물] 서울특별시 성복구 석관동 407 래미안석관 제107동 ▓▓▓▓▓▓

【 표 제 부 】 (1동의 건물의 표시)				
표시번호	접 수	소재지번.건물명칭 및 번호	건 물 내 역	등기원인 및 기타사항
		중간 내용 생략		
2	**1**	서울특별시 성복구 석관동 407 래미안석관 제107동 [도로명주소] **2** 서울특별시 성복구 화랑로 214	철근콘크리트구조 (철근)콘크리트지붕 14층 아파트 1층 416.24m² 2층 506.18m² 3층 507.18m² 4층 507.18m² 5층 507.18m² 6층 588.78m² 7층 588.78m² 8층 588.78m² 9층 588.78m² 10층 588.78m² 11층 588.78m² 12층 432.17m² 13층 341.17m²	도로명주소 2014년5월16일 등기

(대지권의 목적인 토지의 표시)				
표시번호	소 재 지 번	지 목	면 적	등기원인 및 기타사항
1 **6**	1. 서울특별시 성복구 석관동 ▓▓▓	대	26424m²	2010년4월20일

【 표 제 부 】 (전유부분의 건물의 표시)				
표시번호	접 수	건 물 번 호	건 물 내 역	등기원인 및 기타사항
1	2010년4월20일	제▓층 제▓▓1호 **3**	철근콘크리트구조 **4** ▓산도면번호 ▓▓▓▓▓▓ 84.84m² **5**	

(대지권의 표시)			
표시번호	대지권종류	대지권비율	등기원인 및 기타사항
1	1 소유권대지권	**7** 26424분의 47.5	2010년4월1일 대지권 2010년4월20일

그림 5-13 등기사항전부증명서 ⓒ 탱크옥션

④ 표제부(전유부분의 건물의 표시)에 적혀 있는 건물내역 구조

⑤ 표제부(전유부분의 건물의 표시)에 적혀 있는 건물내역 면적(㎡)

⑥ 표제부(1동의 건물의 표시)에 적혀 있는 '대지권의 목적인 토지의 표시'의

소재지번

⑦ 표제부(전유부분의 건물의 표시)에 적혀 있는 대지권비율

🏠 주민등록등본, 수입인지, 송달료 납부 영수증

주민등록등본은 주민센터 또는 인터넷에서 발급할 수 있습니다. 법원 안에 있는 무인발급기에서 바로 발급받을 수도 있어요. 그리고 수입인지 1,000원짜리도 필요한데, 수입인지는 법원 내에서 유통되는 돈이라고 할 수 있습니다. 법원 안에 있는 은행에 가서 1,000원을 내고 발급받으면 됩니다. 그리고 은행에서 송달료도 납부합니다. 인도명령신청서를 송달할 때 들 비용을 미리 내는 것입니다. 송달료는 법원에서 발급받은 인도명령신청서에 적혀 있는 경우도 있지만, 금액이 적혀 있지 않다면 인도명령신청서를 준 직원 또는 신청계를 찾아가 물어보면 됩니다. 금액을 알아냈다면 송달료를 납부하고 영수증을 받습니다.

지금까지 준비한 인도명령신청서, 부동산의 표시, 주민등록등본, 수입인지(1,000원), 송달료 납부 영수증을 모두 챙겨 신청계에 제출하면 인도명령신청이 끝납니다.

강제집행신청

|

신청서를 제출했다고 해서 강제집행까지 가는 건 아닙니다(참고로 인도명령신청을 하고 강제집행을 하기 전까지 점유자와 협의가 잘돼 명도를 마쳤다면 중간에 인도명

180만 원 월급쟁이 이주임은 어떻게 경매 부자가 됐을까

령신청을 취소할 수 있습니다). 인도명령신청이 받아들여지면 법원에서 낙찰자와 점유자에게 등기로 '인도명령결정문원'을 보내줍니다. 인도명령결정문원을 받고 2주가 지나기 전 법원을 방문해 집행신청을 해야 합니다. 이때는 세 가지 서류가 필요합니다.

- 집행문
- 송달증명원
- 강제집행신청서

집행문과 송달증명원을 받기 위해서는 등기로 받은 인도명령결정문원과 부동산의 표시 서류가 필요하니, 법원에 갈 때 인도명령결정문원을 꼭 챙겨야 합니다. 법원 종합민원실에 가서 "인도명령결정문원을 받아서 강제집행신청하려고 왔습니다"라고 말하면 강제집행신청서를 줍니다. 은행에서 발급받은 1,000원짜리 인지와 인도명령결정문원, 부동산의 표시 서류를 함께 제출하면 송달증명원과 집행문을 받을 수 있습니다. 서류를 들고 법원 안에 있는 집행관사무실로 가서 강제집행신청서를 제출하면 강제집행신청이 된 겁니다.

마지막으로 법원 안에 있는 은행에 가서 강제집행비용을 예납하면 됩니다. 집행비용은 물건의 종류나 면적에 따라 차이가 있습니다. 저는 전용면적 12평 정도 되는 부동산을 강제집행할 때 14만 원 정도를 예납했으니 계획을 세울 때 참고하기 바랍니다. 강제집행신청을 했지만 집행 전에 점유자와 이야기가 잘되어 명도가 끝날 수도 있는데, 이런 경우에는 예납한 비용을 돌려줍니다.

강제집행

강제집행신청까지 완료됐다면 한 달쯤 뒤에 집행관사무실에서 전화가 옵니다.

"내일 계고하러 갈 건데 참석하실 건가요?"

계고는 일종의 경고조치입니다. 집행관이 해당 집에 가서 점유자에게 '몇월 며칠까지 나갈지를 협의하세요. 안 그러면 강제집행합니다'라고 알려주는 겁니다. 지정해준 날짜까지 협의가 이루어지지 않으면 그로부터 2~3주 뒤 강제집행을 합니다. 계고하러 갔는데 집에 아무도 없을 때는 경고장을 두고 옵니다. 이전에는 비협조적이었던 점유자도 계고를 진행하면 대부분 낙찰자와 협의를 하려고 합니다. 계고를 했는데도 협의가 이루어지지 않는다면 강제집행을 합니다.

집행관한테서 "몇 월 며칠로 강제집행 날짜가 잡혔는데 그때로 하면 될까요?"라고 전화가 온다면 되도록 맞추는 게 좋습니다. 안 그러면 또 날짜가 미뤄지기 때문입니다. 계고일에는 낙찰자가 참석을 해도 되고 하지 않아도 되지만, 강제집행을 하는 날에는 꼭 참석해야 합니다. 그리고 자신 외에 증인 2명을 데리고 가야 하며, 낙찰자와 증인은 꼭 신분증을 챙겨 가야 합니다. 노무자들이 와서 짐을 다 들어내기 때문에 낙찰자가 특별히 할 일은 없어요. 그 대신 사다리 비용을 포함해서 강제집행에 들어간 비용을 내야 합니다. 이 돈은 나중에 점유자가 창고에서 짐을 찾을 때 필요한 낙찰자확인서를 내줄 때 청구해서 받으면 됩니다.

🏠 강제전출신고란 무엇인가요?

명도가 끝난 점유자가 새로 이사한 집으로 전입신고를 하지 않는 경우가 간혹 있습니다. 깜빡했을 수도 있고 사정이 여의치 않아서일 수도 있겠지만, 어쨌든 서류상으로는 낙찰받은 집에 점유자가 계속 살고 있는 셈이 됩니다. 그러면 임차인을 맞추기가 어려울 수 있습니다.

이럴 때는 낙찰자가 직접 전출신고를 할 수 있어요. 이를 실무에서 강제전출이라고 이야기하는데, 행정 용어로는 '거주불명신고'입니다. 신분증을 지참하고 낙찰받은 물건지의 주민센터에 가서 거주불명신고를 하면 됩니다. 만약 전입신고돼 있는 사람이 누구인지 알 수 없다면 전입세대열람원을 떼서 확인한 후 작성합니다.

강제전출신고가 접수되면 주민센터 직원이 나와 실사를 합니다. 대부분 신고후 일주일 안에 실사를 하고, 그 후 일주일 동안은 전출신고를 하지 않은 사람에게 연락을 취해 스스로 전입신고를 하게 기다려줍니다. 그래도 전출이 안되면 그때부터 업무 처리가 시작됩니다. 전출이 마무리될 때까지 한 달에서한 달 반까지 걸리기는 하지만, 점유자가 전출을 하지 않더라도 이처럼 해결할 방법이 있으니 당황할 필요 없습니다.

• 4주 차 요약 •

☑ 1. 입찰 당일 입찰표 작성 전 거쳐야 할 3단계

- 1단계: 경매법정 앞 게시판에서 사건번호 찾기
- 2단계: 경매법정 PC에서 관련 서류 재확인하기
- 3단계: 기일입찰표, 매수신청보증봉투, 입찰봉투 받기

☑ 2. 입찰 준비물

- 본인이 직접 입찰하러 갈 때
  - 본인 신분증
  - 본인 도장
  - 보증금(최저가의 10%)
- 대리인이 입찰하러 갈 때
  - 대리인 신분증
  - 대리인 도장
  - 본인 인감도장
  - 본인 인감증명서(최근 3개월 이내 발급)
  - 보증금(최저가의 10%)

☑ 3. 경매 진행 순서

오전 10시 경매 입찰 방법 및 진행 방식 설명 → 10시 10분 경매사건기록부 열람 및 입찰 시작 → 입찰표 작성, 매수신청보증봉투에 입찰보증금(최저가의 10%) 넣기, 입찰봉투에 입찰표와 매수신청보증봉투를 넣어 신분증과 함께 제출 → 신분증과 수취증을 받고, 입찰봉투는 입찰함에 넣기 → 11시 10분 입찰 마감 → 개찰 준비 → 사건별로 개찰 시작 → 최고가 1~3위 입찰 가격과 최고가매수인(낙찰자) 발표 → 패찰자는 수취증과 입찰봉투를 맞바꾸고 최고가매수인은 낙찰영수증을 받는다.

☑ 4. 패찰 후 절차

❶ 수취증을 제출하면 입찰보증금이 들어 있는 입찰봉투를 돌려준다.
❷ 입찰보증금이 그대로 있는지 확인한 후 입찰표에 보증금 반환 확인 서명을 한다(입찰표를 작성할 때 미리 서명해도 됨).
❸ 보증금을 돌려받으면 모든 절차가 마무리된다.

☑ 5. 낙찰 후 절차

❶ 신분증을 제출해 본인이나 대리인이 맞는지 확인한다.
❷ 낙찰 영수증을 받는다.
❸ 경락잔금대출을 연결해주는 상담사들에게 연락처를 알려준다.
❹ 경매계로 가서 사건열람이 언제부터 가능한지 확인한다.
❺ 사건열람이 가능한 시점에 최대한 빨리 사건열람을 한다.
❻ 점유자의 연락처가 있는지 확인한 후 명도협상을 시작한다.
❼ 각 상황에 맞는 대출 상품을 알아본다.

☑ 6. 매각불허가신청이 받아들여지는 조건

- 매각물건명세서에 낙찰자 인수와 관련된 사항이 잘못 기재됐을 때
- 천재지변과 같이 낙찰자가 책임을 질 수 없는 이유로 부동산이 심각하게 훼손됐을 때
- 경매 절차가 잘못됐을 때

☑ 7. 상황별 명도협상 노하우

- 대항력은 없지만 보증금을 조금이라도 받는 임차인: 임차인이 배당을 받기 위해서는 낙찰자의 명도확인서와 인감증명서가 필요하므로 이를 바탕으로 명도협상을 진행한다.
  ※ 명도확인서는 꼭 명도가 끝난 후 건네줘야 한다.
- 대항력 없고 보증금을 한 푼도 돌려받지 못하는 임차인: 이사비를 지원해주면서 이사 날짜를 협상한다.
- 대항력 있는 임차인 또는 소유자가 점유하고 있는 경우: 임차인이 배당을 받기 위해서는 자신의 신분증만 있으면 된다. 낙찰자에게 받을 게 없는 상황이므로 이런 경우에는 이사비를 지원해주면서 이사 날짜를 협상하는 경우가 많다(참고로 경기도에 있는 부동산을 낙찰받았다면 '경기도형 긴급복지 사업'을 안내하길 권함).
- HUG 임차권 인수조건변경 물건의 명도: 임차인이 이미 이사를 나가고 오랜 기간 빈집이었다면 집이 관리되지 않았을 가능성이 크므로 최대한 서둘러 내부를 확인하는 것이 좋다.

☑ 8. 인도명령신청·강제집행신청 시 필요 서류

인도명령신청서, 부동산의 표시, 주민등록등본, 수입인지(1,000원), 송달료 납부 영수증

☑ 9. 인도명령신청 절차

❶ 법원 안 은행에서 수입인지 1,000원짜리 한 장을 구매해 송달료를 납부한다.
❷ 신청계에 필요 서류를 제출한다.
❸ '인도명령결정문원'을 등기로 받으면 2주가 지나기 전 집행신청을 해야 한다.
❹ '인도명령결정문원'과 '부동산의 표시', '인지세 1,000원'을 들고 법원으로 가 집행신청서를 작성한다.
❺ '송달증명원'과 '집행문' 수령 후 강제집행비용을 예납한다(강제집행 전 명도가 끝난다면 예납했던 비용을 돌려받을 수 있음).

☑ 10. 강제집행 절차

❶ 집행신청으로부터 한 달쯤 뒤 집행관이 계고(점유자에게 경고)를 한다.
❷ 계고 2~3주 뒤까지 명도가 완료되지 않으면 강제집행 날짜를 잡는다.
❸ 강제집행 당일은 낙찰자와 증인 2명이 참석해야 한다.
❹ 강제집행 당일 낙찰자는 점유자의 협의 요청이 있더라도 응해선 안 된다.

4부

활용편

부의 크기를
바꾸는
경매 공식

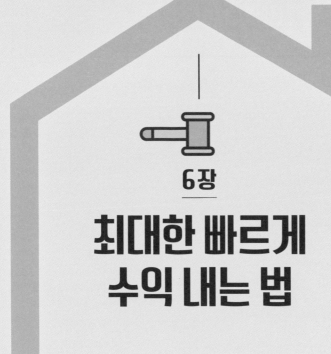

6장

최대한 빠르게
수익 내는 법

01

인테리어만으로 집의 가치 높이기

너무나 엉망이어서 놀랐던 집들의 재탄생 사례

얼마 전 40대 직장인 수강생이 경기도에 있는 아파트를 낙찰받아 잔금을 납부하기도 전에 명도를 완료했습니다. 명도하는 날 저도 같이 갔었는데, 집에 들어가서 보니 지금까지 한 번도 수리를 하지 않은 것 같았습니다. 벽지는 누렇게 변해 있었고, 선반들은 다 내려앉았으며, 나무로 된 방문은 보기 흉하게 갈라져 있었고, 벽마다 못이 박혀 있었습니다. 새시도 1990년대 아파트들에 많이 사용됐던 갈색 알루미늄 새시였어요.

전세를 맞추기 위해선 인테리어를 해야 했는데, 집에 있는 모든 걸 바꿔야 했습니다. 수강생과 같이 인테리어 가게도 방문하고 여러 곳에서 견적서를 받았습니다. 그리고 2주 만에 1,000여만 원을 들여 완전히 새로운 집으로 재

그림 6-1 인테리어 전

그림 6-2 인테리어 후

탄생시켰습니다.

경기도에 있는 빌라를 낙찰받은 60대 수강생의 사례입니다. 1억 5,899만 원에 낙찰받아 내부 인테리어를 한 후 1억 9,200만 원에 매도해서 약 3,000만 원의 차익을 거뒀습니다. 이 집 역시 명도가 끝난 후 집 안을 확인했을 때, 어떻게 이런 데서 사람이 살 수 있나 싶을 정도로 엉망이었습니다. 이런 장

그림 6-3 인테리어 전

그림 6-4 인테리어 후

면을 보면 낙찰자는 '아, 낙찰 잘못 받은 것 같은데'라는 걱정이 앞서게 됩니다. 그런데 이렇게 엉망이었던 집이 수리하고 꾸몄더니 새집이 됐습니다. 그리고 수리가 되자마자 전세입자를 맞춰 투자금을 회수하고 다음 경매물건에 투자할 수 있게 되었습니다.

낙찰받기 전에 수리비를 많이 잡아야 하는 집인지 알아보는 방법으로 새시를 확인하는 것이 대표적입니다. 그것 말고 한 가지가 더 있는데, 등기사항전부증명서에서 소유자가 이 집을 언제 샀는지 살펴보는 것입니다. 해당 빌라의 등기사항전부증명서에 따르면, 지어진 지 얼마 안 된 1996년에 최OO 씨가 매수했습니다(〈그림 6-5〉 참조). 2010년에 근저당이 설정됐고, 그 후

건물등기   (채권합계금액:108,555,388원)

순서	접수일	권리종류	권리자	채권금액	비고	소멸
갑(1)	1996-04-17	소유권이전	최OO		매매	
을(4)	2010-07-26	근저당권설정	엠OOOOOOOO	71,500,000	말소기준등기 확정채권양도전	소멸
갑(2)	2016-11-24	소유권이전	최OOOOO		상속 각 1/3	
갑(3)	2016-11-24	2번최 지분압류	성OOOOO			소멸
갑(4)	2017-02-03	2번최 지분가압류	대OOOOOOOO OOO	11,721,753	2017카단 (인용)	소멸
갑(5)	2017-07-17	2번최 지분압류	국OOOOOOOO OOOOOOOOO OO			소멸
갑(6)	2017-11-02	2번최 지분가압류	한OOOOOOOO	10,942,772	2017카단 (인용)	소멸
갑(10)	2020-01-13	2번최 지분가압류	리OOOOOOOO OO	14,390,863	2020카단 (인용)	소멸
갑(12)	2021-07-06	2번최 지분강제경매개 시결정	(주)우OOOOOO OOOOOOOO	청구금액 69,365,170	2021타경	소멸
갑(13)	2022-09-19	임의경매	엠OOOOOO	청구금액 55,289,340	2022타경	소멸
갑(14)	2023-03-24	2번최 지분압류	국OOOOOOOO OOOOOOOOO			소멸

그림 6-5 등기사항전부증명서의 건물등기   ⓒ 탱크옥션

2016년에 최OO 씨의 자녀 3명이 상속을 받았습니다.

상속 후에도 여러 건의 압류와 가압류가 있음을 보고 '이 집은 지어지고 나서 한 번도 수리가 안 됐겠구나'라고 추측할 수 있습니다. 집수리를 할 만한 여력이 없었을 것으로 보이니까요. 만약 중간에 임차인이 들어왔다면 임차를 맞추기 위해서라도 기본적인 수리는 했을 테지만, 이 집은 임차인도 없었습니다.

이런 집은 낙찰받으면 안 되는 걸까요? 아니요, 수익을 낼 가능성이 보인다면 입찰해도 됩니다. 내부 전체 리모델링을 한다고 계획을 잡고 입찰가를 좀 더 낮추는 겁니다.

그렇다면 인테리어비는 대략 어느 정도로 잡아야 할까요? 입찰하기 전 집 내부를 살펴보면 좋겠지만, 그럴 수 없는 경우가 훨씬 더 많습니다. 따라서 수익을 조금이라도 키우기 위해서는 내가 예상하는 것보다 안 좋은 상태일 거라고 생각하고 비용을 산정해야 합니다. 이 사례라면 소유자가 오랜 기간 보유했고 임차인도 없었으니 건물이 지어졌을 때부터 한 번도 수리가 안 됐다고 생각해야 합니다. 그게 아니라 최근 5년 이내에 소유자가 변경됐거나 임차인이 전입신고를 했다면 당시 도배, 장판 정도는 했을 것으로 생각할 수 있습니다.

그리고 임장을 갔을 때 물건지 주변의 인테리어 가게를 방문해 상담을 받습니다. 만약 아파트 임장을 간 거라면 사장님에게 이렇게 이야기하는 거예요.

"아파트가 지어지고 나서 한 번도 수리를 하지 않은 집이에요. 임차 맞출 정도로 기본 수리만 한다면 얼마나 들까요?"

인테리어 사장님은 한 번도 수리되지 않은 집을 봐왔기 때문에 상태가 어떨지 훤히 알고 있습니다. 그래서 대략의 금액을 바로 얘기해줍니다.

그리고 임장을 갔을 때 중개사무소 소장님과 이야기를 나누면서 최근에 거래된 가격이 전체적으로 리모델링이 된 집의 가격이었는지 확인하는 것도 중요합니다. 몇 번 임장을 다녀와 입찰해본 사람들은 아파트는 거기서 거기니 이제 임장 안 가도 된다고 생각하고 그냥 낙찰받기도 합니다. 그런데 낙찰을 받고 부동산에 가보니 최근 높게 거래된 집은 내부를 다 새로 고친 집이라고 이야기합니다. 그러면 입찰 전 생각했던 수익과 거리가 멀어질 수밖에 없습니다. 그러니 입찰하기 전 꼭 임장을 가서 인터넷으로는 알 수 없는 정보들을 얻어야 합니다. 참고로 중개사무소 소장님들도 대략적인 인테리어 비는 알고 있으니 수리비가 얼마나 들지 물어보고 입찰가 산정 때 참고하는 것이 좋습니다.

새것 같은 집들이 고수익을 안겨준 사례

모든 경매물건이 엉망인 것은 아닙니다. 낙찰받은 후 수리할 게 거의 없을 정도로 깔끔했던 집들을 소개하겠습니다.

〈그림 6-6〉은 채무자 겸 소유자가 살던 집으로, 수강생이 낙찰받은 물건입니다. 명도협상을 할 때 채무자가 욕도 하고 총을 쏘겠다느니 비협조적으로 나왔는데, 계고 후에는 180도 달라졌습니다. 호칭부터 선생님으로 바뀌었습니다. 결국 채무자는 이사를 나갔고, 수강생은 집 안에 처음 들어가 보고

놀랐다고 합니다. 시스템에어컨이 5대나
있는 새집이었던 거예요.

이 집은 수리비까지 생각하고 입찰가
를 산정했는데, 문을 열어보니 수리할 곳
이 전혀 없었습니다. 잔금납부 후 한 달
만에 세금을 떼고도 순수익 3,200만 원을
거둔 그분은 요즘 본업은 하지 않고 경매
임장만 다니신다고 합니다.

그림 6-6 **놀랍게 깔끔한 집 1**

20대 수강생이 낙찰받은 사례 하나를
더 소개하겠습니다. 정규강의 과정을 마치고 3주 만에 낙찰받은 건인데, 낙찰
받고 10일도 안 돼서 명도가 끝났습니다. 잔금납부도 하기 전에 명도를 마친
겁니다. 〈그림 6-7〉은 명도를 하자마자 찍은 것입니다. 완전 새집이죠. 경매
를 통해 이런 기회를 붙잡을 수도 있습니다.

그림 6-7 **놀랍게 깔끔한 집 2**

180만 원 월급쟁이 이주임은 어떻게 경매 부자가 됐을까

🏠 인테리어 싸고 손쉽게 하려면?

경매로 낙찰받고 매도하면 양도차액에서 세금, 등기비, 중개비, 인테리어비 등을 제한 금액이 순수익이 됩니다. 세금과 같이 법적으로 정해진 금액이 대부분인데, 그중 낙찰자가 줄일 수 있는 비용이 있어요. 바로 인테리어 비용입니다. 셀프 인테리어를 해서 비용을 아끼는 사람들도 있지만, 자신에게 그런 재능이 없다고 생각된다면 전문 업체에 맡기는 수밖에 없죠. 업체에 맡기더라도 몇 가지 포인트를 알고 있다면 최소 500만 원은 절감할 수 있습니다.

1. **화장실 타일은 건드리지 마세요.** 앞서 다룬 사례 중에서 〈그림 6-3〉과 〈그림 6-4〉를 보면 화장실 타일을 바꿨는데, 그 집은 화장실을 전체적으로 리모델링한 것입니다. 그런데 저는 웬만하면 타일은 손대지 말라고 강조합니다. 타일 관련 수리 비용이 어마어마하기 때문입니다. 〈그림 6-8〉은 제가 낙찰받은 집 화장실의 인테리어 전후 사진입니다. 인테리어 전에는 세면대와 수전 등이 낡아 보이고 타일 바닥도 엉망이었습니다. 저는 타일은 손대지 않았고, 그 대신 나머지를 싹 교체했습니다. 변기, 세면대, 수건걸이, 휴지걸이, 거울, 수납장까지 모든 물품을 바꿨어요. 그런 다음 입주청소를 했더니 타일조차 새것처럼 보이게 됐습니다.

2. **새시 테두리는 필름지를 활용하세요.** 얇은 갈색 알루미늄 새시라면 전체 수리가 필요합니다. 그래서 임장을 갔을 때 새시가 어떻게 돼 있는지 확인해야 한다고 강조한 겁니다. 새시가 비교적 최근 모델이더라도 테두리가 흰색이 아니어서 내부에서 볼 때 전체적인 분위기가 어둡다면 흰색으로 바

그림 6-8 화장실 수리 전후

꾸는 것이 좋습니다. 새시를 전체적으로 바꿀 필요는 없고, 인테리어 가게 사장님에게 필름지로 교체해달라고 하면 됩니다. 이 비용도 부담된다면 테두리에 흰 페인트를 칠하는 방법도 있지만, 아무래도 필름지가 더 깔끔해 보일 겁니다.

3. **도배장판은 무조건 밝은색으로!** 요즘 트렌드가 바닥과 벽지 모두 밝은색으로 하는 거라서 저도 벽지는 밝은 아이보리 또는 그레이 색상으로 하고, 장판도 밝은 계열로 합니다. 집 안 전체를 밝게 바꾼다고 생각하면 됩니다. 그래야 집 분위기를 180도 바꿀 수 있습니다. 몰딩과 방문이 짙은 나무색으로 돼 있을 경우 도배장판을 밝은색으로 바꾸면 더 도드라져 보일 수도 있습니다. 이럴 때는 흰색 페인트칠을 하면 깔끔해집니다. 다만, 바닥이 마루로 돼 있다면 웬만해선 건드리지 마세요. 마루도 타일과 마찬가지로 손을 대는 순간 비용이 올라갑니다.

02

중개사무소 소장님을
내 편으로 만들기

낙찰 후 실제로 거주할 계획이 아니라면 매매든 전세든 월세든 중개사무소에 내놔야 합니다. 매물을 내놓을 땐 중개사무소 한 곳에만 연락을 할지, 여러 곳에 뿌릴지 정해야 합니다. 저는 낙찰받기 전 임장을 갔을 때 상담을 잘해준 중개사무소가 있다면 우선 그곳에만 매물을 내놓습니다. "소장님께만 드리는 거예요. 단독 물건이니 잘 부탁드립니다"라고 이야기하면서요.

소장님들 입장에선 단독 물건이 더 좋습니다. 매수·매도를 한 중개사무소에서 진행하면 양쪽에서 중개수수료를 받을 수 있기 때문입니다. 만약 매수자 중개사무소와 매도자 중개사무소가 다르다면 수수료를 한쪽에서만 받게 되죠. 그래서 중개사무소 소장님들은 단독 물건이 먼저 계약되도록 추천해주기도 합니다.

하지만 단독 물건으로 드렸는데 내가 생각하는 기간이 지나도 거래가 되지 않는다면 다른 중개사무소에도 물건을 내놔야 해요. 이럴 때는 단독으로 주었던 중개사무소에도 이야기하는 게 좋습니다. "소장님, 계약이 안 돼서 다른 곳에도 내놓으려고 해요. 괜찮으시죠?"라고 물어보는 겁니다. 사실 물건을 어디에 내놓는지는 내 마음이지만 예의상 말씀드리는 거죠.

매물을 내놓겠다고 하면 내가 예상하는 금액보다 터무니없이 낮은 금액을 이야기하는 소장님도 있습니다. 이럴 때는 그 말을 전적으로 믿고 낮은 가격으로 내놓는 것보다 처음에는 내가 생각했던 금액으로 올려보길 권합니다. 가격이 저렴하면 거래가 더 잘되기 때문에 급매 가격으로 내놓으라고 하는 소장님들이 간혹 있기 때문입니다. 시간이 지나도 집을 보러 오는 손님이 없다면 그때 조금씩 가격을 낮추는 거예요. 다만, 지금까지는 제가 생각했던 금액대로 올렸을 때 다 거래가 되긴 했습니다.

여러 중개사무소에 매물을 뿌릴 땐 우리 집이 지하철역과 가까운 곳이 아니라도 역 주변에 있는 중개사무소에도 연락해 물건을 내놓는 것이 좋습니다. 아무래도 역세권 중개사무소에 손님이 많이 오기 때문입니다. 손님은 지하철역과 가까운 집을 찾기 위해 그곳에 들어갔겠지만, 예상한 금액보다 너무 높다면 역에서 조금은 떨어진 집까지도 고려할 것이기 때문입니다. 그런 손님들에게 소장님이 우리 집을 추천해주겠죠.

물건을 여러 개 낙찰받다 보면 한 동네에서 여러 개의 물건을 매도할 일이 생기기도 합니다. 이럴 땐 거래를 잘 성사시켜준 소장님과 친해지면 좋습니다. 부동산 거래를 하다가 사소한 궁금증이나 문제가 생겼을 때 물어볼 수 있기 때문입니다. 그리고 임차를 맞춘 집인데 내가 자주 가볼 수 있는 거리가 아니라면 부탁할 수도 있습니다. 그 대신 새로운 임차인은 이 중개사무소 소장님을 통해 계약하게 해서 수수료를 벌 수 있게 하는 것이 좋습니다.

　인터넷에서 부동산 중개수수료(또는 부동산중개보수)를 검색하면, 법정 수수료 한도가 나옵니다. 수수료로 줄 수 있는 최대 금액을 법적으로 정해놓은 겁니다. 최대 금액을 정해놓은 것인 만큼 협의를 통해 금액을 좀 더 낮출 수도 있다는 뜻입니다. 그렇지만 저는 자주 가볼 수 없는 거리에 있는 곳이라면 중개수수료는 법정 수수료 전액을 드립니다. 그래야 사소한 부탁 하나라도 해볼 수 있으니까요. 그리고 부동산을 보유하는 동안 임차인이 살고 있는데 사소한 걸 수리해줘야 할 때가 있습니다. 예를 들어 싱크대 문짝이 안 맞아서 나사를 바꿔야 하거나 세면대 뒤쪽에 실리콘을 쏘아야 하는 일들이 있습니다. 이럴 때도 중개사무소 소장님에게 연락해 주변에 잘 아는 수리 업체가 있으면 소개해달라고 해서 저렴한 가격에 수리를 맡길 수 있습니다.

03
상황별 수익 창출법과 성공 사례

단기 매도로 수익 낸 사례

첫 번째 사례는 강원도 춘천시의 아파트입니다. 평생 전원주택에 살면서 아파트에 관심도 없던 수강생이 1회 유찰된 이 물건을 2억 4,478만 원에 낙찰을 받았습니다. 그리고 잔금을 납부하고 한 달 뒤 매도계약서를 작성했는데, 2억 6,400만 원에 계약했습니다. 한 달 만에 1,922만 원의 차익을 거뒀고, 세금과 기타 비용을 제하고도 순수익 1,000만 원을 손에 쥐었습니다.

원래는 내부 수리를 간단하게 한 뒤 좀 더 높은 가격으로 매도할 계획이었는데 수리나 하자보수 없는 조건으로 시세보다 저렴하게 매도했어요. 이처럼 아파트에 관심이 없던 사람도 단기간에 1,000만 원의 수익을 거둘 만큼, 부린이도 안정적으로 투자할 수 있는 방법이 경매입니다. 수익 계획만 잘 세우면 되니까요.

두 번째 사례는 1995년에 지어져 20년도 더 된 데다 가파른 오르막에 있는 빌라로, 60대 수강생이 낙찰받았습니다. 이런 물건은 임장을 가서 중개사무소에 물어보면 많은 사람이 와서 보고 갔다고 이야기하는데, 실제 입찰하는 사람은 현저히 적습니다. 외관상으로 안 좋은 점들밖에 안 보이기 때문입니다. 그렇지만 수강생은 이렇게 단점투성이인 빌라로도 수익을 거뒀습니다.

이 수강생은 평소에도 열정적으로 투자 물건을 찾았는데, 몇 번의 패찰 끝에 이 빌라를 저렴하게 낙찰받았습니다. 1억 5,899만 원에 낙찰받았고 잔금 납부 후 3개월 만에 1억 9,200만 원에 매도했습니다. 내부 수리에 비용이 많이 들어서 1,000만 원 넘게 썼는데도 세금과 기타 비용을 제하고 1,400만 원의 순수익을 거뒀습니다.

이처럼 경매 단기 투자를 목적으로 할 때는 주변 거래량이 많은지, 얼마에 팔 수 있는지에만 집중하면 경쟁자가 덜한 물건으로 수익을 창출할 수 있습니다.

세 번째 사례는 서울 구로구에 있는 빌라입니다. 이 빌라를 낙찰받은 수강생은 처음엔 지하철역과 가깝고 지어진 지 10년이 안 된 빌라에 입찰할 생각이었습니다. 그런데 누가 봐도 좋은 물건이라 경쟁도 심하고 낙찰가도 높을 것 같아 같은 날 같은 법원에서 진행하는 물건을 둘러보다가 우연히 이 빌라를 발견하고 입찰했습니다. 처음 입찰하려 했던 빌라와 연식은 비슷하지만 지하철역과 멀다는 단점이 있었습니다. 그 대신 버스정류장이 바로 앞에 있긴 했어요.

1억 8,010만 원에 낙찰을 받은 수강생은 중개사무소부터 들렀는데 소장님이 매수자가 기다린다고 했답니다. 그래서 소유권이전 후 집 내부를 간단하게 수리하고 2억 2,000만 원에 바로 매도계약서를 작성했습니다. 차액 약 4,000만 원에 순수익은 2,700만 원이었습니다.

　그뿐만이 아닙니다. 매수자가 이사 들어오기까지 비는 기간이 있어서 단기임대도 맞췄습니다. 단기임대는 짧게는 1주일, 길게는 몇 개월 동안 집을 빌려주는 것을 말하는데, 요즘 수요가 많습니다. 보통은 단기임대를 맞추려면 침대, TV, 식탁 등 가구와 가전이 기본적으로 필요하다고 생각하는데 이 집은 아무것도 갖춰놓지 않았습니다. 단기임대 수요 중에는 지금 살고 있는 집을 리모델링하기 위해 단기로 지낼 곳을 찾는 사람들이 있는데, 이들은 자기 짐을 가지고 나와야 하기 때문에 가구나 가전이 없는 집을 찾습니다. 이런 사람들에게 집만 빌려주고 세를 받는다면 대출이자를 충당하는 데 많은 도움이 됩니다.

경쟁이 덜한 소도시 아파트를 공략해 성공한 사례

|

수도권 인구가 많은 만큼 수도권 물건의 경쟁률이 지방보다 높습니다. 그래서 저는 지방에서 수업을 들으러 올라오는 수강생들에게 경쟁이 덜한 지방 아파트로 눈을 돌려보라고 권합니다. 수도권에 사는 사람들은 지방 아파트를 찾아보고 싶어도 임장을 가기가 어려워서 선뜻 뛰어들지 못하거든요.

이런 얘기를 하면 지금 지방의 아파트를 사도 되느냐는 질문이 제일 먼저 나오고, 어떤 사람들은 인구 소멸 이야기도 합니다. 하지만 경매물건을 낙찰받아 계속 보유하는 게 아니라 적어도 2년 또는 4년 뒤엔 매도할 생각이잖아요. 그때 지방에 아무도 안 살진 않겠죠. 특히 단기 매매를 생각하고 있다면 지방 아파트를 공략해보길 권합니다.

경북 구미시에 있는 아파트를 낙찰받은 수강생 사례입니다(〈그림 6-9〉 참조). 2019년에 지어진 비교적 신축 아파트로, 수리할 게 하나도 없었습니다. 2억 7,210만 원에 낙찰받았는데 잔금납부 한 달 만에 3억 500만 원에 매도 계약서를 씀으로써 세금 등 비용을 제하고 순수익 2,100만 원을 벌었습니다. 누군가의 1년 치 연봉을 지방 아파트로 한 달 만에 번 겁니다.

그림 6-9 한 달 만에 2,000만 원 넘는 수익을 안겨준 아파트의 경매정보   ⓒ 탱크옥션

물건번호가 있는 사건으로 수익 낸 사례

〈그림 6-10〉을 보면 '2023타경XXXX(1)'이라고 적혀 있습니다. 'XXXX타경XXXX' 부분을 사건번호라고 하고, 바로 이어서 괄호 안에 적혀 있는 숫자를 물건번호라고 합니다. 상단에 있는 관련 물건번호 2번, 3번을 각각 클릭해보면 사건번호는 같은데 물건번호가 다른 경매물건을 볼 수 있습니다. 채무자가 여러 개의 물건을 같이 담보로 돈을 빌렸는데 갚지 못해, 돈을 빌려준 채권자가 담보로 잡은 물건들을 한꺼번에 경매로 넘기면 사건번호는

그림 6-10 물건번호가 있는 사건의 경매정보　　　　　　© 탱크옥션

같고 물건번호는 여러 개로 나오는 겁니다. 각 부동산은 별개여서 1번은 서울 빌라인데 2번은 평택 대지가 될 수도 있습니다.

물건번호가 붙은 사건에 입찰할 때는 몇 가지 주의사항이 있습니다. 첫째는 1번에만 입찰하려 한다고 해도 나머지 번호의 모든 물건에 대해 권리분석을 해서 낙찰 가능성을 타진해야 한다는 것입니다. 1번을 낙찰받고 잔금까지 다 납부했다고 하더라도 나머지 번호 중 낙찰자가 나오지 않는 물건이 있다면 인도명령신청을 할 수 없어서 마냥 기다려야 하기 때문입니다. 그래서 초보자라면 물건번호가 많은 사건은 피하길 권합니다.

둘째는 입찰표, 매수신청보증봉투, 입찰봉투에 물건번호도 꼭 기재해야 한다는 것입니다. 만약 물건번호가 있는 사건인데 이 칸을 채우지 않았다면 무효처리가 됩니다. 당연한 얘기지만, 그 사건번호에서 어떤 물건에 입찰하는지를 알 수 없기 때문입니다.

〈그림 6-10〉은 제가 수강생한테 입찰을 권한 경매물건입니다. 물건번호가 3번까지 있었는데 2번과 3번은 이미 낙찰됐고 1번만 남은 터라, 낙찰을 받는다면 다른 물건번호의 낙찰을 기다릴 필요 없이 절차대로 인도명령신청을 할 수 있었기 때문입니다.

수강생은 1억 2,899만 원에 빌라를 낙찰받았고 수리까지 완료했어요. 중개사무소에서 1억 9,000만 원이면 팔릴 거라고 얘기해서 그 가격에 매물을 올려놓은 상태입니다. 순수익 5,000만 원을 거둘 수 있을 것으로 예상됩니다.

단기임대로 수익 키운 사례

낙찰 즉시 매도하려 했지만 계획이 변경돼 매도 시기를 늦춰야 하는 상황이거나 매도계약서는 작성했지만 매수자가 이사 들어오는 날까지 기간이 많이 남았을 경우에는 단기임대를 활용할 수 있습니다.

전북 군산시에 있는 아파트를 낙찰받은 수강생 사례입니다. 물건번호가 33개나 있는 물건 중에서 2개를 낙찰받았는데, 33개의 물건이 다 같은 아파트에서 나온 것이었습니다(〈그림 6-11〉 참조).

이 물건들은 대부분 같은 날 낙찰이 됐습니다. 따라서 인도명령신청을 하는 데는 문제가 없겠지만, 이렇게 많은 물건이 한 아파트에서 매물로 나오면 매도하는 데 어려움을 겪을 수 있습니다. 빨리 팔아야 하는 사람들이 최근 실거래가보다 낮은 가격으로 매물을 올릴 테니, 그 영향으로 계속해서 매도가가 낮아지기 때문입니다. 실제로 이 아파트 역시 가격이 급속도로 하락했습니다.

수강생도 애초에는 단기 매도를 생각했지만 일정 기간 보유하다가 파는 게 좋겠다고 계획을 변경했습니다. 단기임대를 맞추기 위해 당근에서 세탁기·밥솥·TV 등 기본적인 가전제품을 사고, 집에 있던 소파와 식탁도 가지고 내려와 세팅을 했습니다. 그런 다음 단기임대를 올렸는데 다음 날 바로 예약이 됐습니다. 일주일 임대로 숙박비 35만 원, 청소비 2만 원, 관리비 2만 원 등 총 39만 원을 받기로 했습니다.

한 집을 세팅하자마자 예약이 들어오니까 나머지 한 채도 바로 단기임대를 맞추기 위해서 세팅을 시작했습니다. 그 와중에도 첫 집에는 계속해서 일

그림 6-11 단기임대로 계획을 변경해 수익 낸 사례 ⓒ 탱크옥션

그림 6-12 단기임대를 위한 가전·가구 세팅

주일 치 예약이 들어왔고, 두 번째 집은 3개월짜리 예약이 들어와 600만 원을 받게 됐습니다. 한 집당 단기임대 세팅하는 데 150만 원 정도가 들었는데 한 번에 회수하고도 남은 겁니다. 그 후 6주짜리 250만 원 예약도 들어왔어요. 만약 월세로 내놓았다면 매달 100만 원도 못 받았을 텐데 단기임대로 활용하면서 수익을 키울 수 있었습니다.

단기임대 플랫폼과 에어비앤비 활용하는 방법

단기임대는 보증금 없이 들어와 사용 일수에 따라 돈을 내는 방식입니다. 예전부터 있었지만 최근 들어 수요가 많아지면서 네이버부동산에도 '단기임대' 메뉴가 새로 생길 정도로 활성화됐습니다. 그리고 단기임대 전문 플랫폼도 등장했는데, 가장 유명한 사이트가 삼삼엠투(33m2.co.kr)입니다. 단기임대를 맞출 생각이라면 삼삼엠투 앱에 들어가 낙찰받은 집과 가까이 있는, 이미 단기임대를 하고 있는 집들을 살펴보는 것이 좋습니다. 하나하나 체크하면서 예약이 얼마나 돼 있는지를 확인하고, 그중에서도 예약이 많아 인기 있는 집을 유심히 봅니다. 인기 있는 집이 침대·냉장고·화장대 등 옵션을 갖춘 집들인지, 옵션이 하나도 없는 빈집들인지를 확인합니다. 전자가 인기라면 우리 집에도 옵션을 갖춰두고, 후자가 인기라면 우리 집도 비워두는 전략을 택하면 됩니다.

아무리 당근 같은 곳에서 중고를 구입한다고 하더라도 옵션을 갖추려면 돈이 들어가는데, 나중에 매도할 때 또 돈 들여 처리해야 하는 것 아니냐고 걱정할 수도 있는데요. 장만할 때와 마찬가지로 당근에서 되팔면 됩니다.

단기임대 말고 에어비앤비(airbnb.co.kr)를 활용하는 방법도 있습니다. 둘 중 어떤 걸 선택해야 하는지 고민하는 사람들도 있는데, 둘 다 올리는 것이 좋습니다. 여러 플랫폼에 올리면 단기임대 예약이 없는 날은 에어비앤비로 맞춰 예약 확률을 높일 수 있습니다.

단 에어비앤비는 아무 집이나 운영할 수는 없고 몇 가지 조건을 갖춰야 합니다. 에어비앤비에 호스트로 등록하기 위해서는 사업자등록이 필요합니다. 숙박업에는 외국인관광도시민박업·농어촌민박업·한옥체험업·일반숙박업·생활숙박업·호스텔업·관광호텔업 등이 있습니다. 그중 도시에서 활용할 수 있는 건 '외국인관광도시민박업(외도민업)'이고, 도시가 아닌 읍·면 지역에서는 '농어촌민박업'을 활용해야 합니다. 내가 낙찰받은 집에 필요한 사업자등록이 외도민업인지 농어촌민박업인지 잘 모르겠다면 지자체에 전화해서 물어보면 됩니다.

대부분은 도시 지역에 있는 물건을 낙찰받을 테니, 외도민업으로 에어비앤비를 어떻게 합법적으로 운영할 수 있는지 설명하겠습니다.

첫 번째, 오피스텔·고시원·원룸은 등록할 수 없습니다. 에어비앤비는 공식 홈페이지를 통해 한국에 있는 오피스텔과 고시원을 업로드한 업체는 삭제하겠다고 공지했습니다. 서울 강남역 주위에 있는 원룸형 오피스텔의 인기가 많았는데, 이제 그런 숙소들은 없어지는 겁니다.

두 번째, 단독주택·다가구주택·아파트·연립주택·다세대주택만 등록할 수 있습니다. 단, 다른 세대와 붙어 있는 집들은 숙박업 운영에 대해 이웃의 동의를 받아야 합니다. 난감해하는 사람이 많은데, 의외로 이웃들이 선선히 동의해줍니다. 안 해줄 거라고 단정 짓지 말고 부딪쳐보길 권합니다.

세 번째, 건물의 연면적이 $230\,m^2$ 이하여야 합니다. 건물의 연면적은 건축물대장을 발급받으면 확인할 수 있습니다. 참고로, 이 조건은 외도민업뿐만 아니라 농어촌민박업과 한옥체험업에도 적용되니 꼭 체크해야 합니다.

네 번째, 노후주택은 등록할 수 없습니다. 벽돌집은 20년, 철근콘크리트 집은 30년이 지나면 노후주택으로 봅니다. 낙찰받은 빌라가 30년 이상 됐다면 다른 조건을 모두 충족했더라도 외도민업을 운영할 수 없으니 에어비앤비는 포기하고 단기임대로만 진행해야 합니다.

다섯 번째, 위반건축물은 등록할 수 없습니다. 앞서 설명했듯이 위반건축물은 건축물대장에 노란 딱지가 붙는데, 대출도 받을 수 없고 매년 이행강제금을 내야 합니다. 법을 어긴 집이니 당연히 합법적인 숙박업을 운영할 수 없는 겁니다.

이뿐만 아니라 에어비앤비를 운영하기 위해 기본적으로 갖춰야 하는 조건들이 지자체마다 따로 있습니다. 꼭 구청에 전화해서 어떤 조건이 더 있는지 체크한 후에 준비하기 바랍니다. 단기임대에 비해 에어비앤비의 조건이 더 까다롭긴 하지만 같은 집으로 수익을 극대화하는 방법이니 고려해볼 수 있습니다.

04

낙찰자 인수사항 있는
물건으로 수익 내기

앞서 대항력 있는 임차인이 보증금을 못 받는다면 입찰을 피해야 한다고 강
조했지만, 그런 물건을 낙찰받아 수익 내는 방법도 물론 있습니다. 몇 가지
사례를 들어보겠습니다.

매각물건명세서의 오류를 발견해 수익 낸 사례

〈그림 6-13〉은 다세대주택 경매물건의 매각물건명세서입니다. 임차인이 남
OO, 전OO, 정OO, 주택도시보증공사로 총 4명인 것처럼 보입니다. 그런데
아래 〈비고〉를 보니 주택도시보증공사는 주택임차권자 정OO의 임대차보증
금반환채권 승계인이라고 돼 있습니다. 따라서 주택도시보증공사와 정OO

매각물건명세서

사 건	2023타경 ▨▨▨ 부동산강제경매		매각물건번호	1	작성일자	2024.03.15	담임법관 (사법보좌관)	손병현	
부동산 및 감정평가액 최저매각가격의 표시	별지기재와 같음		최선순위 설정	2019.10.16. 압류			배당요구종기	2023.08.10	

부동산의 점유자와 점유의 권원, 점유할 수 있는 기간, 차임 또는 보증금에 관한 관계인의 진술 및 임차인이 있는 경우 배당요구 여부와 그 일자, 전입신고일자 또는 사업자등록신청일자와 확정일자의 유무와 그 일자

점유자 성 명	점유부분	정보출처 구 분	점유의 권 원	임대차기간 (점유기간)	보 증 금	차 임	전입신고 일자·외국인 등록(체류지 변경신고)일 자·사업자등 록신청일자	확정일자	배당 요구여부 (배당요구일자)
남▨	미상	현황조사	주거 임차인	미상		미상	미상	2021.09.14.(전입세대확인서)	미상	
전▨	미상	현황조사	주거 임차인	미상		미상	미상	2017.12.27.(전입세대확인서)	미상	
정▨	건물 전부	등기사항 전부증명서	주거 주택임차권자	2017.12.30.부터	200,000,000			2018.01.02.	2017.12.27.	
주택도시보증공사	201호 전부	권리신고	주거 임차인	2017.12.30. - 2019.12.29.	200,000,000			2018.01.02.	2017.12.27.	2023.08.08

〈비고〉
주택도시보증공사:경매신청채권자이고, 주택임차권자 정▨▨의 임대차보증금반환채권의 승계인임.

※ 최선순위 설정일자보다 대항요건을 먼저 갖춘 주택·상가건물 임차인의 임차보증금은 매수인에게 인수되는 경우가 발생 할 수 있고, 대항력과 우선변제권이 있는 주택·상가건물 임차인이 배당요구를 하였으나 보증금 전액에 관하여 배당을 받지 아니한 경우에는 배당받지 못한 잔액이 매수인에게 인수되게 됨을 주의하시기 바랍니다.

등기된 부동산에 관한 권리 또는 가처분으로 매각으로 그 효력이 소멸되지 아니하는 것

그림 6-13 잘못 기재된 매각물건명세서

© 탱크옥션

씨는 한 사람으로 봐야 합니다.

각각의 임차인이 대항력을 갖췄는지 확인해보겠습니다. 남OO 씨는 대항력 발생 시점이 최선순위설정일보다 늦기 때문에 대항력이 없습니다. 보증금이 '미상'으로 적혀 있어 보증금 액수를 알 수 없기도 하지만, 대항력이 없는 임차인이므로 입찰자가 신경 쓰지 않아도 됩니다. 전OO 씨는 대항력 발생 시점이 최선순위설정일보다 이르기 때문에 대항력 있는 임차인입니다. 그런데 배당요구를 하지 않았고, 심지어 보증금이 얼마인지도 알 수 없는

'미상 임차인'입니다. 그리고 정OO 씨는 대항력이 있는 임차인입니다. 그런데 매각물건명세서 비고란을 보니 '임차인 및 임차권승계인 주택도시보증공사는 매수인에 대하여 배당받지 못하는 잔액에 대한 임대차보증금 반환 청구권을 포기하고, 임차권등기를 말소하는 것을 조건으로 매각'이라고 적혀 있습니다. 대항력을 포기하고 배당받을 수 있는 금액만큼만 배당을 받겠다는 겁니다. 따라서 정OO 씨는 대항력이 없는 임차인이 됩니다.

이상의 내용을 바탕으로 할 때 원래라면 이 물건은 전OO 씨 때문에 입찰하면 안 되지만, 수강생이 입찰해 낙찰을 받았습니다.

전OO 씨를 다시 한번 살펴보면 전입신고일이 2017년 12월 27일로 돼 있습니다. 그리고 정OO 씨의 전입신고일은 2018년 1월 2일입니다. 둘의 전입신고 날짜가 며칠 차이이기 때문에 어쩌면 둘은 동거인일 수도 있고, 그중 1명은 진정한 임차인이 아닐 수도 있겠다고 추측해볼 수 있습니다. 정OO 씨는 심지어 주택도시보증공사에 권리를 넘겨줬습니다. 그러면 둘 중 허위 임차인은 정OO 씨보다는 전OO 씨일 확률이 더 높습니다.

유료 경매정보 사이트의 전입세대확인서상에는 전OO 씨와 남OO 씨가 해당 집에 전입신고가 돼 있다고 나와 있습니다. 이 집은 전용면적이 9평밖에 되지 않는데 두 세대가 등록돼 있는 겁니다. 수강생은 뭔가 이상하다는 느낌이 들어서 주민센터로 갔습니다.

매각물건명세서, 현황조사서, 매각기일 내역을 제시하며 이렇게 요청했습니다.

"여기 경매 나온 집, 전입세대확인서 발급 부탁드립니다."

"101동인가요, 102동인가요?"

"102동입니다."

직접 발급받은 전입세대확인서를 보니 남○○ 씨만 있었습니다.

"어? 전○○ 씨는 없나요?"

"전○○ 씨는 101동에 등록돼 있어요."

알고 보니 전○○ 씨는 옆 동, 같은 호실에 살고 있는 사람이었어요. 매각물건명세서와 유료 경매정보 사이트의 전입세대확인서가 잘못된 겁니다. 수강생은 이처럼 남들이 모르는 정보를 알아냄으로써 저렴한 가격에 낙찰받을 수 있었습니다. 권리분석을 하다가 미심쩍은 내용이 있다면 유료 사이트에서 제공하는 자료로만 판단하지 말고 직접 확인해야 좋은 기회를 더 많이 만날 수 있습니다.

임차인 보증금 인수하고도 수익 낸 사례

경기도에 있는 아파트의 사례입니다. 감정평가액이 8억 2,300만 원인데, 낙찰가는 2억 2,220만 원입니다. 6억이나 싸게 낙찰받은 것처럼 보이지만, 과연 이 낙찰자는 2억에 아파트를 매수할 수 있었을까요?

매각물건명세서를 보면 임차인 김○○ 씨가 있고, 전입신고일이 최선순위 설정일보다 이르니 대항력이 있습니다(〈그림 6-14〉 참조). 그런데 확정일자를 받지 않았고, 배당신청도 하지 않았습니다. 대항력은 있지만 낙찰금에서 배당을 받지 못하는 임차인이므로 낙찰자가 보증금을 물어줘야 합니다. 심지어 보증금이 얼마인지 알 수 없는 '미상' 임차인입니다.

매각물건명세서

사 건	2021타경72590 부동산임의경매		매각 물건번호	1	작성 일자	2023.11.16	담임법관 (사법보좌관)	윤기원	
부동산 및 감정평가액 최저매각가격의 표시	별지기재와 같음		최선순위 설정		2021. 1. 11. 근저당권		배당요구종기	2022.02.09	

부동산의 점유자와 점유의 권원, 점유할 수 있는 기간, 차임 또는 보증금에 관한 관계인의 진술 및 임차인이 있는 경우 배당요구 여부와 그 일자, 전입신고일자 또는 사업자등록신청일자와 확정일자의 유무와 그 일자

점유자 성 명	점유 부분	정보출처 구 분	점유의 권 원	임대차기간 (점유기간)	보 증 금	차 임	전입신고 일자·외국인 등록(체류지 변경신고)일 자·사업자등 록신청일자	확정일자	배당 요구여부 (배당요구일자)
김▇	504호	현황조사	주거 임차인					2020.01.17	

〈비고〉
김▇:임대차보증금은 350,000,000원, 임대차기간은 2020.1.15-2022.1.14.(신청채권자가 2022.2.14. 제출한 임대차사실확인서에 의함)

※ 최선순위 설정일자보다 대항요건을 먼저 갖춘 주택·상가건물 임차인의 임차보증금은 매수인에게 인수되는 경우가 발생 할 수 있고, 대항력과 우선변제권이 있는 주택·상가건물 임차인이 배당요구를 하였으나 보증금 전액에 관하여 배당을 받지 아니한 경우에는 배당받지 못한 잔액이 매수인에게 인수되게 됨을 주의하시기 바랍니다.

등기된 부동산에 관한 권리 또는 가처분으로 매각으로 그 효력이 소멸되지 아니하는 것

해당사항없음

매각에 따라 설정된 것으로 보는 지상권의 개요

해당사항없음

비고란
1. 신청채권자가 제출한 2022.2.14.자 임대차사실확인서에 의하면 권리신고 및 배당요구하지 않은 대항력있는 임차인의 보증금이 350,000,000원이며 매수인이 위 보증금을 인수할 수 있으므로 입찰시 주의요망

그림 6-14 매각물건명세서에서 발견한 힌트

© 탱크옥션

그런데 〈비고〉를 보면 임차인 김OO 씨의 보증 금액은 3억 5,000만 원이고 경매를 신청한 채권자가 임대차사실확인서를 제출했다고 적혀 있습니다. 채권자로서는 경매로 나온 집을 누군가가 낙찰받아야 채권을 회수할 수 있는데, 이 물건은 인수해야 하는 금액이 얼마인지 알 수 없기 때문에 아무도 입찰하지 않으려고 할 겁니다. 그래서 채권자가 법원에 자신이 알고 있는 임차인의 보증 금액을 알려준 거예요.

그러면 이 아파트는 낙찰금과 임차인의 보증금 3억 5,000만 원을 더한 금

액이 낙찰자의 매수가 됩니다. 낙찰을 2억 2,220만 원에 받았고 인수해야 하는 금액이 3억 5,000만 원이니 총 5억 7,220만 원입니다. 낙찰받을 당시 해당 아파트는 6억 4,000만 원 정도에 거래되고 있었습니다. 인수사항이 있는 물건이었음에도 낙찰자는 시세보다 6,780만 원이나 저렴하게 매수한 겁니다.

이처럼 낙찰자 인수사항이 있다고 하더라도 낙찰금과 인수해야 하는 금액의 합이 시세보다 낮다면 입찰할 수 있는 물건이 됩니다. 무척 탐나는 물건인데 인수해야 하는 금액이 있다면, 이 사례처럼 여러 번 유찰될 때까지 기다렸다가 시세보다 저렴하게 낙찰받는 것도 방법입니다.

참고로, 이 낙찰자가 내야 하는 취득세는 얼마일까요? 낙찰금인 2억 2,220만 원을 기준으로 생각하는 사람이 많습니다. 무주택자가 경매로 낙찰을 받았다면 1주택자가 되기 때문에 1~3%의 취득세를 적용받아 222만 원을 내면 된다고 계산하는 겁니다. 하지만 경매로 낙찰받을 때 인수해야 하는 금액이 있다면 낙찰가와 인수 금액을 더한 금액을 기준으로 취득세가 부과됩니다. 이 사례에서는 낙찰가와 인수 금액의 합이 5억 7,220만 원이기 때문에 취득세는 1%인 572만 원을 납부해야 합니다. 과세 부분을 잘못 생각했다가는 수익 계산에 차질이 생길 수 있으니 이 점 유의해서 입찰해야 합니다.

부록

성공 투자를 위한
고민 해답지

카페에서 자주 나오는 질문

책을 읽으면서는 이해가 됐지만 혼자서 권리분석을 하려고 하면 헷갈리는 부분이 생길 겁니다. 그럴 때는 러닝아넥스 네이버 카페(cafe.naver.com/hbe502)로 들어와 질문 남겨주세요. 제가 직접 답변을 달아드리겠습니다. 다음은 카페에 올라온 질문과 저의 답변을 발췌해서 정리한 것입니다.

대항력 없는 임차인과 압류가 있는 물건입니다. 입찰해도 될까요?

닉네임 꼭꼭빤짝

내용 이주임님, 안녕하세요. 임차인 대항력 없고, 전입일자와 확정일자 있고, 배당요구했습니다. 소액임차인에 해당하지 않아 최우선변제금 없고 낙찰자 인수 사항도 아니니, 압류가 있어도 입찰할 수 있는 물건 맞을까요?
그리고 당해세는 건강보험공단이나 국민연금보험공단으로 돼 있어도 먼저 배당을 받나요?

먼저 말소기준권리일보다 임차인의 대항력 발생 시점이 더 늦기 때문에 대항력 없는 임차인이 맞습니다. 그리고 임차인이 우선변제권에 따른 배당을

TANK 임차인 현황   말소기준일(소액) : 2022-01-28   배당요구종기일 : 2024-02-26

점유목록 ?	임차인	점유부분/기간	전입/확정/배당	보증금/차임	대항력	분석	기타
1	남○○	주거용 방3칸 전부 2022.06.25.~2024.06.24.	전입:2022-06-14 확정:2022-06-14 배당:2024-01-10	보:30,000,000원 월:700,000원	없음	소액임차인 G6 주임법에 의한 최우선변제 액 최대 4,300만원 순위배당 있음	임차인 [현황서상 전:2019-02-19]

기타사항	* 현지 방문시 아무도 만나지 못하였고(폐문부재), 전입세대열람 내역 및 주민등록표 등본과 같이 남■■세대가 등재되어 있어 임차인으로 조사하였지만 정확한 것은 알 수 없으므로 그 임대차 및 점유관계 등은 별도의 확인이 필요함. 본건에 대한 임차인 등의 권리신고등을 위하여 집행관 시스템에서 출력한 `안내문`을 현관문에 부착하였음. * 임차인으로 조사한 남■■은 주민등록 등재자임.

TANK 건물등기   (채권합계금액:328,200,000원)

순서	접수일	권리종류	권리자	채권금액	비고	소멸
갑(3)	2001-10-25	소유권이전	김○○		매매	
을(26)	2022-01-28	근저당권설정	에○○○○○○○○○○○○○○○	279,600,000	말소기준등기	소멸
갑(6)	2023-01-20	가압류	경○○○○○○○○○○○○○○○	48,600,000	2023카단■■■■■(인용 🖨)	소멸
갑(7)	2023-12-06	임의경매	에○○○○○○○○	청구금액 261,481,511	2023타경■■■■	소멸
갑(8)	2023-12-11	압류	국○○○○○○○○○○○○○○○			소멸

그림 1 대항력 없는 임차인과 압류가 함께 있는 물건   ⓒ 탱크옥션

받기 위해서는 전입신고, 확정일자, 배당요구종기일 전에 배당신청을 해야한다는 것도 잘 알고 계시네요! 우선변제권의 세 가지 요건을 다 갖추고 있는 임차인입니다. 원래 이 임차인의 배당 순서는 대항력 발생 시점(2022년 6월 15일 오전 0시)과 확정일자(2022년 6월 14일) 중 늦은 날인 2022년 6월 15일이 기준이 되고, 다른 채권자들 중 을(26) 근저당권설정과 갑(6) 가압류 사이에 배당을 받을 수 있었어요. 압류가 없었을 때는요.

　그런데 밑에 압류가 있죠. 압류는 무조건 당해세로 봐야 해요. 임차인보다 무조건 일찍 배당을 받는다고 분석해야 안전하기 때문입니다. 그러면 이 사건에서는 배당 순서가 '경매집행비용 → 압류 → 근저당 → 임차인의 보증금'이 됩니다. 하지만 임차인이 보증금을 돌려받을 수 있는지 아닌지

우리는 알 수 없어요. 왜냐하면 압류 금액을 모르니까요! 그렇지만 이 임차인은 대항력이 없기 때문에 보증금 전액을 못 받더라도 우리가 인수할 금액은 한 푼도 없습니다. 말씀하신 것처럼 대항력 없는 임차인과 압류가 같이 있는 물건이니 시세보다 저렴한 가격이라면 입찰해봐도 무방한 물건이 됩니다.

한 걸음 더 들어가 볼게요. 일차적으로 압류가 있다고 하더라도 대항력 없는 임차인이라 권리상 하자가 없다는 걸 알 수 있습니다. 그런데 이 임차인은 배당을 한 푼도 못 받을까요?

이 사건의 임차인은 배당을 받을 수 있습니다. 바로 소액임차인에 해당하기 때문입니다. 소액임차인의 세 가지 요건은 보증금이 소액이어야 하고, 경매개시결정기입등기 전에 전입신고가 돼 있어야 하며, 배당요구종기일 전에 배당신청을 해야 한다는 것이죠. 이를 다 충족했는지 하나하나 볼게요.

이 물건은 경기 의정부시에 있는 아파트입니다. 먼저, 건물등기에 적혀 있는 권리들 중에서 접수일자가 가장 이른 근저당 접수일자를 확인해야 합니다. 2022년 1월 28일이죠. 의정부시의 2022년 1월 28일 기준 소액보증금은 1억 3,000만 원입니다. 해당 임차인은 보증금이 3,000만 원이니 소액보증금에 해당하죠. 두 번째 조건인 경매개시결정기입등기 접수일자(2023년 12월 6일) 전에 전입신고(2022년 6월 14일)를 했습니다. 세 번째 조건인 배당요구종기일(2024년 2월 26일) 전에 배당신청(2024년 1월 10일)까지 했네요. 세 가지 조건을 모두 충족했기 때문에 최우선변제금으로 4,300만 원까지 받을 수 있는데, 보증금이 3,000만 원이므로 3,000만 원을 배당받게 됩니다.

두 번째 질문에 답변하겠습니다. 엄연히 말하면 당해세는 주택 관련 세금이 체납된 것을 말합니다. '건강보험공단'과 '국민연금보험공단'과는 거리가 멀죠. 그러면 압류라고 적혀 있고 채권자가 '건강보험공단'과 '국민연금보험공단'일 때는 먼저 배당을 받지 않고 순서에 맞게 받는 것 아니냐고 생각할 수도 있는데요. 당해세만 다른 채권자들보다 먼저 배당을 받는 게 아닙니다. 최근 3년 치 임금채권도 당해세처럼 다른 채권자들보다 먼저 배당을 받습니다. 이때도 등기사항전부증명서에 '압류'라고 등재하게 돼 있죠. 그래서 '압류' 중에서 어떤 게 당해세이고 어떤 게 임금채권인지 우리는 정확하게 알 수 없지만, 압류는 무조건 일찍 배당받는다고 가정하면 권리분석을 엉뚱하게 해서 손해 보는 일은 없을 거예요.

> ### 당해세는 어디에 표시되나요?
>
> **닉네임** 아보투사
>
> **내용** 제주의 오피스텔(주거)인데요.
> 경매정보를 보면 당해세라는 표시는 어디에도 없는데 예상배당표에는 당해세가 표시돼 있어 헷갈립니다.
> 금액이 '0'으로 돼 있는데 '당해세가 얼마인지 파악하기 어렵기에 초보자들은 해당 물건은 피해라'라는 말이 있어 몇 자 적어봤습니다. 조언 부탁드립니다.

당해세는 당해세라고 표시되지 않기 때문에 '압류'라고 돼 있는 건 무조건 당해세라고 분석해야 안전하게 입찰할 수 있습니다. 실제로 당해세인지 아닌지는 해당 경매물건 이해관계인들만 확인할 수 있죠. 우리는 낙찰을 받아 이해관계인이 되기 전까지는 확인할 수 없으니 유추할 수밖에 없습니다. 다

	오피스텔(주거) 2023타경⬛⬛⬛	관심	법원안내	법원정보
	제주특별자치도 제주시 연동 ○○○-○○, ○○총○○○○호 (연…			

소유자 (주)삼○　｜　대지권 6.0569㎡(1.832평)　｜　건물면적 34.0791㎡(10.309평)　｜　감정가 132,000,000 원　｜　매각가 95,000,000 원 (72%)

TANK 건물등기　(채권합계금액:216,400,000원)

순서	접수일	권리종류	권리자	채권금액	비고	소멸
갑(1)	2017-06-26	소유권보존	(주)삼○			소멸
을(5)	2017-09-18	전세권설정	한○○○○	120,000,000	말소기준등기 존속기간: ~ 2019.03.17 범위:전부	소멸
갑(4)	2019-08-20	가압류	김○○	96,400,000	2019카단⬛⬛(인용)	소멸
갑(9)	2022-12-01	압류	제○○○○○			소멸
갑(10)	2023-09-19	압류	국○○○○○○○○ ○○○○○○○○			소멸
갑(11)	2023-12-21	임의경매	한○○○○	청구금액 120,000,000	2023타경⬛⬛	소멸
갑(12)	2024-06-20	압류	제○○○○○			소멸

그림2 **제주 오피스텔의 경매정보**　　ⓒ 탱크옥션

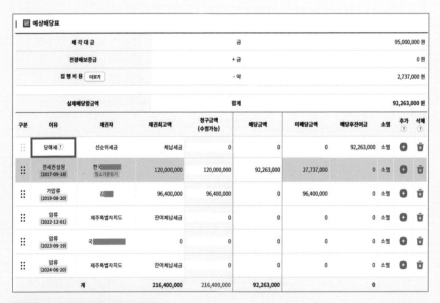

📋 예상배당표

매 각 대 금		금		95,000,000 원
전경매보증금		+ 금		0 원
집 행 비 용 `더보기`		- 억		2,737,000 원
실제배당할금액		합계		92,263,000 원

구분	이유	채권자	채권최고액	청구금액 (수정가능)	배당금액	미배당금액	배당후잔여금	소멸	추가 (?)	삭제 (?)
⠿	당해세 ?	선순위세금	체납세금	0	0	0	92,263,000	소멸	➕	🗑
⠿	전세권설정 (2017-09-18)	한국⬛⬛⬛⬛ 말소기준등기	120,000,000	120,000,000	92,263,000	27,737,000	0	소멸	➕	🗑
⠿	가압류 (2019-08-20)	김⬛	96,400,000	96,400,000	0	96,400,000	0	소멸	➕	🗑
⠿	압류 (2022-12-01)	제주특별자치도	잔여체납세금	0	0	0	0	소멸	➕	🗑
⠿	압류 (2023-09-19)	국⬛	0	0	0	0	0	소멸	➕	🗑
⠿	압류 (2024-06-20)	제주특별자치도	잔여체납세금	0	0	0	0	소멸	➕	🗑
	계		216,400,000	216,400,000	92,263,000		0			

그림3 **제주 오피스텔의 예상배당표**　　ⓒ 탱크옥션

180만 원 월급쟁이 이주임은 어떻게 경매 부자가 됐을까

만 공매와 같이 나온 경매물건인 경우엔 공매 재산명세서에서 압류 금액을 확인할 순 있습니다. 명심하세요, 압류는 무조건 당해세다!

한 번에 2개의 물건 입찰 가능한가요?

닉네임 초보 부동산2

내용 법원에 입찰하러 갈 때 사건번호는 같은데 물건번호가 여러 개인 물건이 있을 경우, 같은 사건번호에서 여러 개의 물건에 입찰할 수 있나요? 아니면 1개밖에 못 하나요?

여러 개의 물건에 입찰할 수 있습니다. 앞서도 봤듯이, 전북 군산시의 아파트를 낙찰받아 단기임대로 수익을 낸 분이 있어요. 당연히 여러 개의 물건에 입찰할 수 있습니다. 그런데 개인적으로 확인해야 하는 사항이 있어요. 바로 대출이 2개 다 나오느냐 하는 거예요. 만약 1개만 낙찰받을 예정이었는데 2개를 낙찰받았다면 가지고 있는 투자금이 모자랄 수도 있으니까요. 두 물건의 잔금을 모두 납부하기 어렵다면 하나의 물건은 포기해야겠죠. 포기한 물건의 입찰보증금은 돌려받지 못합니다.

근저당, 가압류 채권자가 못 받는 금액은 낙찰자가 대신 줘야 하나요?

닉네임 초보 부동산2

내용 다음 사진(〈그림 4〉 참조)에 보면 근저당권설정과 가압류에 대한 총금액이 있는데, 매수자가 총금액을 줘야 하나요?

매각대금	금		30,000,000 원
전경매보증금	+금		0 원
집행비용 더보기	-억		1,089,790 원
실제배당할금액	합계		28,910,210 원

구분	이유	채권자	채권최고액	청구금액 (수정가능)	배당금액	미배당금액	배당후잔여금	소멸 ?	추가 ?	삭제 ?
⠿	근저당권설정 (2015-05-13)	동▓ 말소기준등기	7,200,000	7,200,000	7,200,000	0	21,710,210	소멸	⊕	🗑
⠿	가압류 (2022-12-28)	최▓	32,000,000	32,000,000	21,710,210	10,289,790	0	소멸	⊕	🗑
	계		39,200,000	39,200,000	28,910,210		0			

국세기본법(2023.04.01개정) 임차인 보호를 위한 국세우선 예외 신설 더보기

그림4 예상배당표

© 탱크옥션

말소기준권리보다 이른 선순위라면 낙찰자가 인수해야 합니다. 즉, 채권자가 못 받는 금액에 대해서는 매수자가 대신 변제를 해줘야 하죠. 그런데 이 물건은 말소기준권리보다 이른 선순위가 없습니다. 그리고 근저당과 가압류 모두 소멸사항이에요. 소멸사항이라는 건 낙찰자가 인수하지 않아도 된다는 뜻입니다.

건물 공동명의?

닉네임 동린이

내용 경매물건 중에 4층짜리 건물 감정평가서에 '~의 1/2' 이렇게 돼 있는데, 만약에 제가 낙찰받는다면 공동명의가 되는 건가요?

낙찰받는다는 전제하에 1/2지분이면 이 건물을 제 맘대로 내놓을 수 없는 건가요? 꼭 매매로 내놓는 게 아니더라도 1층은 상가여서 이걸 월세로 내놓는 것도 어려움이 있을까요?

> 참고로 이 건물 지분 있는 사람이 외국인이어서 한국에 없는 건지 뭔지는 잘 모르겠지만 현재 건물의 모든 층이 공실 상태고 관리는 안 하고 가지고만 있나 봐요. 동네 중개사무소에 여쭤보니 비어 있는 건물인데 다들 잘 모른다고 하시더라고요.

지분물건은 낙찰을 받아도 내 마음대로 임차, 매도를 할 수 없습니다. 그 대신 낙찰받은 후 전체 지분에 대해 다시 경매 신청은 할 수 있어요. 공유물분할청구소송을 통해 진행하게 됩니다. 지분물건인지 확인하려면 등기사항전부증명서 표제부의 전용면적과 경매정보에 제시되는 전용면적을 비교해보면 됩니다.

한 가지 주의할 점은 공유자가 여러 명 있다고 해서 모두 지분물건인 건 아니라는 겁니다. 공유자가 2명이지만 물건 전체가 경매로 나오는 경우가 있습니다. 그러니 공유자가 여러 명인지를 보고 판단하는 게 아니라, 등기사항전부증명서와 경매정보의 면적을 비교해서 확인해야 해요. 전체 면적이 나왔다면 다른 권리상 인수해야 하는 사항이 없을 경우 입찰해도 됩니다.

경매 후 전세 놓을 때

닉네임 한강의추억

내용 초보 열공 중입니다. 이주임님 유튜브 보고 열심히 하고 있고, 또 과외 받고 싶네요. 어제 첨으로 책으로 공부하다가 법원경매 사이트 들어가 보고 아는 지역 경매가 나와서 혼자 한번 계산해보다가 질문 남깁니다.

감정가 3억 3,000만 원에 1회 유찰이 됐고 2회차 들어가는 건데, 제가 시세 조사한 적당한 금액은 2억 6,000만 원 정도예요. 만약 제가 낙찰을 받아 경락잔금대출을 받고 소유권이전을 하면 경락잔금대출 받으면서 근저당이 잡힐 텐데요.

그 후에 제가 세금 피하려 2년 후 매도 계획으로 전세 한 바퀴 돌린다 치면(전세시세는 2억 5000만 원이더라고요) 전세 세입자는 제가 근저당이 잡힌 후에 전입신고가 되는데 이 경우, 세입자들이 들어오나요?

대항력이 없는 임차인인데…. 이런 집들을 좋아할까요?

이 점이 궁금해요. 꼭 좀 답해주세요.

낙찰을 받고 나서 잔금을 납부하기 위해서는 경락잔금대출을 받아야 합니다. 그래야 소유권이전을 할 수 있죠. 양도세 일반세율을 적용받기 위해 2년 보유 후 매도한다면 전세나 월세를 맞춰야겠죠. 이때 전세로 들어오는 임차인 입장에선 근저당(대출)이 있는 집이니 계약을 하지 않는 것 아니냐는 질문이네요.

네, 맞습니다! 대출이 있는 집은 전세로 들어오지 않으려 할 거예요. 그럴 때는 전세계약서를 쓰면서 전세보증금으로 근저당을 말소시킨다는 특약사항을 넣으면 됩니다. 들어오는 전세금으로 경락잔금대출을 갚으면 등기사항전부증명서에서 근저당이 사라지고, 임차인은 대항력 있는 임차인이 됩니다.

그런데 근저당이 잡혀 있다고 하더라도 월세 같은 경우는 소액임차인으로서 최우선변제를 받을 수 있는 금액까지는 보증금으로 넣어도 안전합니다. 그래서 월세는 근저당이 잡혀 있는 집에 후순위로 들어가는 경우가 많아요.

최근 서울 집값이 회복세를 보이면서 정부는 3년 전처럼 집값이 급등할 것을 우려해 대출 규제를 강화하고 있어요. 현재보다 높게 기준금리를 잡아서 대출 가능한 금액을 줄이는 '스트레스DSR'이 단계별로 적용되기도 했습니다. 그래서 지금 경매에 관심을 갖기 시작하신 분들은 스트레스 DSR때문에 대출이 안 나와서 잔금을 못 낼까 봐 걱정하십니다.

그런데 경락잔금대출은 보통 제2금융권에서 많이 받습니다. 2금융은 비교적 DSR규제가 덜해요. 보통은 낙찰금의 70%에서 많게는 90%까지 경락잔금대출을 받습니다. 대출을 90%를 받으면 나의 투자금은 입찰할 때 내는 보증금 10%와 등기비용 정도만 가지고 있으면 되는 거죠. 물론 제2금융권의 대출은 이자가 높기 때문에 가용할 수 있는 자산, 매매 계획 등을 꼼꼼히 세워 실행하는 것이 좋습니다. 개인의 신용에 따라 나오는 금액과 낙찰받은 금액에 따라 가용범위가 달라지기 때문에 평소 신용관리에도 신경을 쓰셔야 합니다. 사용하지 않는 마이스너스통장이 있다면 없애는 걸 추천을 드리고, 신용카드를 사용하면서 납부일보다 며칠 더 빠르게 납부하는 방법도 신용관리에 도움이 될 수 있어요.

수강생들이 자주 하는 질문

수강생들이 경매 공부를 처음 시작할 때 자주 하는 질문들을 발췌했습니다.

> **사무실로 돼 있는데 임차인이 전입신고를 하면 주택임대차보호법을 적용 받나요?**

건축물대장 용도에는 '사무소'로 돼 있지만 임차인이 전입신고를 한 물건은 위반건축물입니다. 이런 물건의 권리분석은 어떻게 해야 할까요?

이 책에서 설명한 권리분석은 '주택임대차보호법'을 바탕으로 했습니다. 주택에 대한 내용을 다루니까요. 그런데 상가는 '상가건물임대차보호법'을 토대로 해야 하므로 주택과는 조금 다른 방식으로 권리분석을 해야 합니다. 다만 이 예처럼 건축물 용도가 '사무실', 즉 상가에 해당하더라도 임차인이 주거 목적으로 임차했기 때문에 '주택임대차보호법'을 토대로 권리분석을 해야 합니다.

이때 주의해야 하는 게 있어요. 건축물 용도가 '사무실'이라면 세금에서는 상가로 봐야 한다는 겁니다. 주택 취득세에서는 나를 포함한 세대원들이 보

🏢 임차인 현황

말소기준일 : 2020-03-20   소액기준일 : 2024-10-29   배당요구종기일 : 2023-03-10

점유 목록 ?	임차인	점유부분/기간	전입/확정/배당	보증금/차임	대항력	분석	기타
1	이○○	주거용 202호 전부 2017.12.16.~	전입:2017-12-11 확정:2017-12-05 배당:2023-02-16	보:235,000,000원	있음	순위배당 있음 미배당 보증금 매수인 인수	임차권등기자, 경매신청인

기타사항	* 상가건물임대차 현황서 미발견. * 이■■■ : 주택임차권등기권자로서 임차권등기일은 2020.9.1.이고, 이 사건 경매신청채권자임

그림 5 임차인 현황   ⓒ 탱크옥션

집합건축물대장(전유부, 갑)

(2쪽 중 제1쪽)

| 건물ID | | 고유번호 | | 명칭 | | 호명칭 | |
| 대지위치 | | 서울특별시 동대문구 장안동 | 지번 | 필지 | 도로명주소 | 서울특별시 동대문구■■■ | |

전유부분 / 소유자현황

구분	층별	※구조	용도	면적(㎡)	성명(명칭) 주민(법인)등록번호 (부동산등기용등록번호)	주소	소유권지분	변동일자 변동원인
주	2층	철근콘크리트구조	사무소	52.07	진■	서울특별시 강서구 곰달래로■■	1/1	2017.12.18. 소유권이전
		- 이하여백 -			■■■■			

공용부분 / - 이하여백 -

구분	층별	구조	용도	면적(㎡)	
주	각층	철근콘크리트구조	계단실	6.6	※ 이 건축물대장은 현소유자만 표시한 것입니다.
주	2층	철근콘크리트구조	화장실	1.17	

이 등(초)본은 건축물대장의 원본 내용과 틀림없음을 증명합니다.

동대문구청장

담당자 :
전 화 :
발급일자 : 2024년 2월 6일

그림 6 집합건축물대장(전유부, 갑)   ⓒ 탱크옥션

유한 주택이 몇 개인지에 따라 그리고 어느 위치에 있는 주택을 취득하냐에 따라 1~3%, 8%, 12%로 세율이 달라집니다. 그런데 상가라면 보유하고 있는 부동산 수와 지역 상관없이 무조건 4%를 냅니다. 따라서 이런 물건을 취득할 때 취득세는 취득가액의 4%로 계산해야 합니다.

권리분석을 하다 보면 임차인 현황에 'OOOO대부(주)'라고 적혀 있고 전입일과 확정일자는 적혀 있지 않은 물건을 발견할 수 있습니다. 우선 알아야 하는 건 전입신고가 돼 있지 않다면 애초에 임차인으로 취급하지 않는다는 것입니다. 낙찰 후 명도를 진행할 때는 점유자와 협상해야 해요.

이 사건에서는 대부업체와 명도협상을 하면 되는 걸까요? 이런 물건들은 대부업체가 해당 주택을 점유하고 있지 않습니다. 그러면 왜 대부업체가 임

TANK 임차인 현황		말소기준일(소액) : 2011-12-30		배당요구종기일 : 2023-02-09				
점유 목록 ?	임차인	점유부분/기간	전입/확정/배당	보증금/차임	대항력	분석	기타
1	예■■■	주거용 전부 2021. 6. 4.~2023. 6. 3.	전입:미상 확정:미상 배당:없음	보:5,000,000원		전세권자로 순위배당 있음	전세권등기자
기타사항		* 현장 폐문 부재로 점유관계조사 불능임. * 관할 동사무소에서 전입세대 열람함. * 전입자 : 소유자 이■■의 남편 최■■					

TANK 건물등기		(채권합계금액:388,220,000원)					
순서	접수일	권리종류	권리자	채권금액	비고	소멸
갑(2)	2011-12-30	소유권이전	이■■		매매 거래가액:249,280,000원	
을(1)	2011-12-30	근저당권설정	농■■ (대종동지점)	60,720,000	말소기준등기	소멸
을(11)	2021-06-04	근저당권설정	케■■대부(주)	240,000,000	확정채권양도전:예■■■■대부(주)	소멸
을(12)	2021-06-04	전세권설정	예■■■■대부(주)	5,000,000	존속기간: 2021.06.04 ~ 2023.06.03	소멸
을(15)	2021-09-23	근저당권설정	케■■대부(주)	22,500,000	확정채권양도전:예■■■■대부(주)	소멸
을(16)	2021-12-02	근저당권설정	케■■대부(주)	30,000,000	확정채권양도전:예■■■■대부(주)	소멸
을(17)	2022-04-20	근저당권설정	케■■대부(주)	30,000,000	확정채권양도전:예■■■■대부(주)	소멸
갑(6)	2022-11-08	임의경매	케■■대부(주)	청구금액 177,819,177	2022타경■■■■■	소멸

그림7 임차인 현황과 건물등기　　　　　　　　　　　　　　　ⓒ 탱크옥션

차인 현황에 있는 걸까요? 바로, 전세권자로서 들어와 있는 거예요. 건물등기 을(11)과 을(12)를 보면, 법인명이 다른 대부업체 두 곳이 각각 근저당과 전세권을 설정했습니다. 그런데 접수한 날짜가 같아요. 을(11) '비고'를 보면 '확정채권양도전'이라고 돼 있고 전세권을 설정한 대부업체 이름이 적혀 있어요. 즉 근저당을 접수한 건 '에○○○○○대부(주)'이지만 이 채권을 '케○○○○대부(주)'에서 양도받은 거예요. 처음 근저당과 전세권을 설정한 건 '에○○○○○대부(주)'인 거죠.

이 대부업체는 왜 근저당을 접수하면서 전세권을 같이 접수한 걸까요? 바로 '소액임차인' 때문입니다. 소액임차인은 다른 채권자들보다 먼저 배당을 받을 수 있는 최우선변제권을 가져가죠. 그러면 이 대부업체 입장에선 채권을 회수하지 못할 수도 있기 때문에 해당 주택에 임차인이 들어올 수 없게 전세권을 설정한 거예요. 이런 사건 같은 경우는 대부업체에 대항력이 있는지 없는지 따질 필요가 없고, 전세권도 다른 채권자들과 순서에 맞게 배당을 받을 것으로 가정하고 분석하면 됩니다.

> **소액임차인이 4,800만 원 최우선배당인 것 같은데 예상배당표에는 어째서 임차인이 2,400여만 원을 최우선변제를 받고 그다음이 당해세이고 다시 보증금 잔여분 2,400여만 원 배당인가요?**

해답은 바로 낙찰금에 있습니다. 해당 물건의 소액임차인이 최우선으로 받을 수 있는 금액은 4,800만원입니다. 그런데 최우선변제로 받을 수 있는 금액은 매각대금의 2분의 1로 제한됩니다. 좀 더 자세히 설명하자면 매각대금

경매 **2022타경**

인천지방법원 15계 (032-860-1615)

진행내역: 경매개시 `85일` 배당요구종기일 `508일` 최초진행 `99일` 매각 `27일` 납부

다세대주택 토지·건물 일괄매각 임차권등기/대항력 있는 임차인/HUG 임차권 인수조건변경

매각일자 **2024.09.11 (수) (10:00)**

인천 미추홀구 주안동 ○○○-○, ○층○○○호 새주소검색
(도로명주소: 인천 미추홀구 경원대로 ○○○-○○)

대지권	22㎡(6.655평)	소유자	(주)대○○○○	감정가	92,000,000
건물면적	39.97㎡(12.091평)	채무자	(주)대○○○○	최저가	(34.3%) 31,556,000
개시결정	2022-10-20(강제경매)	채권자	주○○○○○○	매각가	(56%) 51,777,700

오늘: 1   누적: 338   평균(2주): 1   [차트]

구분	매각기일	최저매각가격	결과
1차	2024-06-04	92,000,000	유찰
2차	2024-07-08	64,400,000	유찰
3차	2024-08-08	45,080,000	유찰
4차	2024-09-11	31,556,000	

매각 51,777,700원 (56.28%) / 입찰 10명 / 최

(2위금액 45,330,000원)

매각결정기일 : 2024-09-19 - 매각허가결정

지급기한 : 2024-11-01

납부 : 2024-10-08

[전경도] 목록 2. 부동산 전경   [전경도] 목록 2. 부동산 도로명 주소

1 / 11

[사진 ▼] [지도 ▼]

그림 8 인천시 다세대주택의 경매정보   ⓒ 탱크옥션

☑ 예상배당표

배각대금	금		51,777,700 원
전경매보증금	+ 금		0 원
집행비용 [더보기]	- 약		2,421,200 원
실제배당할금액	합계		49,356,500 원

구분	이유	채권자	채권최고액	청구금액 (수정가능)	배당금액	미배당금액	배당후잔여금	소멸	추가 ?	삭제 ?
⠿	주택소액임차인	주택도시보증공사(임차인: 이▉▉)	90,000,000	24,678,250	24,678,250	65,321,750	24,678,250			
⠿	당해세 ?	선순위세금	체납세금	0	0	0	24,678,250	소멸	⊕	🗑
⠿	확정일자 및 임차권등기자 (2020-03-26)	주택도시보증공사(임차인: 이▉▉) 소액잔여분 인수조건변경	90,000,000	65,321,750	24,678,250	40,643,500	0	소멸	⊕	🗑
⠿	압류 (2022-01-25)	포천세무서장 말소기준등기	잔여체납세금	0	0	0	0	소멸	⊕	🗑
⠿	강제경매개시결정 (2022-10-20)	주택도시보증공사 임차인	401,047,889	311,047,889	311,047,889	311,047,889	0	소멸	⊕	🗑
	계		581,047,889	401,047,889	49,356,500		0			

국세기본법(2023.04.01개정) 임차인 보호를 위한 국세우선 예외 신설 [더보기]

그림 9 예상배당표   ⓒ 탱크옥션

180만 원 월급쟁이 이주임은 어떻게 경매 부자가 됐을까

(낙찰금)에서 경매집행비용을 뺀 금액의 2분의 1까지 최우선변제를 받을 수 있어요.

51,777,700원에 낙찰이 됐고 해당 사건의 경매집행비용은 2,421,200원입니다. 매각대금에서 경매집행비용을 제한 금액은 49,356,500원이고, 이 금액에서 2분의 1은 24,678,250원입니다(〈그림 9〉 참조). 예상배당표를 보면 '주택소액임차인'이 제일 먼저 배당받는 금액이 딱 24,678,250원이라고 적혀 있죠. 그다음 순서인 당해세는 금액을 알 수 없으니 빈칸으로 돼 있고, '확정일자 및 임차권등기자'는 앞서의 임차인이 최우선변제로 못 받은 나머지 보증금액을 우선변제로 받는 거예요.

예상배당표에는 임차인이 당해세 다음으로 나머지 금액을 받는다고 적혀 있지만 사실 당해세가 얼마인지 모르기 때문에 임차인이 우선변제를 받을 수 있는지는 알 수가 없습니다. 따라서 권리분석을 할 때는 임차인이 최우선변제금으로 24,678,250원을 배당받고 나머지 금액(임차인의 보증금 90,000,000원 – 최우선변제금 24,678,250) 65,321,750원은 받지 못한다고 전제해야 합니다.

8차까지 유찰이 되다가 9차에 최저가가 다시 감정평가 금액으로 변경됐습니다. 왜 그런 건가요?

감정평가 금액으로 신건 경매가 시작됐고, 아무도 입찰하지 않아 8차까지 유찰됐습니다. 원래 2024년 6월 20일에 22,236,000원이 최저가가 되어 경매를 진행하려 했지만 '변경' 표시가 떴고, 그로부터 한 달 뒤인 2024년 7월 25일에 감정평가 금액으로 경매가 재개됐습니다. 이렇게 '변경'이 뜨고 감정평

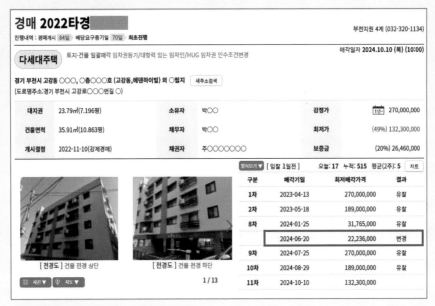

경매 2022타경▢▢▢

진행내역 : 경매개시 84일 배당요구종기일 70일 최초진행

부천지원 4계 (032-320-1134)

매각일자 2024.10.10 (목) (10:00)

다세대주택 토지·건물 일괄매각 임차권등기/대항력 있는 임차인/HUG 임차권 인수조건변경

경기 부천시 고강동 ○○○, ○층○○○호 (고강동,애덴하이빌) 외 ○필지 새주소검색

(도로명주소:경기 부천시 고강로○○○번길 ○)

대지권	23.79㎡(7.196평)	소유자	박○○	감정가	270,000,000
건물면적	35.91㎡(10.863평)	채무자	박○○	최저가	(49%) 132,300,000
개시결정	2022-11-10(강제경매)	채권자	주○○○○○○	보증금	(20%) 26,460,000

물건보기 ▼ [임찰 1일전]   오늘: 17 누적: 515 평균(2주): 5   차트

구분	매각기일	최저매각가격	결과
1차	2023-04-13	270,000,000	유찰
2차	2023-05-18	189,000,000	유찰
8차	2024-01-25	31,765,000	유찰
	2024-06-20	22,236,000	변경
9차	2024-07-25	270,000,000	유찰
10차	2024-08-29	189,000,000	유찰
11차	2024-10-10	132,300,000	

[전경도] 건물 전경 상단   [전경도] 건물 전경 하단   1 / 13

사진 ▼   지도 ▼

그림 10 부천시 다세대주택의 경매정보

© 탱크옥션

가 금액으로 다시 시작하는 물건들은 중간에 중대한 사항이 변경됐다는 거예요. 낙찰자 인수사항과 직접적으로 연관되는 사항이 변경된 거죠.

매각물건명세서 비고란을 보니 2024년 6월 7일에 주택도시보증공사가 대항력을 포기한다는 확약서를 제출했다고 돼 있습니다. 즉 'HUG 임차권 인수조건변경' 물건인 거예요.

이 물건은 대항력 있는 임차인과 압류가 같이 있는 물건으로 입찰을 피해야 했는데, 임차인이 대항력을 포기함으로써 낙찰자 인수사항이 없어졌어요. 확약서를 제출한 날짜는 해당 사건이 원래 2,200여만 원을 최저가로 진행하려 했던 2024년 6월 20일 이전입니다. 6월 20일에 경매를 진행하려 했지만 확약서가 접수되면서 매각기일 날짜가 바뀌었고, 인수사항이 변경됐으

180만 원 월급쟁이 이주임은 어떻게 경매 부자가 됐을까

매각물건명세서

사 건	2022타경■■■■ 부동산강제경매		매각물건번호	1	작성일자	2024.06.10	담임법관 (사법보좌관)	최보경	
부동산 및 감정평가액 최저매각가격의 표시	별지기재와 같음		최선순위 설정	2021.3.12.압류			배당요구종기	2023.02.02	

부동산의 점유자와 점유의 권원, 점유할 수 있는 기간, 차임 또는 보증금에 관한 관계인의 진술 및 임차인이 있는 경우 배당요구 여부와 그 일자, 전입신고일자 또는 사업자등록신청일자와 확정일자의 유무와 그 일자

점유자 성 명	점유 부분	정보출처 구 분	점유의 권 원	임대차기간 (점유기간)	보 증 금	차 임	전입신고 일자·외국인 등록(체류지 변경신고)일 자·사업자등 록신청일자	확정일자	배당 요구여부 (배당요구일자)
제■■	201호	등기사항 전부증명 서	주거 임차권자	2019.11.7.	219,000,000		2019.11.7.	2019.10.8.	
주택도 시보증 공사	201호	권리신고	주거 임차인	2019.11.7.-20 21.11.6.	219,000,000		2019.11.7.	2019.10.8.	2023.02.01

〈비고〉
제■■:2021.12.29. 임차권등기
주택도시보증공사:임차인 제■■의 임대차권리 승계, 경매신청채권자임

※ 최선순위 설정일자보다 대항요건을 먼저 갖춘 주택·상가건물 임차인의 임차보증금은 매수인에게 인수되는 경우가 발생 할 수 있고, 대항력과 우선변제권이 있는 주택·상가건물을 임차인이 배당요구를 하였으나 보증금 전액에 관하여 배당을 받지 아니한 경우에는 배당받지 못한 잔액이 매수인에게 인수되게 됨을 주의하시기 바랍니다.

등기된 부동산에 관한 권리 또는 가처분으로 매각으로 그 효력이 소멸되지 아니하는 것

매각에 따라 설정된 것으로 보는 지상권의 개요

비고란
2024. 6. 7.자 주택도시보증공사가 임차인의 승계인으로 우선변제권만 주장하고 대항력을 포기한다는 확약서(인감증명서 첨부) 를 제출, 매수인에 대한 잔존 임대차보증금 반환청구권을 포기하고 임차권등기를 말소하는 것에 동의함

그림 11 부천시 다세대주택의 매각물건명세서 ⓒ 탱크옥션

니 감정평가 금액으로 재개된 거예요. 감정평가 금액으로 다시 시작하는 물건은 매각물건명세서 비고란에서 힌트를 얻을 수 있습니다.

경매, 하루라도 빨리 시작하라

앞으로 2~3년 뒤 집값이 오를지 내릴지에 대한 전망은 20년 넘게 부동산을 연구해온 전문가들도 틀리곤 합니다. 당연하게도, 이제 막 부동산 공부를 시작하는 부린이들이 부동산의 미래를 예측하는 건 어려운 일입니다. 그래서 처음 아파트 투자를 공부할 때 저 역시 이렇게 많은 아파트 중에서 도대체 어떤 아파트를 사야 하는지 알 수가 없어 쉽게 결정을 내리지 못했습니다. 그런데 경매 투자는 달랐어요. 명확하게 순수익이 얼마인지를 측정할 수 있는 투자였어요.

경매 투자에 막 뛰어든 사람들은 쉬운 물건은 왠지 수익이 적을 것 같고 권리상 문제가 있는 물건이어야 더 많은 수익을 낼 수 있을 것 같다고 생각하는 경향이 있습니다. 그렇지만 초보일수록 이 책에서 설명한 내용만으로도 권리분석이 되고, 명도도 쉽게 끝낼 수 있는 물건에 입찰해야 합니다. 앞에서 소개한 수익 낸 사례들 모두가 권리분석이 쉬운, 경매 초보자도 권리분석을 할 수 있는 물건들이었습니다. 쉬운 물건들도 충분히 수익을 안겨준다는 얘기입니다. 그러니 조급해하지 말고, 수익을 쌓아가는 경매 투자를 하기 바랍니다.

이 책에서는 권리분석에 대한 기초지식을 전반적으로 소개했습니다. 이 내용만으로도 입찰에 도전할 수 있을 만큼 자세히 설명했는데, 제한 사항이 너무 많다고 느끼는 사람도 있을지 모르겠습니다. 그렇게 생각하는 사람이라면 아직 물건 검색을 한 번도 해보지 않았을 가능성이 큽니다. 권리분석은 경매를 복잡하게 만드는 요소가 아닌 불필요한 리스크를 배제하는 과정입니다. 입찰을 피해야 하는 물건을 걸러내는 작업입니다. 그렇기에 경매를 설명하려면 입찰해선 안 되는 것들을 설명할 수밖에 없습니다.

사람은 본성적으로 한 번도 해보지 않은 것에 두려움을 느낍니다. 그러다 보니 하지 않아야 하는 이유부터 떠올리기 쉽죠. 이런 두려움에 휩싸인 사람들이 공통적으로 하는 말이 이것입니다.

"지금 내가 가지고 있는 돈으로는 투자를 시작하기 어려워."

정말 그럴까요? 자금이 부족하다고 포기하지 마세요. 소액으로도 시작할 수 있는 방법이 다양하며 시세보다 낮은 가격에 낙찰받을 수 있는 것이 경매의 매력입니다. 체계적으로 하나씩 실행한다면 자연스럽게 성공적인 투자를 할 수 있을 겁니다.

0원으로도 투자할 수 있는 아파트도 경매에 나옵니다. 강원특별자치도의 한 아파트는 시세가 3,500만 원이고 감정평가액은 2,500만 원입니다. 감정평가액 자체가 시세보다 저렴하게 나왔는데요. 한 명이 단독 낙찰로 감정평가액 2,500만 원에 낙찰을 받았어요. 이 낙찰자는 잔금을 납부하기 위해 얼마가 필요할까요? 소액아파트라 경락잔금대출은 어려울 수 있습니다. 그런데 제가 월급 180만원을 받을 때도 신용대출이 2,500만 원 이상은 나왔었어요. 경락잔금대출이 어렵다면 신용대출을 활용하는 것도 방법입니다. 물론 레버리지를 쓸 때는 그만큼 자신의 수입과 상황, 리스크 등을 고려해야 합니다. 여러 가지 경우의 수를 시나리오로 놓고 판단해야 합니다. 그 모든 상황이 해결된다면 이 아파트는 대출을 활용해 0원으로 낙찰을 받을 수 있습니다. 투자금이 작다고 해서 수익이 없는 것도 아닙니다. 시세 차익만 1,000만 원이에요. 이처럼 돈이 없으면 없는 대로, 내가 모은 돈이 적다면 그 돈으로 최대한의 성과를 낼 수 있는 물건을 찾아 시작하세요. 두려움을 깨는 사람, 용기 있는 사람이 경매 투자의 달콤한 열매를 맛볼 수 있습니다. 항상 응원하겠습니다.

부동산 상승장은 물론 하락장에도 기회는 있습니다. 경매는 그 기회를 잡을 강력한 방법입니다. 단순히 부동산을 저렴하게 얻는 기술이 아니라 분석을 통해 위험을 최소화하고, 남들이 보지 못하는 기회를 얻는 법입니다. 경매에서 가장 어려운 것은 시작입니다. 그래서 만약 당신이 시작했다면 과정 속에서 얻는 작은 성취에 기뻐하고 실패에 너무 낙담하지 마세요. 내가 정하는 목표만큼 부의 크기도 커질 수 있습니다.

180만 원 월급쟁이 이주임은 어떻게 경매 부자가 됐을까

초보도 할 수 있는 4주 실전 플랜

제1판 1쇄 인쇄 | 2025년 1월 17일
제1판 1쇄 발행 | 2025년 1월 24일

지은이 | 이주임
펴낸이 | 김수언
펴낸곳 | 한국경제신문 한경BP
책임편집 | 박혜정
교정교열 | 공순례
저작권 | 박정현
홍 보 | 서은실 · 이여진
마케팅 | 김규형 · 박도현
디자인 | 이승욱 · 권석중
본문 디자인 | 디자인현

주 소 | 서울특별시 중구 청파로 463
기획출판팀 | 02-3604-590, 584
영업마케팅팀 | 02-3604-595, 562   FAX | 02-3604-599
H | http://bp.hankyung.com   E | bp@hankyung.com
F | www.facebook.com/hankyungbp
등 록 | 제 2-315(1967. 5. 15)

ISBN 978-89-475-4994-3 03320